PUHUA BOOKS

我们一起解决问题

弗布克工作手册系列

生产管理职位工作手册

第4版

宋宝学◎著

人民邮电出版社
北京

图书在版编目（CIP）数据

生产管理职位工作手册 / 宋宝学著. -- 4版. -- 北京 : 人民邮电出版社, 2023.6
（弗布克工作手册系列）
ISBN 978-7-115-61765-1

Ⅰ. ①生… Ⅱ. ①宋… Ⅲ. ①企业管理－生产管理－手册 Ⅳ. ①F273-62

中国国家版本馆CIP数据核字(2023)第087408号

内容提要

生产管理是企业经营活动中的一个重要组成部分，涉及企业内部各项具体而烦琐的生产事务，它可以帮助企业提升生产效率，使企业获得更多的利润并更好地发展。

本书从组织设计、业务运营和管理提升三个层面，对生产管理的各项工作如生产团队管理、生产需求与计划管理、生产研发与创新管理、生产物料与设备管理、生产现场与作业管理、生产能耗与环保管理、生产质量与检验管理、生产成本与费用管理、智能制造环境下的生产管理、供应链环境下的生产管理等进行了详细介绍。本书兼具时效性、操作性与工具性，在提供相应的生产管理理论知识的同时，还提供了大量的模板与示例，为生产管理工作者提供了一套可以落地的整体化解决方案，有利于从业者提升业务能力和管理水平。

本书适合生产管理人员、生产制造企业中高层管理人员、管理咨询师及相关领域的专家和学者使用。

◆ 著 宋宝学
责任编辑 程珍珍
责任印制 彭志环

◆人民邮电出版社出版发行 北京市丰台区成寿寺路11号
邮编 100164 电子邮件 315@ptpress.com.cn
网址 https://www.ptpress.com.cn
固安县铭成印刷有限公司印刷

◆开本：787×1092 1/16
印张：14.5 2023年6月第4版
字数：300千字 2023年6月北京第1次印刷

定 价：69.80元

读者服务热线：（010）81055656 印装质量热线：（010）81055316
反盗版热线：（010）81055315

“弗布克工作手册系列”序

“弗布克工作手册系列”图书旨在提升从业者的岗位技能、细化工作任务、明确工作规范。在这套书中，作者将岗位工作**目标化、制度化、流程化、技能化、方法化、案例化、方案化**，并为相关从业者提供了各种可以借鉴的范例、案例、模板、制度、流程、方法和工具，从而可以帮助读者提升岗位技能、高效执行工作。

技能是员工的立业之本。技能人才是支撑中国制造、中国创造的重要力量。在**“技能提升”**和**“技能强企”**行动中，企业中的每个岗位都急需一套可以拿来即用、学了能用的培训教材，以便企业通过提升员工的技能来提高各岗位人员的执行力和工作效能。在实际工作中，企业的各项工作要求、工作制度、工作流程只有**落实到位、高效执行、规范执行、依制执行、依标执行**，才能确保企业合规运营，提高企业的运营效能，增强企业的核心竞争力。

但是，企业如果没有一套合理的**执行体系、标准体系、规范体系、制度体系**和**流程体系**，不去将每项工作通过具体的方法、方案、方式落地，那么一切管理都会浮于表面、流于形式，沦为**“表面化”**和**“形式化”**管理。

本系列图书通过将岗位**职责清晰化、工作流程化、管理制度化、执行方案化**，使**“人事合一”“岗适其人，人适其事”**。其中，通过明晰职责，让读者知道自己具体应该干什么事情，需要什么技能，需要哪些工具；通过细化执行，让读者知道自己应该怎么干，思路是什么，方案是什么，应该关注哪些关键环节和关键问题；通过制度、流程、方法、方案设计，让读者知道自己应该遵循哪些标准和程序，应该按照哪些规范去执行工作。

本系列图书具有以下三个鲜明的特点。

（1）拿来即用。本系列图书按照有思路、有规划、有方案、有方法、有工具的“五有原则”进行编写，读者可根据自己企业的实际情况，对适用的内容“拿来即用”。

（2）拿来即改。本系列图书提供的各种模板，包括但不限于制度、流程、方案、办法、细则、规范、文书、报告，读者可以根据自己企业的实际情况修改后使用。

（3）参照学习。对于不能拿来直接使用或者修改后使用的模板，读者可以将其用作自己工作的参考，学习这种设计的思路，掌握各种管理模板背后的设计思维，运用这种思维去解决工作中的实际问题。

因此，本系列图书不仅适合基层员工使用，也适合管理者使用。

北京弗布克管理咨询有限公司

2022 年 7 月

前　言

《生产管理职位工作手册》（第4版）是“弗布克工作手册系列”中的一本。衷心感谢《生产管理职位工作手册》一书上市十几年来广大读者的厚爱和给予的支持！我们在充分研究读者反映的问题和意见的基础上，结合市场调研的结果，对《生产管理职位工作手册》进行了修订和补充，以使其更加符合读者的实际工作需求，更好地实现我们“拿来即用”的承诺。

这次我们对《生产管理职位工作手册》进行了以具体事务和具体工作为中心的重新设计，更加全面地介绍了生产管理的三项主要事务、十大类工作，针对生产团队管理、生产需求与计划管理、生产研发与创新管理、生产物料与设备管理、生产现场与作业管理、生产能耗与环保管理、生产质量与检验管理、生产成本与费用管理、智能制造环境下的生产管理、供应链环境下的生产管理等具体工作，从制度、流程、方案、规范等方面进行了详细、具体的介绍，这些内容可以帮助读者在工作中做到逻辑清晰、事项清晰、执行清晰、问题清晰、结果清晰。

本书的具体修订工作主要体现在以下四个方面。

1. 重新梳理了生产管理工作的主要事项

通过思维导图的形式，对生产管理工作进行了概括梳理，对各项工作内容进行了全面的梳理、划分。

2. 对具体工作和管理工作进行了区分

对具体工作进行了细化，强化了关键点、问题点，提供了执行方案；同时，针对生产管理工作要求，提供了可以参考的制度、流程、规范。这样的区分使本书内容更加符合生产管理工作的特点。

3. 更新、细化了相关内容

删除了一些不必要的表单和知识，强化了工作技能方面的内容；进一步细化了一些制度、规范，使其更加贴近具体工作；增强了相关知识的实用性和针对性，便于读者将其应用于实际工作。

4. 提供附赠资源

本书的大部分章节都提供了二维码，读者扫描二维码，即可查看相关表单、方案和流程模板。

在实际工作中，读者可根据自己企业的实际情况和具体工作要求，参考书中介绍的范例、制度、流程、方案、方法并加以适当修改，制定出适合本企业的范例、制度、流程、方案、方法，不断提高质量管理工作的效率。

对于书中的不足之处，敬请广大读者指正。

宋宝学

2023 年 3 月

目 录

第1章 生产管理工作概述

第2章 生产团队管理

第3章 生产需求与计划管理

第 8 章 生产质量与检验管理

第 9 章 生产成本与费用管理

第10章 智能制造环境下的生产管理

第 1 章 生产管理工作概述

1.1 生产制造业的五大发展趋势

1.1.1 智能化趋势

随着新一代信息技术的发展及信息化水平的普遍提高，数字技术、网络技术和智能技术日益融入产品研发、设计、制造的全过程，推动着产品生产方式的重大变革。传统制造正加速向以人工智能、机器人和数字制造为核心的智能制造转变。

生产制造业的智能化趋势主要体现在以下四个方面。

（1）生产方式的智能化。随着智能制造技术逐步扩展到各个行业和各个环节，在生产方式上，制造业开始利用智能化技术来改变“人、机、料、法、环”系统，打造智能化的工厂。

（2）产品的智能化。产品的智能化主要体现在芯片、传感器、机器视觉等新型人工智能设备在产品中的应用与产业化的快速发展。此外，柔性化生产的需求提高，多样化、定制化、小批量、快速迭代和产品追溯将成为制造业的新业态、新模式。

（3）管理实现智能化。在生产管理及物流管理等领域结合人工智能等技术实现技术赋能，让管理效率有更大程度的提升。

（4）服务同步实现智能化。服务同步实现智能化主要表现为在线监测、远程诊断及同步云服务等。

1.1.2 数字化趋势

物联网、大数据等新技术的发展日趋成熟，促进了经济的迅猛发展。生产制造业的市场竞争态势日趋激烈，受内外部经济发展及市场竞争压力的影响，传统的依靠人力分析管理生产制造的弊端日益显著，最新的数字化技术赋能，将为制造业企业赢得显著的核心竞争力。

生产制造业的数字化趋势主要体现在以下四个方面。

（1）数字化转型成为行业共识。面对行业内外部环境变化与整体经济增速放缓，加上国家政策的鼓励与引导，数字化转型已经成为生产制造业企业的迫切需求，以数字化驱动企业发展壮大、形成企业发展新动能成为行业共识。面对数字化转型，企业不再思考是否“需要做”，而是开始思考和布局“怎样做”。

（2）物联网应用日益广泛。企业在生产制造环节引入基于物联网技术的各种先进生产设备、工业机器人，并应用基于智能生产联动系统的设备互联与数据互通解决方案，逐步打通各环节的生产信息，以实时捕获生产制造及相关各种可用信息，提高制造的可视化，使生产过程的每一步都能“看到”、每一个生产单位都能掌握，实现对资产、流程、资源和产品进行全程跟踪。物联网的广泛应用，为企业生产经营决策提供了充分的可见性，为简化业务流程、及时发现生产过程中的潜在问题、提高产品质量和降低成本提供了可能。

（3）基于数据的场景化解决方案。在数字化背景下，企业以往在生产经营过程中面临的各类问题，都可以基于数据和模型，通过场景化解决方案，来发现和解决一系列难题，如产供销平衡测算、智能排产、项目制造管理等。

（4）数据化推动人工智能深度应用。随着以数据为基础的学习不断深入，人工智能技术已逐渐渗入企业管理和组织决策中。通过大数据、机器学习等前沿技术，人工智能将企业的实际问题转化为数学模型求解，可以解决生产、仓储、配送、销售等一系列场景中的优化问题，智能排查经营漏洞、生成策略、选择策略，实现数据驱动的人工智能决策。

1. 1. 3 无人化趋势

随着工业 4.0 的提出，“无人化”开始成为企业推动工厂智能化转型的一个重要方向，生产制造业的无人化趋势将越发明显。

生产制造业的无人化趋势主要体现在以下三个方面。

（1）受劳动力成本攀升的影响，降低对人工的需求，提升生产线的柔性化和自动化生产能力，已经成为推动工厂无人化发展的内在驱动力。

（2）近年来，机器人流程自动化、智能流程自动化和人工智能业务操作这三个方面都保持了持续增长，其中机器人流程自动化增长得最快，年均增速达到了 30% 以上，这代表了“机器换人”已成为工业生产的一大趋势。

（3）无人化一直是工业发展的核心，也是未来工业发展的方向，云计算、5G 等新技术正在加速这一趋势。

1.1.4 全球化趋势

伴随着经济全球化、现代技术革命，尤其是信息技术革命，制造业的全球化趋势不断加强。

生产制造业的全球化趋势主要体现在以下四个方面。

（1）产品制造的跨国化迅猛发展，制造业企业跨国并购、重组和整合增多。

（2）价值链中与制造紧密相联的各个环节朝着全球化方向迈进。制造业企业在全球范围内建立零部件的加工制造网络，自己负责产品的总装与营销。例如，某个汽车生产制造企业装配的汽车，发电机来自瑞典，控制设备来自德国，底盘、弹簧来自美国，车身来自意大利。

（3）制造资源在世界范围内调剂、共享和优化配置，企业可以广泛利用别国的生产设施与技术力量，在自己可以不拥有生产设施与制造技术的所有权的情况下，制造出最终产品，并进行全球销售。

（4）跨国界信息基础设施的建设和维护日益受到各国政府和企业界的重视，全球制造体系正在迅速形成。

1.1.5 绿色化趋势

绿色制造是指在保障产品质量和功能的同时，努力提高能源的使用效率，将产品制造过程中的环境污染降到最小，从而实现可持续发展。工业绿色发展是国际社会的大势所趋、潮流所向，也是我国生产制造企业转型升级的必由之路。在当前生态文明建设和绿色发展的背景下，绿色化成为生产制造的主要趋势之一。

生产制造业的绿色化趋势主要体现在以下两个方面。

（1）为实现制造业从粗放型向绿色环保方向转变，我国对能源消耗、污染物排放等指标做出了明确规定，不断推动着传统技术改造和工业设计理念的转变。

（2）绿色化主要体现在从设计、制造、包装、运输、使用到报废处理的产品全生命周期中，产品对环境负面影响很小，企业可以做到经济效益和社会效益协调优化。

1.2 生产管理工作的十大模块

1.2.1 十大模块导图

通过模块导图的形式将生产管理工作进行细化，能够帮助生产管理人员更清晰地掌握生产管理的具体工作内容，避免疏漏导致的诸多问题。生产管理工作的十大模块导图如图 1-1 所示。

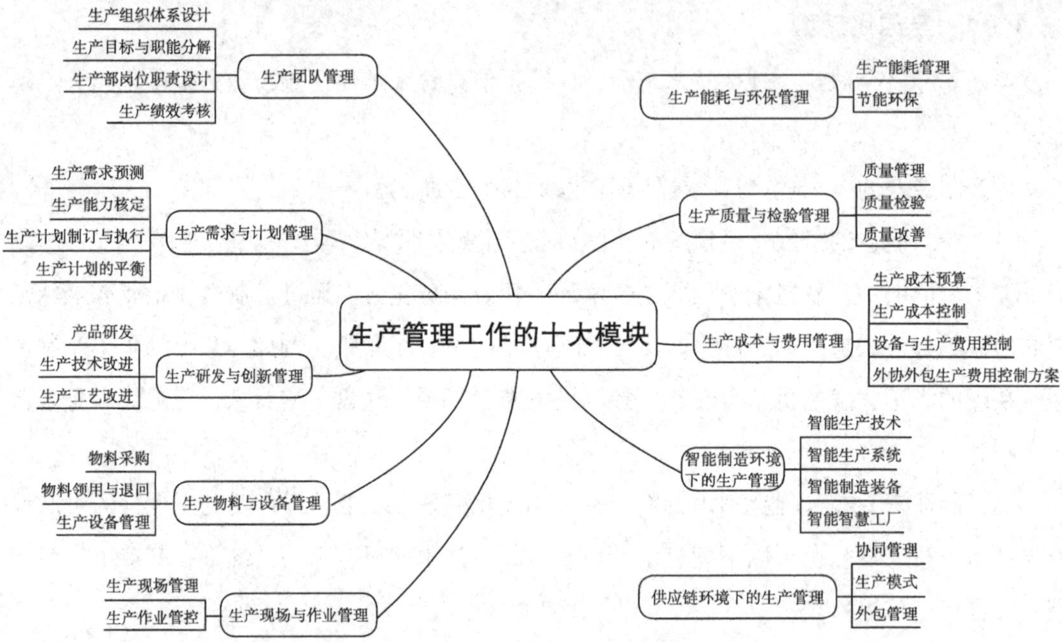

图 1-1 生产管理工作的十大模块导图

1. 2. 2 十大模块描述

生产管理工作各大模块的工作任务可细化为独立的、可操作的具体业务活动。在此基础上，通过对部门的工作目标进行分解，对工作任务进行详细描述，可以达到提升工作效率、界定职责权限的目的。

生产管理工作的十大模块描述如表 1-1 所示。

表 1-1 生产管理工作的十大模块描述

序号	模块名称	工作任务	工作任务描述
1	生产团队管理	生产组织体系设计	根据生产部各职能设计组织结构框架
			根据生产部各职能设计管理制度体系
			根据生产部各职能设计工作流程
		生产目标与职能分解	根据组织结构，将生产部的工作职能层层分解到各项生产活动当中
		生产部岗位职责设计	对生产部所有要开展的工作进行分析，明确岗位设置的目的、各岗位工作范围、工作关系和工作环境等事项
		生产绩效考核	确定关键绩效考核指标、指标值、绩效考核标准、考核方法、数据来源、计分方法等
2	生产需求与计划管理	生产需求预测	根据产品销售量、市场占有率及对产品品种、规格、价格等需求的变化趋势，进行及时、准确的需求预测，为生产计划的编制提供相应依据

（续表）

序号	模块名称	工作任务	工作任务描述
2	生产需求与计划管理	生产能力核定	定期核定企业的生产能力，为生产主管部门平衡生产任务、下达生产计划指标、决定基建投资方向提供决策依据
		生产计划制订与执行	进行企业产能、设备负荷及生产人员的配置，编制年度生产计划、季度生产计划、月度生产计划并执行
		生产计划的平衡	根据生产计划，平衡和协调企业的人力、物力、财力资源
3	生产研发与创新管理	产品研发	根据企业总体战略、发展规划，确定产品研发方针、技术研究方向，并编制企业产品研发、技术研究与支持等各项规章制度
		生产技术与生产工艺改进	为企业的生产活动、质量设计与控制等活动提供技术支持与决策帮助，并提供技术培训，组织实施生产技术和生产工艺的改进工作
4	生产物料与设备管理	物料管理	根据企业年度计划和月度生产计划、各种原辅材料消耗定额与储备定额及各采购项目的供货周期，编制月度物料需求及采购计划，合理安排物料供应的批次
		生产设备管理	负责编制生产和动力设备检修（大修、中修）计划，并组织对生产车间中的生产机械设备、动力设备、消防安全设备进行检修、维护和保养
5	生产现场与作业管理	生产现场管理	运用科学的管理制度、标准和方法对车间生产现场各生产要素进行合理有效的计划、组织、协调和控制，包括标准化管理、9S 管理、看板管理等
		生产作业管控	对各生产车间、生产班组的生产进度数据、各种产品的物料消耗数据、各种产品所用工时数据进行统计与分析，为生产决策提供依据
6	生产能耗与环保管理	生产能耗管理	制定生产能耗控制目标，合理利用水、电、气等，降低资源能源的消耗，提高企业经济效益
		节能环保	制订低能耗生产计划，推动实施绿色生产，对节能环保数据进行有效管理
7	生产质量与检验管理	质量检验	按规定的程序对投入生产的原材料、外协品、工装模具、生产过程中的半成品、产成品的质量进行检验
		质量改善	确定质量改善项目、制订质量改善计划、合理运用各类质量改善工具推进和实施质量改善
8	生产成本与费用管理	生产成本控制	制定成本控制标准，对生产过程中形成成本的各类因素按事先拟定的标准加以约束和监督，从而将生产过程中的各项资源的消耗和费用开支限定在标准范围内
		生产费用管理	制定各项费用的控制标准和管控措施，并严格执行
9	智能制造环境下的生产管理	智能生产管理	智能生产技术、智能生产系统、智能制造装备的引进和应用
		智慧工厂建设	智慧工厂的规划和建设
10	供应链环境下的生产管理	协同管理	供应链环境下生产与其他环节的协同管理
		外包管理	外包管理包括合作模式管理、物料管理、驻场管理、交期管理等

1.3 生产管理工作中的八大问题

1.3.1 预测问题

生产预测直接影响着企业生产运作过程中的长期战略性决策与生产计划的制订，但由于受各种主客观因素的影响和制约，其也会存在诸多问题。只有运用科学合理的解决方法，企业才能对这些生产预测问题进行有效的控制。

1. 常见的预测问题

常见的预测问题如图 1-2 所示。

问题1	相关部门前期协调工作不到位，在预测结果达成“共识”之后，无法满足相关部门的需要
问题2	预测人员对市场的判断往往受知识、经验、时间、数据和方法等多方面的限制，不能对市场的未来发展做出全面、科学的分析，导致预测的局限性
问题3	缺乏问责机制和全局观念，很多企业没有对预测的准确性进行衡量，没有建立对预测失准的问责机制，更没有采取有效措施来提高预测准确性

图 1-2 常见的预测问题

2. 预测问题的处理

（1）优化预测方法

不同的预测方法具有不同的预测精度、预测重点，简单地选用一种预测方法，或将一些预测误差较大的方法舍弃，都可能会造成资源的浪费。因此，企业应根据预测要素的范围和种类，包括地理位置、产品组合和客户群的需求等，相应地选用不同的预测方法进行组合。

（2）建立有效的预测系统

①完善销售数据采集过程并建立需求预测分析体系。

②建立新型销售和预测管理系统。

③消除信息孤岛，形成高效的信息共享和集成机制。

④建立快速反应和缩短订货提前期的机制。

（3）改进预测管理流程

①企业应建立定期评估机制，确定明确的效果评估方法，以评价预测的准确性和时效性。具体做法包括基于各部门的不同要求评估各个层次的预测精度，合理评估预测精度对于竞争战略、供应链成本、客户服务和利润的影响，提供基于图表和统计数据的绩效评估

报告等。

②预测是周而复始的，企业应根据市场变化，定期滚动修正企业的预测体系。在对预测的结果进行不断滚动修正的过程中，若发现预测结果与实际结果的偏差持续增大，则表明预测的方法或技术有误，此时应立即对预测方法进行修正。

③设计多维度的预测绩效评价标准，即不能以单一的精确度对预测人员进行考评，要合理考虑和预测相关的众多因素，如参考数据的真实性、突发事件处理的及时性、业务人员的努力程度等。

1.3.2　交期问题

交期问题是生产管理工作中的常见问题。生产管理人员在控制生产进度的过程中，由于样品确认时间的耽误、原材料交期的延误、订单的变更、账料不符、劳动力短缺等原因，容易造成生产进度的延迟和交期的延误。

1. 常见的交期问题

生产管理工作中常见的交期问题如图 1-3 所示。

问题1	生产订单太多，计划人员不能及时排单，造成生产延迟，延误交期
问题2	生产部不能及时做出样品提供给客户确认，或者提供的样品不能一次通过，在该环节上进行多次循环，影响甚至延误正常交期
问题3	生产部没有做好物料管理计划，或采购人员没有及时采购物料，导致在生产过程中物料供应不足，或者因缺料导致停工待料，造成生产进度和交期延误
问题4	客户的要求变更或者市场环境发生变化等，导致订单和生产计划需要临时变更，造成物料缺乏或生产线切换缓慢，从而延误交期
问题5	生产过程中插单和紧急订单的情况太多，导致正常的生产排程被打乱，造成交期延误
问题6	进料延误或进料不良退回，无法配合计划投产，最终造成交期延误
问题7	员工工作效率低下，不能达到标准工时的要求，导致交期延误
问题8	生产部员工流动性大，优秀员工流失率过高，造成人才培养断层，影响正常的生产进程，导致交期延误

图 1-3　常见的交期问题

2. 交期问题的处理

一般来说，生产管理人员可以从客户下单到生产再到发货等对交期进行控制，具体的控制措施如下。

（1）控制接单的交期。主要通过沟通技巧及判断客户的能力，尽量促成客户早下单，达成可分批交货协议。

（2）控制排程交期。生产计划人员根据客户订单的先后顺序、紧急程度合理进行生产排程，以提高设备、人员的利用率，缩短生产排程交期。

（3）控制供料交期。供料交期时间的缩短主要依靠来料控制时间的缩短、物料请购时间的缩短来实现。

（4）控制加工交期。加工交期控制是生产交期控制的主要方面。缩短加工交期的方法有以下四种。

①实施标准化生产。

②改善瓶颈工程，提升全线生产速度。

③随时维持生产线的平衡，提高产量、速率。

④实时掌握生产进度，并每日记录生产进度。

（5）控制出货交期。通过多线化生产线布置，以请客户增加下单频率的方式缩短交期。

1.3.3 浪费问题

提升生产制造管理中的效率，是生产管理目标的重要内容。而浪费问题则直接影响着效率的提升。因此，生产管理人员应了解常见的浪费问题，采取相应的处理措施，从而避免浪费。

1. 常见的浪费问题

生产过程中常见的浪费问题如图 1-4 所示。

问题1	生产过剩浪费，包括生产过多和生产过早两个方面。生产过多主要是由生产不均衡所造成的浪费。生产过早是在没有需求的时候提前生产而产生的浪费。生产过剩不仅占用资金、生产空间和仓储空间，还会增加人员、设备、原材料等方面的浪费
问题2	等待浪费，在加工、搬运、检查过程中，随处可见等待的现象。例如，前工序来料不及时、设备发生故障、生产负荷不平衡等，都是停工等待浪费发生的高发时段
问题3	搬运浪费，搬运是指生产活动各个流程中的放置、堆积、移动、整理等动作，包括原材料和零部件向下一道工序搬运、临时放置场地的搬运和将堆积的物品放到手推车上的过程
问题4	加工过程本身的浪费，它是指将与生产的进展状况和产品质量没有任何关系的加工当作必要的加工而进行操作所产生的浪费。例如，没完没了地修饰，频繁地测试、分类、检测。这些白白浪费了过多的工时、原材料等
问题5	库存浪费，过多的库存不仅占用空间和资金，产生大量不必要的搬运、堆积和寻找工作，而且还掩盖了企业内部的各种问题。例如，生产周期不合理、设备故障太多、不良品太多等
问题6	多余动作浪费，不产生附加价值的动作、不合理的操作、效率不高的姿势和动作都是浪费
问题7	制造不良品的浪费，它是指持续生产出不合格产品后，在产品检验、报废或返修活动中所造成的材料、机器和人工等浪费。如果不良品流向市场，则会引起客户的投诉和产品召回等更大的损失

图 1-4　常见的浪费问题

2. 浪费问题的处理

通过消除生产中存在的浪费，达到用最少的投入实现最大化产出的目标，从而提升生产效率，降低生产成本，提高企业的效益，具体措施如下。

（1）按需生产，杜绝生产过剩。首先要实现生产线工位平衡和排产均衡，并按量和品种小批量生产，再采用看板拉动的方式，遵守看板指令，做到不提早发出信息和不提早生产，抑制生产过剩。

（2）缩短生产过程周期时间，降低生产线停线风险，与主生产线同期生产，实现库存的降低。

（3）优化各生产过程，让生产工序有序流动，实践后工序到前工序取件的方式，削减搬运次数和搬运距离，以降低搬运的浪费。

（4）实施标准作业，并基于标准作业持续改进。消除作业中多余的动作和过度加工的浪费，同时实现过程周期时间的缩短，以及对在制品的控制。

（5）实施各工序质量控制机制，如防错、预防次品和返工的浪费。

（6）健全设备的保全机制，消除设备故障停线导致的等待浪费。通过多能工的培养和少人化的配置，实现人员作业的自调节和平衡，减少人员作业的等待。

（7）运用价值流程图，将整个生产过程的物料和信息的流动系统地呈现在图上，让物料和信息的停滞一目了然，从而找出在什么地方存在何种浪费，并从系统和全局的视角，发现制约系统效率和过程周期时间的主要浪费点与问题，以驱动问题的解决和浪费的消除。

1. 3. 4 安全问题

企业在安全管理过程中，如果不重视安全生产、缺乏安全生产管理知识，或未合理设置安全管理机构、安全生产管理制度不完善等，就会造成安全隐患不能及时排除、安全事故不能及时处理、员工人身安全不能得到保障等问题。

1. 常见的安全问题

安全管理过程中的常见问题如图 1-5 所示。

问题1	企业片面追求生产进度，严重轻视安全工作，“安全第一”的理念仅仅停留在口头上，而在执行政策、制度和措施时都以生产第一为主，从而可能致使安全事故屡屡发生
问题2	安全认识不到位且缺乏必要的安全生产管理知识，安全工作常常抓不到点子上，使得安全生产管理工作水平始终不能得到提高
问题3	企业未从具体情况和具体需要出发来设置安全管理机构，出现部门设置过多或过少，导致部门的职责不清、安全管理工作不受重视
问题4	安全生产管理制度不完善或未落实安全管理制度规范，致使安全生产管理制度形同虚设，不能起到规范的作用
问题5	安全宣教培训工作力度不够、覆盖面窄，导致作业员工不能掌握安全防护的基本知识，造成生产过程中安全隐患问题突出
问题6	未按规定进行安全检查，或安全检查不彻底，导致不能及时发现并排除隐患，或安全隐患未能及时整改，最终酿成安全生产事故
问题7	发生安全事故后，没有在第一时间抢救人员，造成人员伤亡问题严重；未对安全事故进行彻底调查，致使相关责任人未得到惩罚，没起到警示作用

图 1-5 常见的安全问题

2. 安全问题的处理

（1）企业组织安全教育培训，以增强作业人员安全操作的意识及能力，从而保证企业的生产安全。安全培训应包括三级安全培训、员工安全意识教育、岗位安全职责培训、调岗复岗人员安全培训、特殊作业安全教育等。

（2）企业需通过安全检查，对安全隐患进行排查。根据检查性质，安全检查分为一般性检查、专业性检查、季节性检查和假日前后检查四类。

（3）对设备进行技术性改造、加装安全装置和安全标示等。

（4）企业每年编制专门预算，并根据安全隐患概述计划拨出相应的经费，专门用于解决各类安全隐患。

（5）为了保证生产安全，企业应要求员工在生产过程中严格遵守操作规范。

1. 3. 5　成本问题

企业在生产成本管控过程中，如果没有成本意识、缺乏科学管理制度、缺少专业的成本管理队伍、没有先进的成本核算方法等，将容易造成诸多成本问题。生产管理人员应采取相应措施对成本进行有效的控制。

1. 常见的成本问题

生产成本管控过程中常见的成本问题如图 1-6 所示。

问题1	在生产过程中，片面追求产品产量增长和技术创新等，忽略了生产成本控制工作，缺乏完整的成本控制规范体系和成本控制手段，使成本控制工作难以推行
问题2	企业缺乏一支专业的成本管理队伍；未将成本责任落实到个人，无法实现降低成本的目的
问题3	质量管理不完善，产品质量低下导致返工浪费；未实施定额管理导致物料使用浪费；未实施标准工时管理导致生产时间浪费，这些浪费都提高了生产成本
问题4	没有及时进行生产成本核算或成本核算不准确，导致生产成本控制工作缺乏明确科学的目标，难以实行成本目标管理工作
问题5	问题处理上，对生产成本事中控制和事后考核，没有制定相应的措施和办法，对出现的问题也不能及时加以调节和控制，导致企业成本管理要求无法得到满足

图 1-6　常见的成本问题

2. 成本问题的处理

要解决生产成本问题，可以采取制定成本标准、监督成本的构成过程、及时纠正偏差三种措施。

（1）制定成本标准

①成本标准是成本控制的准绳。成本标准包括组成生产成本的各项指标。

②可以通过计划指标分解法、预算法、定额法建立成本标准，并严格按照标准控制生产成本。

（2）监督成本的构成过程

①根据控制标准，成本管理员经常对成本形成的各个项目进行检查、评比和监督。

②不仅要检查指标本身的执行情况，而且要检查和监督影响指标的各项条件，如设备、工艺、工人技术水平、环境等。

（3）及时纠正偏差

①针对成本差异发生的原因，查明责任者，分清情况的轻重缓急，提出改进措施，加以贯彻执行。

②对于重大差异项目的纠正，可以由相关人员进行讨论，确定方案实施的方法和步骤及负责执行的部门和人员。

1. 3. 6 质量问题

在质量管理过程中，时常会出现质量标准不完善、产品质量低下、质量管理体系不完善等各类问题，生产管理人员应了解常见的质量问题，采取相应措施，提高产品质量。

1. 常见的质量问题

质量管理过程中常见的质量问题如图 1-7 所示。

问题1	企业质量管理制度不完善，质量方针、质量目标不明确，使生产质量管理工作无章可循
问题2	没有建立规范的物料和产品检验标准，或标准未贯彻落实，导致来料质量无法保障，产品返工率高，质量成本高，造成企业效益低下
问题3	未建立完善的质量管理工作计划，并且没有组织相应的实施、检查、协调、核查和控制工作
问题4	缺乏生产过程中的质量控制工作，仅在后期进行质量检验，导致质量异常处理不及时，产生大量不合格品，使不良率居高不下
问题5	不够重视企业质量知识培训，导致质量培训投入不足，员工质量意识低下、质量控制技能不足
问题6	企业未开展持续质量改进活动，未建立完善的质量管理运行体系，导致质量管理水平得不到系统的提升

图 1-7　常见的质量问题

2. 质量问题的处理

（1）制定质量检验标准。标准化工作是质量管理的重要前提，是实现管理规范化的需要。因此，企业应制定各项质量管理标准、质量管理制度、质量检验标准，使质量管控工作有据可依。

（2）确定各类记录要求，规定记录的方式和具体要求，利用记录的结果考核体系运行情况、产品过程控制和产品质量情况。

（3）严格执行供方管理控制程序，按照考核、评价和重新评价准则加强对供方的管理，以及对采购产品的验证和控制。

（4）建立完善的过程控制保证体系，必要时制定完整、完善的各类过程操作指导文件和各项措施，依靠执行制度来保证产品质量。

（5）应建立完善的设备管理制度，按期维护、保养设备，保证设备具备满足生产和产品质量所需的能力。

（6）制定规范的产品检验制度并严格执行。

1. 3. 7　工艺技术问题

企业在产品工艺的设计和产品试制验证过程中，由于初期调研不全面、工艺方案不合理、工艺编制不完整、工艺技术问题不能得到及时解决等，容易造成各种技术问题。

1. 常见的工艺技术问题

生产管理工作中常见的工艺技术问题如图 1-8 所示。

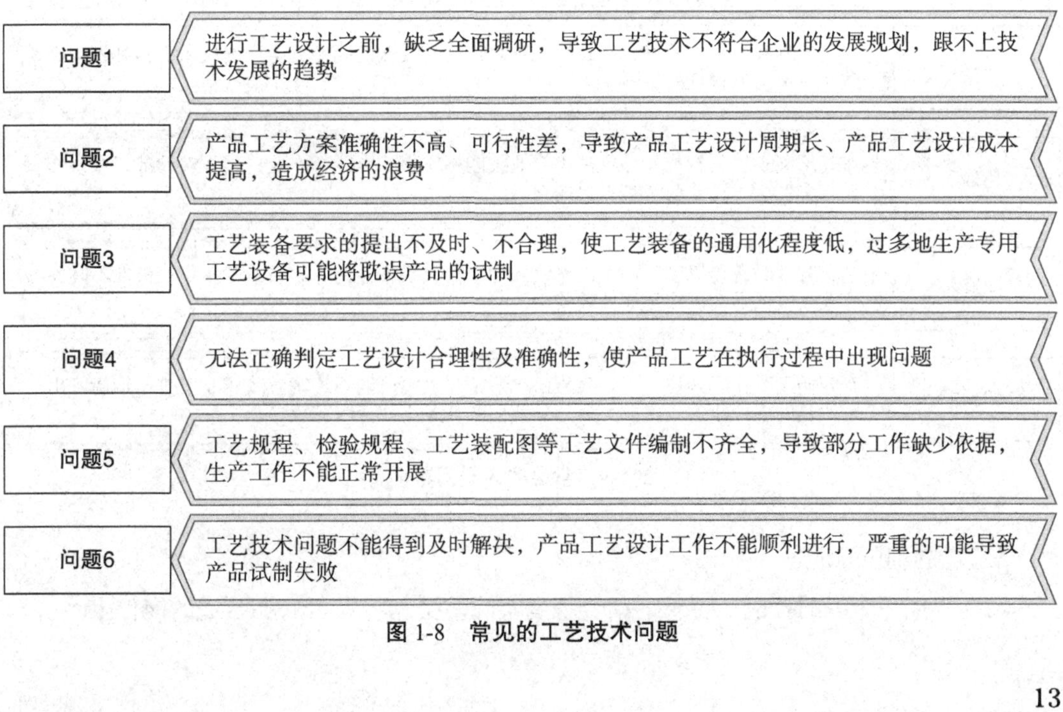

图 1-8　常见的工艺技术问题

2. 工艺技术问题的处理

（1）在产品设计阶段，进行全面调研，对设计完成之后的生产工艺、制造、装配、质量等问题进行预判。

（2）获得技术问题信息后，应进行现场调查，查找产生的原因，提出改进意见并落实，技术问题未解决前，不能开展下一阶段的工作。

（3）在技术上进行积累和系统性建设，元器件、部件、组件可通过标准化、通用化来共享。

（4）做好技术研发人才特别是高端技术研发人才的招聘、培养、储备、绩效考核、薪酬、流失控制等管理工作，建立良好的人才梯队。

（5）建立有责有权、运作高效的技术管理小组，形成跨部门协作、沟通的企业文化。

1. 3. 8　人员问题

生产车间是制造型企业的主战场，车间管理的方式直接影响着员工士气、生产效益、成本损耗，以及产品质量。因此，在生产管理工作中，正确处理人员问题对于维持员工工作积极性、提高和稳定产品质量、降低成本至关重要。

1. 常见的人员问题

生产管理工作中常见的人员问题如图 1-9 所示。

问题1	一线员工流动频繁，难以在一线层面做到操作技术的积累，造成一线技术人才缺乏
问题2	车间流程和分工不明确，导致出现重复作业和浪费的问题；生产责任未落实到人，导致作业员工的责任心不强
问题3	车间培训工作不到位，导致员工作业技能不够熟练，或者作业过程不够标准，致使作业效率低下，作业质量难以提高
问题4	缺乏有效的激励机制，员工工作绩效和工作成果不挂钩，导致员工工作积极性不高，作业士气低下，工作纪律性较差
问题5	车间调度工作不到位，导致各班组、各工序之间产能不均衡，或作业安排不均衡，出现明显的生产瓶颈或闲散人员，导致生产任务不能按时完成

图 1-9　常见的人员问题

2. 人员问题的处理

（1）根据每个人的技能、特长，结合现场实际情况，将人员放在合适的岗位上。

（2）明确人员岗位职责，确保每个人每天的工作开展有内容、有依据。

（3）根据工艺的复杂程度和操作质量要求，明确每个岗位的人员上岗技能资格。

（4）定期对人员开展培训，提升人员的责任、质量、安全、团队、成本意识，提高人员技能水平。

（5）建立激励机制，激发作业人员的工作积极性，提升团队竞争力，肯定优秀人员，鞭策落后人员，提高生产绩效。

第 2 章 生产团队管理

2．1 生产组织体系设计

2．1．1 生产组织结构设计

不同规模的企业会设置不同的组织结构。企业应根据自身经营目标、发展规划及实际情况精心设计生产组织结构，确保生产组织的高效性、灵活性，为高效开展生产活动提供保障。

1. 小型生产企业的生产组织结构

小型生产企业的生产活动具有低复杂性、低正规化和权力高度集中的特点，其生产工作主要由企业负责人直接领导车间主任完成。如图 2-1 所示，厂长（生产经理）主要担负着直接领导生产车间主任开展生产的职责，其中物资采购、质量管理则交由专业人士管理，厂长（生产经理）仅起到监督、指导的作用。

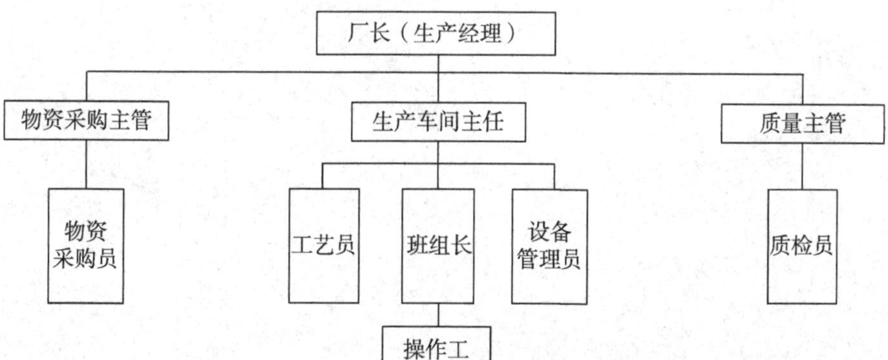

图 2-1 小型生产企业的生产组织结构

2. 中型生产企业的生产组织结构

与小型生产企业相比，中型生产企业的生产活动具有一定的规模，分工也较为明确。该类企业的生产活动一般由总经理授权生产经理去完成，并根据自身的实际需要设置一些职位，以履行与生产工作密切相关的职能，如生产定额管理、生产计划管理、生产工艺管理等。根据该思路，可设置图 2-2 所示的组织结构。

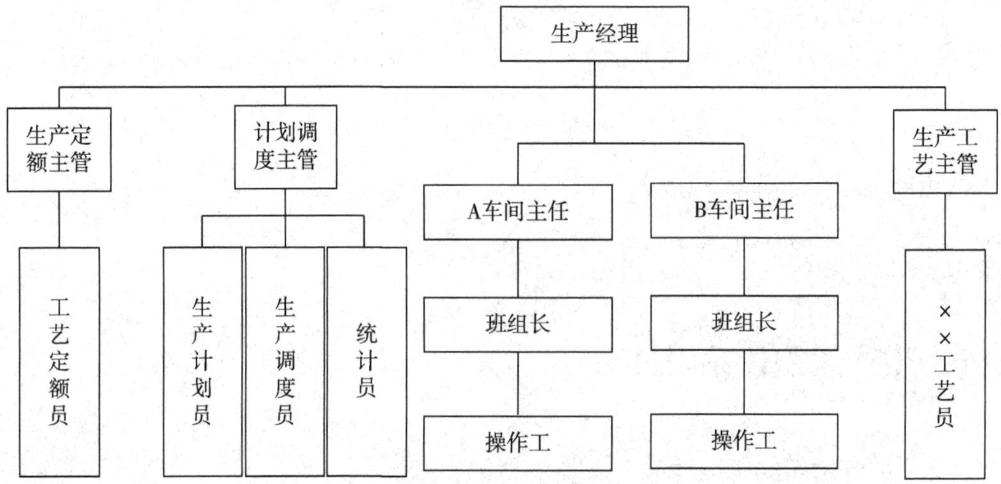

图 2-2　中型生产企业的生产组织结构

3. 大型生产企业的生产组织结构

对于大型生产企业来说，某些可独立的、与生产工作密切相关的职能会单独成立一个部门，这些部门均由生产总监来领导、协调。图 2-3 为某大型生产企业的生产组织结构。

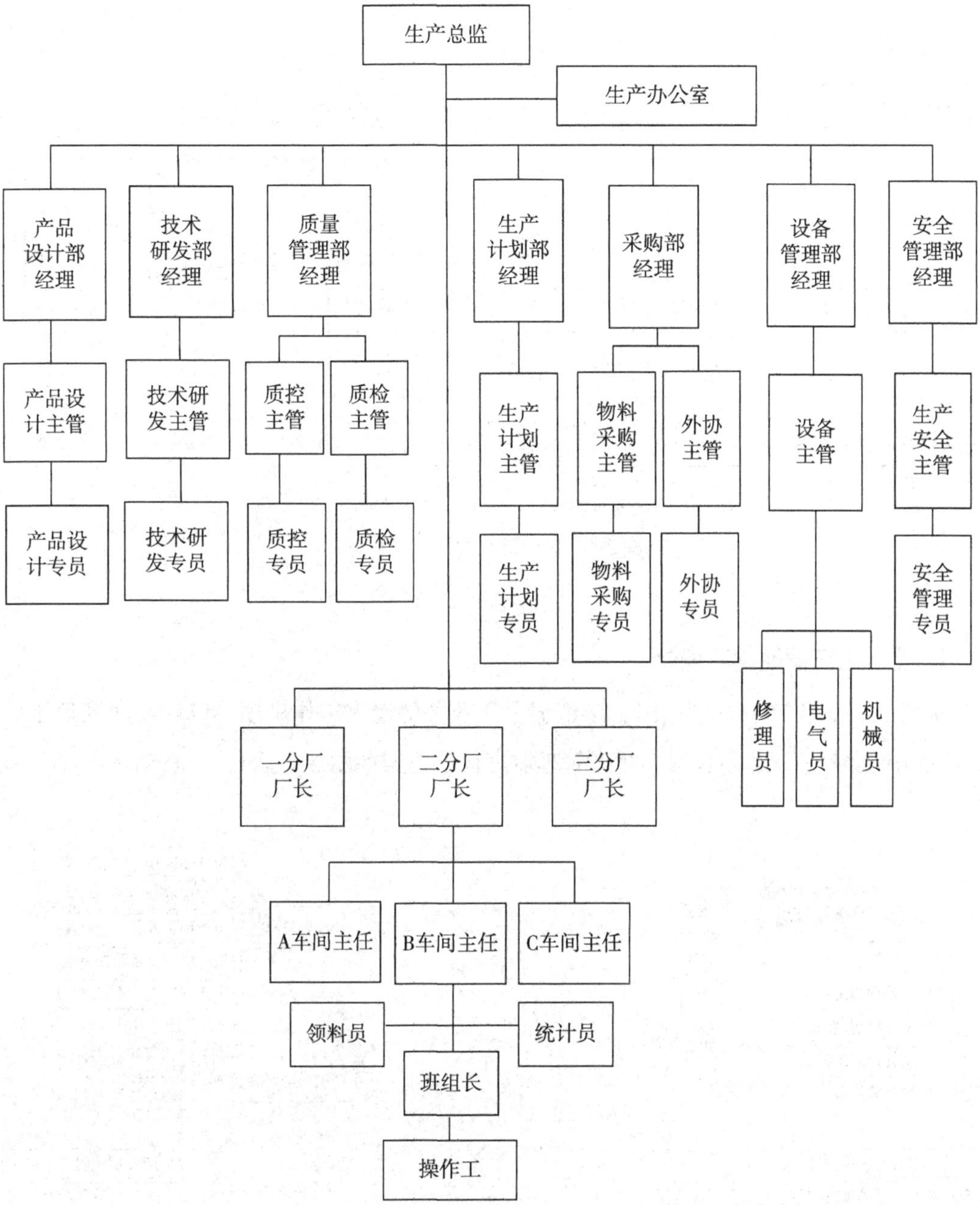

图 2-3　某大型生产企业的生产组织结构

另外，生产班组团队组织结构示例如图 2-4 所示。

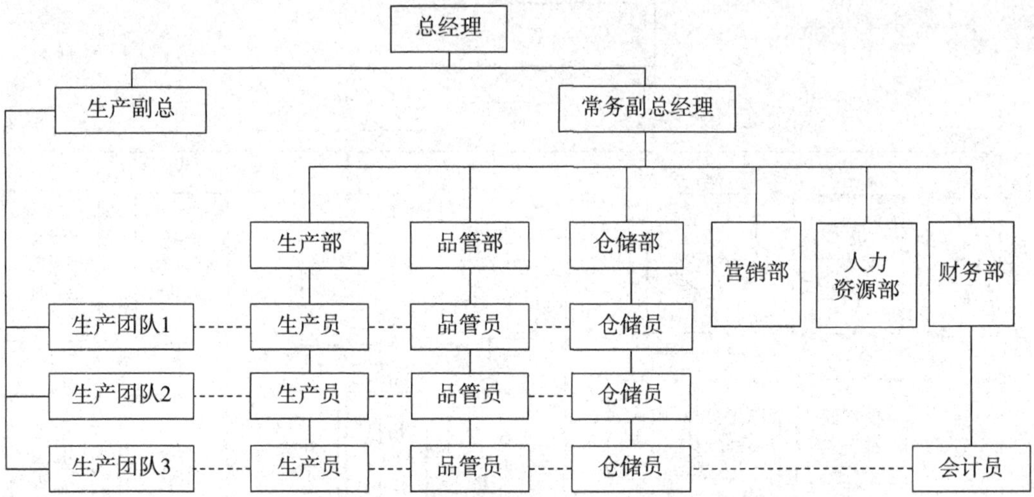

图 2-4 生产班组团队组织结构

2. 1. 2 生产管理制度设计

企业在设计生产管理制度时，应依据生产业务的诸多工作事项，设计制度框架体系，并根据企业实际情况进行调整。生产管理制度设计框架如图 2-5 所示。

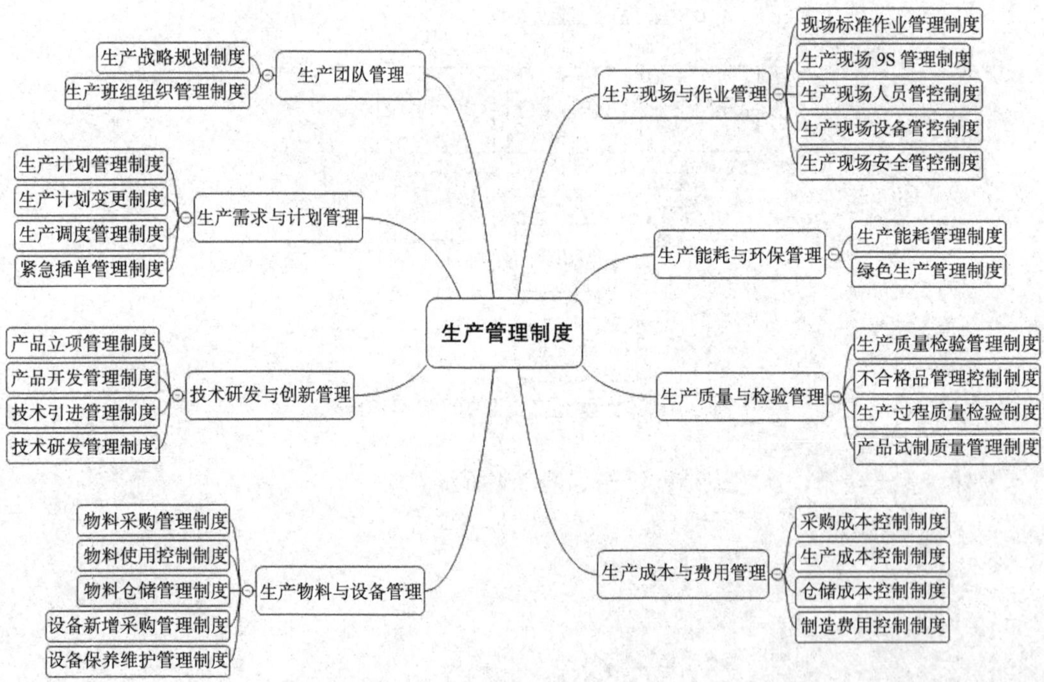

图 2-5 生产管理制度设计框架

2. 1. 3　生产管理工作流程设计

在生产管理工作流程的设计过程中，企业需重点把握生产需求与计划管理、技术研发与创新管理、生产现场与作业管理、生产能耗与环保管理、生产成本与费用管理等方面的流程设计，具体框架如图 2-6 所示。

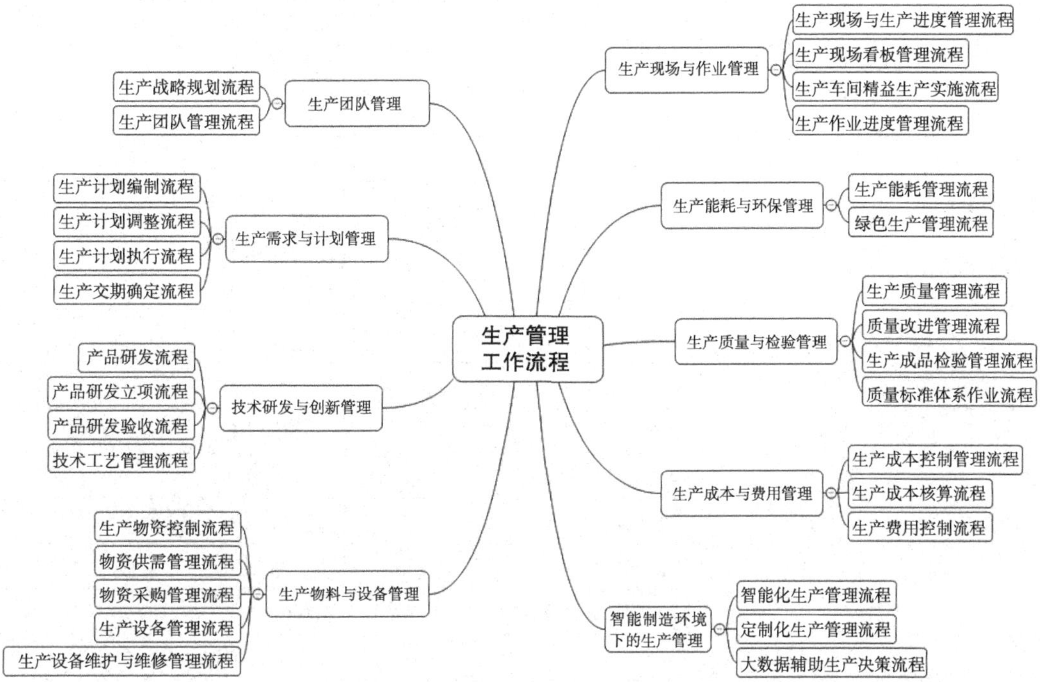

图 2-6　生产管理工作流程设计框架

2. 2　生产目标与职能分解

2. 2. 1　生产目标分解

生产部应根据企业的总体经营目标确定生产目标，在实际工作中根据确定的生产目标进行全面生产管理，且为了进一步落实各级生产目标，确保生产任务的有效完成，将确定的生产目标进行分解，并根据分解的目标，定期进行生产目标考核。

生产目标分解的内容如表 2-1 所示。

表 2-1 生产目标分解的内容

目标项目	具体目标	目标（值）
制度建设	编制管理制度	规范、严谨
	制度执行率	____% 以上
生产计划制订	产能设计误差	____% 以内
	生产计划编制及时率	____% 以上
	编制物料需求计划	及时、准确
生产进度控制	生产计划按时完成率	____% 以上
	交货及时率	____% 以上
生产目标制定	总产量	____万吨以上
	总产值	____万元以上
	产品合格率	____% 以上
生产设备管理	设备故障率	____% 以内
	设备保养计划完成率	____% 以上
	设备开工率	____% 以上
生产技术管理	新技术开发项目	____个以上
	生产工艺稳定性	____% 以上
	工装完备率	____% 以上
	工艺文件准确率	____% 以上
	技术问题解决及时率	100%
生产成本控制	生产费用	____万元以内
	单位产品成本降低率	____% 以上
部门管理	培训计划完成率	____% 以上
	考核实施及时率	____% 以上
	考核通过率	____% 以上

2. 2. 2 生产职能分解

生产部作为产品的研发、生产与管理部门，其主要职能体现在生产计划与调度管理、工艺技术管理、生产物料管理、生产质量管理、生产信息管理、设备与安全管理、生产成本管理这七个方面，具体内容如表 2-2 所示。

表 2-2 生产部职能分解表

一级职能	二级职能	三级职能
生产计划与调度管理	制订生产计划	进行企业产能、设备负荷及生产人员的配置，编制年度生产计划
		分解年度、季度、月度生产计划，明确各生产单位、各车间的生产任务，以及各种型号产品的投入产出期和投入产出量
		制定各产品的生产周期、在制品定额和生产批量等标准
	执行生产计划	执行生产计划，进行生产物料、设备、人员、信息、工艺的有机配合，确保按时、保质完成生产任务
		对车间生产材料、半成品、成品进行管理，并监督生产现场的作业
		编排生产作业流水线，配备相应的人员，安排所需的设备、材料
		处理生产异常情况，根据实际情况灵活调整生产计划
	做好生产调度管理工作	以生产调度为核心，建立与各部门、车间主任和生产班组长相连接的生产调度指挥系统，按程序分层次地组织、协调、指挥生产
		做好生产调度管理工作，科学利用资源，合理组织调配，有效地进行生产过程控制
工艺技术管理	工艺技术开发	重视技术交流和研究，开展新技术开发工作
		组织相关技术人员对产品工艺流程、生产工艺及工艺装备进行设计，做好生产工艺技术开发工作
		通过技术研究，对现有工艺技术进行改进，不断提升工艺技术水平
	工艺文件管理	编制生产工艺流程和工艺技术文件、制定各类工艺技术标准
		下发工艺文件及相关规范，对部门人员进行工艺培训
		收集生产过程中的工艺文件资料，为工艺技术改进提供重要依据
生产物料管理	物料采购管理	根据企业年度计划和月度生产计划、各种原辅材料消耗定额与储备定额及各采购项目的供货周期，编制月度物料需求及采购计划，合理安排物料供应的批次
		制订物料定额管理计划，有序实施物料定额管理工作
		汇总各部门的采购申请单，编制采购作业计划，统一采购生产所需的物料，保证生产经营活动的持续进行
	物料库存管理	根据物料消耗情况，制订物料库存计划，以降低库存成本
		监督物料库存水平，并及时提出安全库存预警
	物料领用控制	记录物料消耗明细，制定物料消耗定额标准，严控物料使用
		对物料使用超出定额的情况进行及时分析和处理
生产质量管理	制定产品质量标准	制定进料、制程、产品等各项质量标准，并以此作为质量管理的依据
		编制各项质量文件及指导书，协助质量管理部建立质量管理体系
	进行生产质量控制	在生产过程中对各工序质量进行控制
		对供应商样品、原材料、外协品等生产来料的质量进行检验
		监督不合格品的返工

（续表）

一级职能	二级职能	三级职能
生产信息管理	生产信息收集	生产部应当统计和分析各生产单位和车间的生产进度数据、各个产品的物料消耗数据和各产品所用工时数据，为生产决策提供依据
		生产部需检查、复核并监督各生产单位、各车间的统计报表
		追踪生产进度、产品数量及成品数量等信息
	生产信息应用	根据生产信息制订生产计划
		及时统计各生产单位存在的问题及需求，及时加以解决并改进生产决策
设备与安全管理	设备管理	负责编制生产和动力设备检修（大修、中修）计划，并组织对生产车间生产机械设备、动力设备、消防安全设备进行检修、维护和保养
		负责为生产操作人员提供生产设备日常保养的技术培训，监督生产操作人员对生产设备的操作，确保设备完好运行
		负责设备的技术改造工作
		处理与动力系统有关的突发事件（如停水、停电、停气），保证生产用水、用电、用气的供应及空调的正常运行
	安全管理	制定安全生产管理制度和生产安全操作规程，并组织实施
		对生产系统中各类管理制度的实施进行监控，防止安全事故发生
		加强安全生产教育与培训工作，规范员工的安全生产行为
		加强生产过程中的劳动保护和人员健康管理工作
		加强生产过程中的环境保护与污染防治工作
生产成本管理	生产成本分析核算	做好生产成本核算工作，科学、真实地反映生产成本
		做好生产成本分析，找出生产成本浪费环节，为成本控制提供依据
	生产成本控制	根据成本分析结果，制定生产成本控制的改进措施，并予以实施
		对生产过程各环节的成本和费用进行控制，达到成本控制目标

2.3 生产部岗位职责设计

2.3.1 生产总监岗位职责

生产总监需要运用丰富的生产管理、成本控制、质量管理等方面的工作经验，做好生产调度管理工作。生产总监岗位职责如表2-3所示。

表2-3 生产总监岗位职责

岗位名称	生产总监	所属部门	生产部
上 级	总经理	下 级	生产部经理
职责概述	全面统筹生产管理工作，监督生产计划执行情况，确保生产目标顺利完成		

（续表）

工作职责	职责细分
生产制度规划与建设	◆ 积极参与企业发展战略的制定、调整工作，明确企业发展方向 ◆ 组织生产部编制和修订生产管理方面的规章制度 ◆ 对制度的执行情况进行监督、检查
生产预算管理	◆ 负责审批下属提交的生产预算报告 ◆ 负责监督生产预算的执行情况
生产经营管理	◆ 监督生产进度，督促完成生产任务 ◆ 定期检查安全生产情况，妥善处理生产中的重大事故 ◆ 按产品制造标准和工艺标准组织生产
生产成本控制	◆ 组织编制并审核生产成本费用预算，监督下属严格执行 ◆ 组织开展生产核算分析工作，并根据分析结果制定成本降低方案 ◆ 监督并控制下属的费用支出，每月向总经理提交费用月报
内外协调管理	◆ 做好各部门之间的横向联系，处理好相关部门之间的沟通与协调工作 ◆ 代表企业与相关单位进行沟通、协调
其他工作	◆ 指导、监督下属人员工作 ◆ 选拔、任免生产部主管级以上人员

2.3.2 生产部经理岗位职责

生产部经理是生产部门的主要负责人，负责整个生产部门的管理工作。生产部经理岗位职责如表 2-4 所示。

表 2-4　生产部经理岗位职责

岗位名称	生产部经理	所属部门	生产部
上　　级	生产总监	下　　级	生产部主管
职责概述	负责生产计划的制订与实施，在安全生产的前提下降低生产成本，确保生产任务按时完成		
工作职责	职责细分		
生产计划管理	◆ 根据企业的经营战略制订生产计划 ◆ 监督生产计划执行情况，视实际情况调整计划指标，协调生产 ◆ 定期向生产总监汇报生产计划执行情况		
生产技术管理	◆ 指导部门产品研发人员做好产品开发工作 ◆ 做好工艺技术开发、工装设计等的指导工作 ◆ 负责技术引进、技术改进等工作的开展		
生产物料和设备管理	◆ 指导下属人员根据主生产计划制订物料需求计划 ◆ 对库存物料进行控制，降低库存成本 ◆ 审批下属人员制定的物料定额，并监督生产人员是否按定额生产		
生产质量管理	◆ 制定并落实产品质量标准 ◆ 协助质量管理部进行产品质量检查工作		

（续表）

生产成本管理	◆ 不断优化生产流程，提高生产效率，减少浪费 ◆ 严格审核部门费用，控制部门开支 ◆ 明确生产成本控制目标，积极制定和落实相关成本管理措施
生产安全管理	◆ 建立、完善生产安全责任制 ◆ 组织实施安全检查工作，消除安全隐患
其他工作	◆ 监督、指导下属员工工作，提高其工作业绩 ◆ 协助做好人员聘任及培训工作，避免空岗的发生 ◆ 协助人力资源部做好绩效考核工作

2. 3. 3 技术主管岗位职责

技术主管要协助技术研发部经理做好各项支持工作，包括制定工作方案、实施工作指导、监督下属工作等。技术主管岗位职责如表 2-5 所示。

表 2-5 技术主管岗位职责

岗位名称	技术主管	所属部门	技术研发部
上　级	技术研发部经理	下　级	技术专员
职责概述	协助技术研发部经理做好技术研究资料准备及理论支持工作，并做好技术资料的归档及技术档案的保密管理工作		
工作职责	**职责细分**		
制定工作方案	根据企业总体研发工作计划的要求制定技术研究方案，并对其实施情况进行监督与指导		
实施工作指导	◆ 利用各种有效途径，指导技术研究中心工作人员对国内外技术研究情况及相关资料进行收集、分类、汇总，选择有价值的资料上报企业领导 ◆ 按照技术研究方案的要求，根据收集的技术资料，通过一定的技术研究路线实施本行业的技术理论与实践研究，并将研究结果上报相关领导 ◆ 向产品研发部、生产部、质量管理部和营销部等部门提供技术咨询和相关技术数据，保证产品生产与销售活动得以顺利进行 ◆ 根据企业发展及技术研究的需要，定期或不定期组织同行业技术研究会议，确保企业技术研究水平领先于同行企业 ◆ 对技术资料归档工作进行监督管理，确保技术资料的保密性、正确性和完整性		
监督下属工作	负责指导、监督、检查所属下级的各项工作，并对其进行绩效考核		
其他工作	完成领导交办的其他工作		

2. 3. 4 研发主管岗位职责

研发主管主要负责产品研发业务管理、研发成本和风险管理等。研发主管岗位职责如表 2-6 所示。

表 2-6　研发主管岗位职责

岗位名称	研发主管	所属部门	产品研发部
上　　级	产品研发部经理	下　　级	研发专员
职责概述	在产品研发部经理的组织下，认真做好制度和计划管理、各项产品研发业务管理，以及研发成本和风险管理等工作，保证研发任务按时完成		
工作职责	职责细分		
制度和计划管理	◆ 协助产品研发部经理认真做好部门管理制度的制定和执行工作 ◆ 根据产品研发规划，协助部门经理制订具体的产品研发计划		
产品研发业务管理	◆ 积极开展研发调研工作，充分做好研发立项的准备工作 ◆ 在部门经理的领导下成立研发项目小组，并严格按照产品研发计划组织开展产品研发和技术攻关工作 ◆ 根据产品研发成果，组织进行产品试制工作 ◆ 协助制定研发成果测试标准，认真落实成果测试工作，编制研发成果测评报告，并及时向部门领导报告 ◆ 积极参与产品研发成果的验收和评估工作 ◆ 认真编制产品研发工作报告，并及时上报部门经理		
研发成本和风险管理	◆ 严格落实研发成本预算执行计划，清楚掌握研发物料、设备的使用情况，有效控制研发成本 ◆ 认真做好研发风险的识别、评估和应对工作，降低风险		
其他工作	◆ 严格按照相关制度规定，做好知识产权的认证和维护工作 ◆ 积极配合人力资源部做好下属员工的招聘、培训和绩效考核工作 ◆ 按时完成上级领导交办的其他工作事项		

2. 3. 5　物料主管岗位职责

要确保物料供应的时效性、合理性和经济性，离不开物料主管进行科学、合理的工作安排，因此物料主管的工作在企业物料管理工作中尤为重要。物料主管岗位职责如表 2-7 所示。

表 2-7　物料主管岗位职责

岗位名称	物料主管	所属部门	采购部
上　　级	采购部经理	下　　级	物料专员
职责概述	根据企业生产计划，制订并落实企业的物料供应计划，保证生产所需的物料供应及相应指标的完成		
工作职责	职责细分		
制度和计划管理	◆ 建立健全物料管理的各项规章制度，并监督执行 ◆ 根据企业生产计划、订单要求等组织相关人员编制物料计划		
生产所需物料的采购	◆ 组织搜集、整理供应商信息，建立供应商资源库 ◆ 分析、预测物料市场价格变动趋势，采用适当的采购策略 ◆ 编制企业物料采购计划，安排原材料的采购工作，拟定采购合同，并进行评审		

（续表）

生产所需物料的验收	◆ 负责指导和督促物料仓储人员按照标准检验物料入库 ◆ 负责对物流及仓储进行监督和协调，跟踪管理物料的收、发、存等过程 ◆ 协助工艺技术人员、质量管理人员等制定物料采购、验收标准
物料的领用管理	◆ 组织人员制定物料定额标准，监控物料的使用过程 ◆ 控制各生产工序的物料使用情况 ◆ 对物料的领用及使用情况进行跟踪、控制和协调 ◆ 掌握生产进程中对物料的需求状况，及时调整物料的配送工作
其他工作	◆ 负责下属人员的培训及考核工作 ◆ 完成上级领导交办的其他工作

2.3.6 车间主任岗位职责

企业的车间主任不仅要负责车间的安全生产工作，还要带领车间员工完成生产计划。车间主任岗位职责如表 2-8 所示。

表 2-8 车间主任岗位职责

岗位名称	车间主任	所属部门	生产部
上　　级	生产部经理	下　　级	班组长
职责概述	协助生产部经理完成企业的生产任务，实现企业的生产目标，对生产作业过程进行监督、指导，同时进行生产安全控制，保证生产安全		
工作职责	职责细分		
组织实施车间生产计划	◆ 根据生产计划，组织制订本车间的生产作业计划 ◆ 负责按计划组织、安排生产工作，确保完成本车间的生产计划 ◆ 合理调配人力、物力，调整生产布局和生产负荷，提高生产效率		
执行车间生产计划	◆ 执行车间生产计划，进行生产物料、设备、人员、信息、工艺的有机配合，确保按时、保质完成生产任务 ◆ 进行车间生产材料、半成品、成品的管理，并监督生产现场的作业 ◆ 编排生产作业流水线，配备相应的人员，安排所需的设备、材料 ◆ 处理生产异常情况，根据实际情况灵活调整生产计划		
生产调度管理	◆ 以生产调度为核心，建立与各部门、车间主任和生产班组长相连接的生产调度指挥系统，按程序、分层次地组织、协调、指挥生产 ◆ 做好生产调度管理工作，科学利用资源，合理组织调配，有效进行生产过程控制 ◆ 负责落实企业各项生产安全制度，经常进行安全检查		
车间生产安全管理	◆ 要坚决杜绝一切安全隐患，确保各项工作正常开展 ◆ 定期组织安全生产教育培训，指导员工安全作业		
其他工作	◆ 负责下属人员的培训及考核工作 ◆ 完成上级领导交办的其他工作		

2. 3. 7 班组长岗位职责

班组长全面负责班组工作，把好本班组应负责的质量关并按时完成生产作业计划。班组长岗位职责如表 2-9 所示。

表 2-9 班组长岗位职责

岗位名称	班组长	所属部门	生产部
上　级	车间主任	下　级	一线员工
职责概述	负责班组人员调配、作业任务分配、班组现场管理、本班组生产统计与汇报，把好本班组应负的质量关，按时完成生产作业计划		
工作职责	职责细分		
落实管理制度和计划	协助车间主任全面落实企业和车间的各项管理制度，参与车间各项生产计划的制订并执行		
完成生产作业任务	◆ 协助车间主任做好每批产品投产前的组织安排和技术准备工作，协助做好首件产品的检验 ◆ 合理安排各道工序生产，注意各道工序的工时平衡，按规定日期下线，保证按时完成任务 ◆ 做好班组安全生产工作，加强设备维护保养，督促检查班组安全生产措施和安全消防器具		
控制生产质量	◆ 及时发现生产中出现的问题，协助车间主任采取解决措施，确保生产过程各环节的正常运转 ◆ 组织技术练兵，提高全班组技术水平，狠抓产品质量，降低不合格率，确保质量达标		
提升班组人员技能	◆ 实施全班组人员的技术传授和培训活动，提高操作水平 ◆ 开展本班组的经济核算，节约能源和辅料，降低产品成本		
其他工作	◆ 全面负责本班组人员管理工作，如填报考勤，做好与下属的沟通与考核工作，以及班组建设工作 ◆ 完成上级领导交办的其他工作		

2. 3. 8 一线员工岗位职责

一线员工的主要职责是在班组长的领导下，进行车间生产作业，确保完成周、月、季、年度生产任务。一线员工岗位职责如表 2-10 所示。

表 2-10 一线员工岗位职责

岗位名称	一线员工	所属部门	生产部
上　级	班组长	下　级	/
职责概述	在班组长的领导下，进行车间生产作业，确保完成周、月、季、年度生产任务		
工作职责	职责细分		
遵守各项规章制度	遵守企业和车间的各项规章制度，按生产计划实施生产，保质保量完成任务		

（续表）

严格执行生产规范	◆ 服从技术人员工艺指导，严格执行产品质量标准、工艺规程 ◆ 严格遵循生产工艺文件、安全、设备操作规程，不违章作业
物料的使用控制	合理领用辅料，控制辅料的消耗，节约用电、用水，节能降耗，降低生产成本
生产质量的控制	◆ 做好生产准备和生产自检工作，协助其他员工自检，提高生产质量 ◆ 及时解决、上报生产过程中的问题，对于不合格半成品应及时返修
设备维护与保养	每天认真检查、维护、保养生产工具和设备，合理使用生产工具，提高生产安全率
生产现场卫生	做好设备和车间的卫生清洁工作，遵从现场5S管理，实现文明、安全生产
其他工作	◆ 服从企业的生产安排，积极参与企业、车间组织的培训，认真做好岗位间的协调工作 ◆ 完成上级领导交办的其他工作

2.4 生产绩效考核

2.4.1 生产车间绩效考核

通过制定科学、合理的生产车间绩效考核指标，企业可以加强生产车间的班组建设，强化员工责任意识，激励员工围绕月度和年度经营业绩开展工作，同时为员工工作改进和工作重点指明方向。生产车间绩效考核指标如表2-11所示。

表2-11 生产车间绩效考核指标

序号	绩效考核指标	考核周期	指标定义/公式	资料来源
1	生产计划按时完成率	月/季/年度	$\frac{\text{当期实际生产量}}{\text{当期计划生产量}} \times 100\%$	生产车间
2	产能利用率	季/年度	$\frac{\text{实际产能}}{\text{计划产能}} \times 100\%$	生产车间
3	订单交期达成率	季/年度	$\frac{\text{订单实际完成数}}{\text{订单计划完成数}} \times 100\%$	销售部
4	补货订单按时完成率	月度	$\frac{\text{补货订单按时按量完成次数}}{\text{补货订单总数}} \times 100\%$	销售部
5	产品抽检合格率	季/年度	$\frac{\text{实际合格数}}{\text{抽样产品总数}} \times 100\%$	质量管理部
6	在制品周转率	季/年度	$\frac{\text{期间生产总值}}{（\text{期初存货总值}+\text{期末存货总值}）/2} \times 100\%$	财务部
7	标准产能实现率	月/季/年度	$\frac{\text{实际产能}}{\text{生产标准产能}} \times 100\%$	工艺管理部
8	原材料申购准确率	月/季/年度	$\frac{\text{原材料申购无误次数}}{\text{申购总次数}} \times 100\%$	采购部

（续表）

序号	绩效考核指标	考核周期	指标定义 / 公式	资料来源
9	生产成本下降率	月 / 季 / 年度	$\frac{\text{当期生产成本}-\text{上期生产成本}}{\text{上期生产成本}}\times 100\%$	财务部
10	生产安全事故发生次数	月 / 季 / 年度	考核期内生产安全事故发生次数合计	生产管理部

2. 4. 2　生产班组绩效考核

通过制定科学、合理的生产班组绩效考核指标，企业可以加强班组管理，提高班组工作积极性，提升工作绩效。生产班组绩效考核指标如表 2-12 所示。

表 2-12　生产班组绩效考核指标

序号	绩效考核指标	考核周期	指标定义 / 公式	资料来源
1	生产计划按时完成率	月 / 季 / 年度	$\frac{\text{当期实际生产量}}{\text{当期计划生产量}}\times 100\%$	生产车间
2	产能利用率	季 / 年度	$\frac{\text{实际产能}}{\text{计划产能}}\times 100\%$	生产车间
3	补货订单达成率	月度	$\frac{\text{补货订单按时按量完成次数}}{\text{补货订单总数}}\times 100\%$	销售部
4	产品一次性合格率	月 / 季 / 年度	$\frac{\text{一次性合格的产品数量}}{\text{实际生产的产品数量}}\times 100\%$	质量管理部
5	产品返工率	月 / 季 / 年度	$\frac{\text{返工产品数量}}{\text{全部送检产品数量}}\times 100\%$	生产车间
6	废品率	月 / 季 / 年度	$\frac{\text{废品量}}{\text{合格品数量}+\text{次品数量}+\text{废品量}}\times 100\%$	生产车间
7	生产耗用材料总额降低率	月 / 季 / 年度	$\frac{\text{实际耗用材料总额}-\text{计划耗用材料总额}}{\text{计划耗用材料总额}}\times 100\%$	仓储部 财务部
8	工时标准达成率	月 / 季 / 年度	$\frac{\text{标准工时}}{\text{实际工时}}\times 100\%$	工艺管理部
9	物耗标准达标率	季 / 年度	$\frac{\text{实际物耗}}{\text{标准物耗}}\times 100\%$	工艺管理部
10	生产安全事故发生次数	季 / 年度	考核期内生产安全事故发生次数合计	生产管理部

2. 4. 3　一线员工绩效考核

一线员工的绩效考核可围绕生产任务完成情况、岗位知识技能要求、质量指标、设备模具工具维护使用、5S 执行状况、劳动纪律、工作态度等进行设计，具体如表 2-13 所示。

表 2-13　一线员工绩效考核指标

<table>
<tr><th rowspan="2">考核项目（权重）</th><th rowspan="2">考核内容</th><th colspan="4">得分标准</th><th rowspan="2">得分</th></tr>
<tr><th>优</th><th>良</th><th>中</th><th>差</th></tr>
<tr><td rowspan="3">生产任务完成情况（20%）</td><td>生产计划完成率</td><td>8</td><td>7</td><td>5</td><td>2</td><td></td></tr>
<tr><td>生产定额完成率</td><td>8</td><td>6</td><td>4</td><td>2</td><td></td></tr>
<tr><td>服从生产调度情况</td><td>4</td><td>3</td><td>2</td><td>0</td><td></td></tr>
<tr><td rowspan="2">岗位知识技能要求（15%）</td><td>岗位技能</td><td>9</td><td>7</td><td>5</td><td>3</td><td></td></tr>
<tr><td>对质量方针、质量目标及质量要求的理解程度</td><td>6</td><td>5</td><td>3</td><td>2</td><td></td></tr>
<tr><td rowspan="2">质量指标（15%）</td><td>产品交验合格率</td><td>10</td><td>8</td><td>6</td><td>4</td><td></td></tr>
<tr><td>工艺标准的执行情况（点检、首检等相关的质量记录）</td><td>5</td><td>3</td><td>2</td><td>1</td><td></td></tr>
<tr><td rowspan="4">设备、模具等工具的维护和使用（17%）</td><td>合理使用设备的情况</td><td>4</td><td>3</td><td>2</td><td>1</td><td></td></tr>
<tr><td>设备、模具维护和保养情况</td><td>5</td><td>4</td><td>3</td><td>1</td><td></td></tr>
<tr><td>设备利用率</td><td>4</td><td>3</td><td>1</td><td>0</td><td></td></tr>
<tr><td>设备、模具故障率</td><td>4</td><td>2</td><td>1</td><td>0</td><td></td></tr>
<tr><td rowspan="5">5S执行情况（21%）</td><td>工作现场、卫生包干区的清洁程度</td><td>4</td><td>3</td><td>2</td><td>1</td><td></td></tr>
<tr><td>劳保用品穿戴情况</td><td>4</td><td>3</td><td>2</td><td>0</td><td></td></tr>
<tr><td>文明操作及现场定置管理维持程度</td><td>4</td><td>4</td><td>3</td><td>1</td><td></td></tr>
<tr><td>安全生产情况</td><td>4</td><td>3</td><td>1</td><td>0</td><td></td></tr>
<tr><td>出勤情况</td><td>5</td><td>4</td><td>2</td><td>1</td><td></td></tr>
<tr><td>劳动纪律（6%）</td><td>违纪情况</td><td>6</td><td>5</td><td>3</td><td>0</td><td></td></tr>
<tr><td>工作态度（6%）</td><td>工作主动性、协作性</td><td>6</td><td>5</td><td>4</td><td>2</td><td></td></tr>
<tr><td rowspan="2">加分项目</td><td>节能降耗（节约资金额度）</td><td>12</td><td>8</td><td>4</td><td>2</td><td></td></tr>
<tr><td>合理化建议所带来的收益</td><td>8</td><td>4</td><td>2</td><td>1</td><td></td></tr>
<tr><td colspan="6">综合得分</td><td></td></tr>
</table>

第3章
生产需求与计划管理

3.1 生产需求预测

3.1.1 需求预测影响因素

需求预测是指企业在特定的条件下，对未来的市场需求进行预估和推测。它是企业制订计划和控制决策的依据。需求预测影响因素如表3-1所示。

表3-1 需求预测影响因素

影响因素	具体说明
区域市场需求	不同的区域内，消费者对某种商品或服务愿意而且能够购买的数量影响着需求预测的结果，区域范围越细化，预测结果就越趋近于准确。因此，在做需求预测时，要清楚预测所涵盖的区域范围
产品商业周期	充分理解产品的商业周期，可以使需求预测更加精准、有效。产品商业周期分为经济衰退前的最高产出阶段，经济衰退或萎缩阶段，经济衰退的低谷或经济活动的最低点复苏阶段，恢复增长扩张阶段，超越之前的高点
产品生命周期	◆ 不同的产品生命周期对需求预测有不同的影响，因此在做需求预测时，要关注产品的生命周期并且保持敏感性 ◆ 在产品的导入期，需求增长缓慢；在产品的成长期，需求迅速增长；在产品的成熟期，需求稳定稍有波动；到了产品衰退期，需求减少，这时就要有计划地撤出市场
消费者偏好	当消费者对某种商品的偏好程度增强时，其对该商品的需求数量就会增加。相反，当偏好程度减弱时，需求数量就会减少
竞争对手	◆ 竞争者包括了同类产品的直接竞争者和可替代产品的竞争者 ◆ 一般来说，在相互替代商品之间某一种商品价格提高，消费者就会把需求转向可以替代的商品上，从而使替代品的需求增加，被替代品的需求减少，反之亦然
企业营销策略	企业的营销策略也直接影响需求预测。企业为了刺激需求，会调整价格，采取一些促销手段等；到了产品生命周期末端，会加快创新产品的上市

3.1.2 需求预测方法

在采购物料和制订生产计划时，要运用科学、合理的需求预测方法，让预测结果偏差更小，也更有说服力。需求预测方法如表3-2所示。

表3-2 需求预测方法

<table>
<tr><th colspan="2">需求预测方法</th><th>方法说明</th><th>适用情况</th></tr>
<tr><td colspan="2">定性预测法</td><td>主要依靠人的主观判断对需求做出预测，包括头脑风暴法、德尔菲法等</td><td>相关数据不足或对未来的某些趋势预测需要倾听专家的意见</td></tr>
<tr><td rowspan="3">时间序列法</td><td>静态预测法</td><td>根据已有的历史数据对需求做出预测</td><td>需求水平、需求趋势和季节趋势变化不大的情况</td></tr>
<tr><td>移动平均法</td><td>根据已有的历史数据，排除偶然的变动因素的影响，从而对未来的需求做出比较准确的预测。移动平均法分为简单移动平均法和加权移动平均法</td><td>产品需求趋势平稳，既不快速上涨也不快速下降，且不存在季节性因素但可能存在其他偶然因素</td></tr>
<tr><td>指数平滑法</td><td>通过对需求历史数据进行计算，消除由于随机因素造成的影响，找出需求的基本变化趋势并对未来需求进行预测。指数平滑法包括一次指数平滑法、二次指数平滑法和三次指数平滑法等</td><td>需求水平、需求趋势或其他相关因素发生变动</td></tr>
<tr><td colspan="2">因果关系法</td><td>通过界定与需求相关的外界因素同需求本身的关系，判断外界因素变化对未来需求的影响。因果关系法包括回归分析法和经济计量法等</td><td>外界因素同需求之间的变化存在一定规律</td></tr>
<tr><td colspan="2">仿真法</td><td>通过对各种情况下消费者的需求心理和行为进行模拟，对未来的需求做出预测</td><td>应用范围广泛</td></tr>
</table>

3.1.3 需求预测流程

需求预测是需求管理过程中的重要工作。企业相关部门在进行需求预测时应遵循科学的需求预测流程。

（1）需求预测流程如图3-1所示。

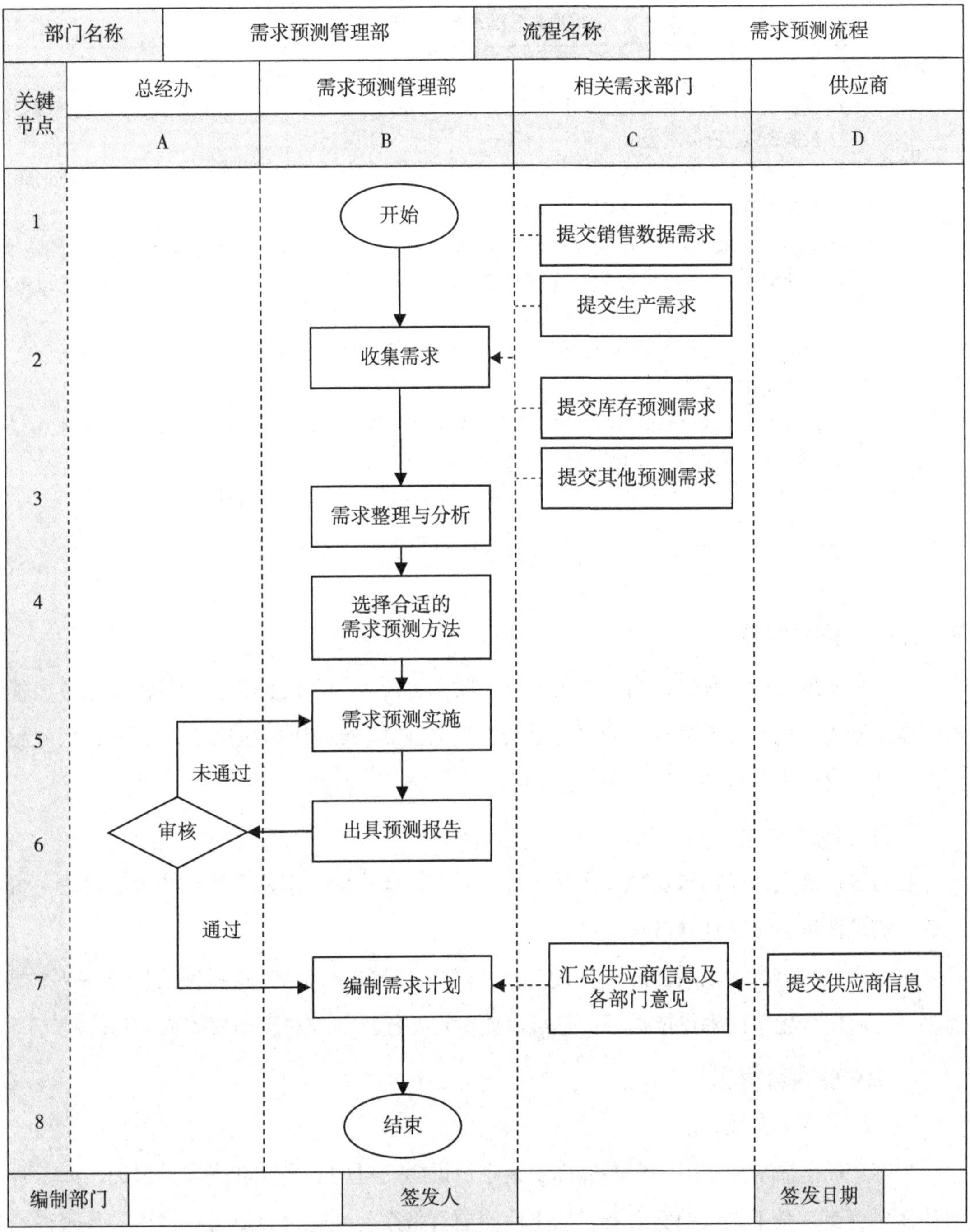

图 3-1　需求预测流程

（2）根据图 3-1，需求预测流程关键节点细化执行内容如表 3-3 所示。

表 3-3 需求预测流程关键节点细化执行内容

关键节点	细化执行内容
B2	◆ 需求预测管理部要定期收集用户需求，收集对象通常有仓库、生产、销售等部门，此时收集的需求以已有需求为主 ◆ 需求预测管理部在收集需求时应根据企业的核心发展战略进行，应收集用户真正面临的问题和业务场景，以捕获用户真正的需求
B4	进行需求预测应选择合适的需求预测方法，主要包括定性预测方法和定量预测方法 ◆ 定性预测方法包括德尔菲法、一般预测、市场调研、小组共识、历史类比等，适用于难以选用定量预测方法的情况，如主观因素较多、不易量化、经常使用软信息等 ◆ 定量预测方法主要有时间序列分析法、季节性预测、因果联系分析等，适用于有一定的历史数据的需求预测
B7	◆ 需求预测管理部需要根据需求收集和预测的结果编制需求计划，包括需求内容、处理方法（如驳回、受理等）、处理人员、处理时间等内容 ◆ 需求计划制订后需要进行论证，以判断计划的合理性。计划得到肯定并经过修改完善后，才算被“制订”

3.1.4 需求变更

在产品研发生产过程中，由于业务形态、时间进度等因素的变化，产品需求也会出现需要调整修改的情况。而需求的变更势必会影响当前需求的架构、进度甚至逻辑，因此做好需求变更管理十分重要。

1. 建立需求文档

在与客户确定产品需求初期，产品经理应对客户提出的需求逐条进行梳理、讨论，组织正式需求评审会议，建立需求文档。

在客户认可需求文档后，形成正式文档，要求客户签字确认。这样做的目的一是方便追溯，为后期产生争议提供依据；二是可以使客户在提出需求时更谨慎、更合理。

2. 需求变更管理

（1）明确需求变更目的

当客户提出需求变更时，产品经理要让客户说明变更的必要性和真实的原因，即了解为什么要变更，是不是真的有必要，变更后给项目带来的变化，变更是否值得，是否得到批准，不变更或者用其他的方式能不能达到目的等。

如果客户确实需要进行需求变更，那么需要向客户明确需求变更后带来的时间、成本等变化，必要时要求客户承担需求变更的成本。

（2）规范需求变更规则

要规范需求变更规则，以约束双方更好地履行约定。需求变更规则一般包括：需求基线的建立，谁可以提出需求变更申请，谁来评估需求变更影响，谁来决策是否可以变更，谁来批准变更，谁追踪变更结果等。

要构建一套系统的需求变更管理规范，花更多的时间从源头上进行控制，以减少后期变更的风险。

3. 变更程序

当变更不可避免时，产品经理应遵循需求变更程序，与团队讨论需求变更的可行性、实现方案、影响范围和开发周期等，并向客户明确变更带来的变化，在客户允许后将变更内容详细记录在变更清单内，同时生成正式的变更文件，并要求客户签字确认。

需求变更程序如图 3-2 所示。

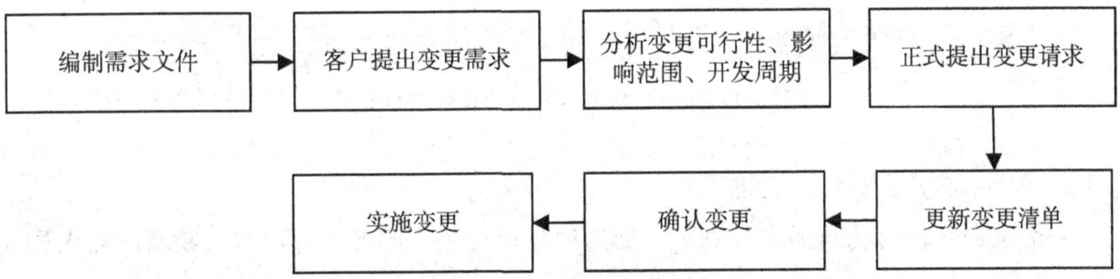

图 3-2　需求变更程序

4. 变更协商

当客户提出了大量变更但又不想承担变更成本时，产品经理需要与客户协商。协商的方案一般包括降标准、交换和开发新项目。

（1）降标准：只完成客户需要的关键核心需求。

（2）交换：将其他模块与新需求进行交换。

（3）开发新项目：新需求在本项目不予实现，待这个项目完成后重新成立一个新的项目来实现新需求。

3. 1. 5　物料需求计划

物料需求计划（Material Requirement Planning，MRP）是指根据产品结构各层次物品的从属和数量关系，以每个物品为计划对象，以完工日期为时间基准倒排计划，按提前期长短区别各个物品下达计划时间的先后顺序。

MRP 的基本原理是，根据主生产计划和主产品的层次结构，先逐层逐个地求出主产品所有零部件的出产时间、出产数量，然后求出物料需求量和需求时间。

1．关键信息要素

制订物料需求计划的关键信息要素有三个（见图 3-3），通过这三个信息要素就能了解还缺什么、何时生产、何时订购。

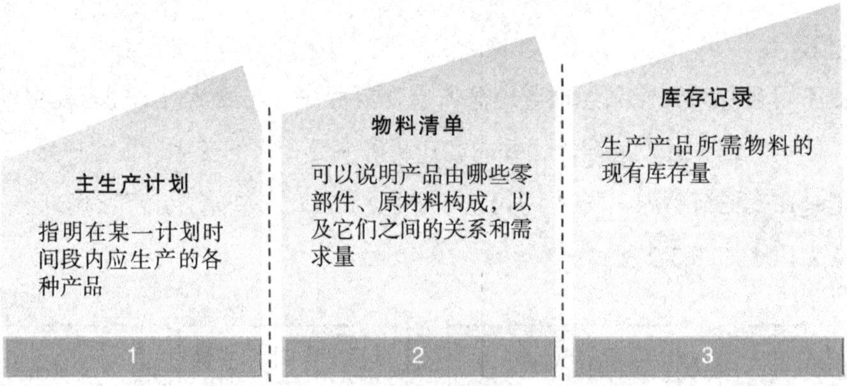

图 3-3　制订物料需求计划的关键信息要素

2．物料需求计划制订过程

一般来说，制订物料需求计划时，要遵照先通过主生产计划导出有关物料的需求量与需求时间，再根据物料现有库存量确定数量，提前一个周期的时间确定投产或订货时间。物料需求计划制订步骤和具体操作方法如表 3-4 所示。

表 3-4　物料需求计划制订步骤和具体操作方法

步骤	具体操作方法
计算物料的毛需求量	◆ 根据主生产计划、物料清单得到第一级物料的毛需求量 ◆ 依次往下展开直到计算出最后一级物料的毛需求量
计算净需求量	◆ 根据毛需求量、可用库存量、未结订单的已分配量等计算每种物料净需求量 ◆ 计算公式：净需求量 = 毛需求量 − 可用库存量 − 已分配量
计算批量	◆ 计划人员对产品生产做出是否采用批量策略的决定
计算安全库存量、废品率和损耗率等	◆ 计划人员决定是否要计算出每种物料的净需求量
确定提前期	◆ 根据零部件是自制或外协确定采购期、投产期 ◆ 自制件对应需求是独立需求，开工时间提前一个生产工期时间 ◆ 自制件隶属某成品，则开工时间按工艺路线计算提前时间
生成物料需求计划	◆ 物料需求计划分两种情况：一种是生成全新的计划；另一种是根据变化需要，生成相应的物料需求计划

3.1.6 物料需求计划管理标准

1. 生产计划编制

（1）制订季度生产计划

① 由生产部组织各工厂厂长，召开季度生产计划会议。

② 根据公司发展战略规定的生产目标、年度生产计划，制订公司季度生产计划。

③ 将季度生产计划呈报总经理审批。

（2）分解季度生产计划

① 季度生产计划获得批准后，每月由生产部组织各工厂厂长，召开月度生产计划会议。

② 对季度生产计划进行分解，按照计划要求及实际生产与销售情况制订月度生产计划。

2. 物料需求汇总

（1）编制用料计划

① 由生产部组织工厂分析产品，确定生产所需原材料、机械设备及工具的品种、规格、数量等。

② 按照一定的标准（如种类、名称、规格、数量等）对物料进行分类。各工厂根据生产物料使用情况编写生产用料计划，并将其呈报生产部。

（2）汇总生产用料计划

生产部对公司各个工厂的月度生产用料计划进行汇总后，编制生产部整体的生产用料计划。

（3）分析、计算物料需求

生产部对整体的生产用料计划进行分析，计算出一定时期内相对应的物料需求。

（4）编制物料需求清单

生产部将所有的生产物料需求进行分类汇总统计，编制出生产物料需求清单，并将其交物控部。

3. 物料需求核算

（1）损耗物料和库存物料统计

① 物控部对损耗物料进行统计，对各个生产工序的物料损耗量进行汇总，形成物料损耗统计记录表。

② 物控部对库存物料和在途物料进行盘点与统计，并按照物料种类进行分类汇总统计，形成可用库存统计记录表。

③ 可用库存包括库存物料和在途物料。库存物料是指仓库中实际储存的物料，在途物料是指向供应商下达的采购订单中未到达的物料数量。

（2）编制物料需求计划

① 物控部根据物料需求清单、物料损耗记录及可用库存统计，核算生产所需物料数量。月度物料需求量的计算公式如下。

月度物料需求量 = 物料需求总量 - 可用库存 + 生产损耗 + 其他

② 编制物料需求计划，按照物料类别对所有物料需求进行详细的说明。

③ 将编制好的物料需求计划呈报生产部审核后，再报总经理审批。

4. 物料采购

（1）编制物料采购计划

① 根据市场情况及历史同时期的物料需求数量确定物料的最佳采购供应商。

② 根据物料需求计划编制物料采购计划，物料采购计划中应包括采购物料种类、采购数量、需求日期、采购预算等内容。

（2）物料采购

物控部严格按照物料采购计划进行物料采购，避免采购物料储存过多，占用空间和资金，同时要将采购费用控制在预算范围内。

（3）物料入库

① 物料入库前，供应商必须提供送货明细清单，库管人员对物料进行点收，核对物料与订单类别和数量是否相符。

② 库管人员核对物料并确认无误后，在物料入库验收通知单上签字，并将该通知单交物控部，作为物资检验的凭据。

5. 物料领用

（1）组织生产

各工厂根据月度生产计划组织安排生产，生产部对各工厂的生产过程进行监督、管理。

（2）物料申领

① 各工厂根据物料需求计划和生产实际情况，向物控部提交物料申领单进行物料申领。

② 物控部核查物料申领单是否符合月度生产计划及物料需求计划。

（3）物料出库

① 当申领物料数量在计划范围内时，库管员直接办理物料出库手续。

② 当生产部相关人员申领生产损耗物料时，库管员应先与生产部物料负责人确认，然后为其办理物料出库手续。

3．2　生产能力核定

3．2．1　新增生产能力核定

在不同的生产周期内，企业生产能力因资产投入、技术改进、工人增加等原因一直处在不断的变化中。为了更加准确地分析企业的生产能力，企业需要对新增的生产能力进行了解与核定。

生产部在进行新增生产能力数据计算时可参考图 3-4 所示的步骤。

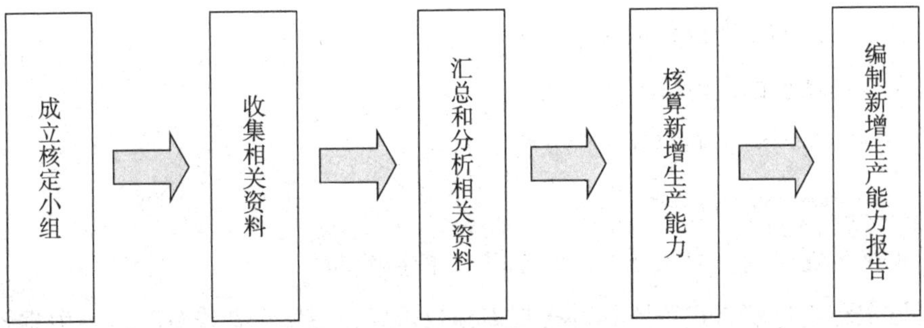

图 3-4　新增生产能力核定步骤

1. 成立核定小组

生产总监负责确定核定小组成员，小组成员的权责分工如下。

（1）生产计划主管通过整合资料，确定上个生产计划期内的生产能力。

（2）生产计划员协助生产计划主管进行重要数据的计算。

（3）车间主任收集整理车间设备运行、维修情况，并对工厂新增生产设备、生产建筑面积做记录。

（4）班组长评估生产人员的操作熟练程度、生产纪律性。

（5）相关部门人员提供相关部门的资料，以协助核定工作的开展。

2. 收集相关资料

核定小组需收集企业上个生产周期内生产能力的相关数据，主要收集以下五个方面的数据。

（1）企业历史同期产品的总产量。

（2）上个生产周期内原材料的处理率与有效利用率。

（3）企业主要设备总数（容量）。

（4）生产人员数量。

（5）企业生产设施的实际使用面积。

3. 汇总和分析相关资料

核定小组需对收集到的材料进行汇总与分析，并将现有数据与历史同期进行对比，计算新增生产能力。

4. 核算新增生产能力

核定小组需统计现阶段企业生产能力的相关数据，以核算新增生产能力，主要统计以下五个方面的数据。

（1）企业的产品产能增加量。

（2）企业原材料的处理量、利用率提高量。

（3）企业增加的生产设备数量（容量）。

（4）企业新增加的岗位数、工人数。

（5）企业新生产设施的实际使用面积。

5. 编制新增生产能力报告

核定小组负责编制企业新增生产能力报告并存档。

（1）核定小组将所有相关资料进行整理、分析后，编制企业新增生产能力报告，并将其交生产部经理、生产总监审核。

（2）新增生产能力核定工作完成后，核定小组需将收集到的资料、编制的报告进行存档。

3. 2. 2 现有生产能力核定

现有生产能力是指生产企业在计划年度内依据现有的生产技术条件，实际能达到的生产能力。要想对企业的现有生产能力进行科学、客观的核定，可参照图 3-5 所示的步骤进行。

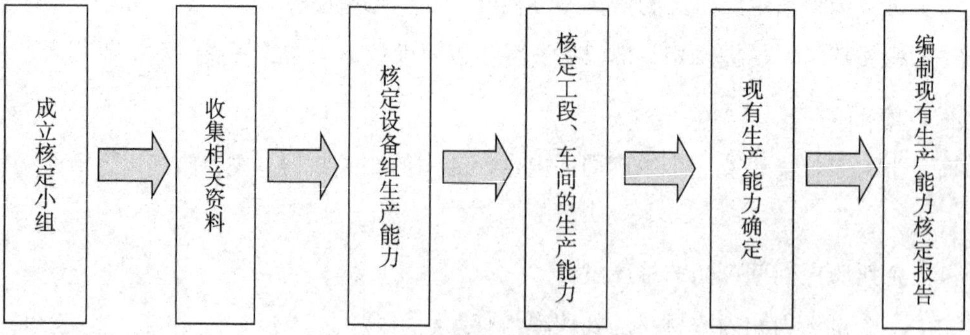

图 3-5 现有生产能力核定步骤

1. 成立核定小组

生产总监负责确定核定小组成员。核定小组成员包括生产计划主管、生产计划专员、车间主任、班组长等相关人员。

2. 收集相关资料

核定小组需收集现有生产能力核定相关资料，以作为现有生产能力核定的依据。现有生产能力核定相关资料需包括但不限于以下三类。

（1）固定资产数量，包括生产面积和设备数量。

（2）固定资产工作时间。

（3）固定资产生产效率，包括时间定额和产量定额。

3. 核定设备组生产能力

（1）核定小组对设备按其功能、生产率、功率、精度等进行分组。

（2）对设备组的生产能力进行计算。

4. 核定工段、车间的生产能力

核定小组需根据设备数量、设备有效工作时间及设备产量定额计算现有生产能力。

（1）计算和确定各生产线、各生产小组的生产能力。

（2）计算和确定各工段的生产能力。

（3）计算和确定各车间的生产能力。

5. 现有生产能力确定

核定小组需根据设备组生产能力和各工段、各车间的生产能力计算现有生产能力。现有生产能力的计算公式如下。

$$\text{现有生产能力} = \text{设备数量} \times \text{单位设备有效工作时间} \times \text{单位设备产量定额}$$

6. 编制现有生产能力核定报告

核定小组负责编制企业现有生产能力报告并存档。

（1）核定小组将所有相关资料进行整理、分析后，编制企业现有生产能力报告，并将其交生产部经理、生产总监审核。

（2）现有生产能力核定工作完成后，核定小组需将收集到的资料、编制的报告进行存档。

3．3　生产计划制订与执行

3．3．1　综合生产计划编制

综合生产计划又称生产计划大纲，是指企业根据市场需求和资源条件对未来较长一段时间内的产出量、人力资源规模和库存水平等做出的决策、规划和初步安排。

综合生产计划并不具体规定每一品种的生产数量、生产时间、每一车间综合计划、人员的具体工作任务，而是从产品、时间和人员三方面进行大致的安排，具体编制方案示例如下。

综合生产计划编制方案

一、编制目的

本方案为制订主生产计划、物料需求计划和生产作业计划提供依据。

二、编制周期

（1）综合生产计划的编制应根据产品的生产周期而定，一般为 3 ~ 18 个月。

（2）综合生产计划应根据市场需求与生产能力的变化，每两个月更新一次。

三、编制依据

（1）工厂现有库存量和所需的库存成本。

（2）下一年度工厂产品的生产成本和销售价格。

（3）销售部核定出来的下一年度各期的需求量。

四、编制程序

在编制综合生产计划时，企业可按以下程序进行。

1. 成立综合计划编制小组

（1）生产总监组织成立综合计划编制小组。

（2）综合计划编制小组由生产总监担任组长，小组成员一般由生产部经理、生产计划主管和其他部门相关人员组成。

2. 收集相关资料

（1）收集工厂生产计划完成情况。

（2）收集市场、经济和技术等生产条件的变化情况。

（3）收集各期需求和生产能力。

编制综合生产计划需收集的资料清单如表 1 所示。

表 1 编制综合生产计划需收集的资料清单

需求与工作天数							
要素	1月	2月	3月	4月	5月	6月	合计
需求预测							
工作天数							

（续）

（续表）

需求与工作天数		
成本	材料成本	____元 / 件
	库存成本	____元 / 件 · 月
	缺货成本	____元 / 件 · 月
	分包边际成本	____元
	招聘与培训成本	____元 / 人
	解聘费用	____元 / 人
	单位产品加工时间	____小时 / 件
	正常人工成本（每天 8 小时）	____元 / 小时
	加班人工成本	____元 / 小时
库存	期初库存	____件
	安全库存	月需求预测量的____%

3. 确定计划期内的市场需求

（1）需求信息来源包括现有订单、市场需求预测和未来的库存计划，以及国家的一些指令性计划或指导性计划。

（2）影响需求变化的因素包括定价、促销和待发货订单等。

4. 试算平衡阶段

根据市场需求变化和整体计划指标，结合年度计划任务进行讨论，确定正常时间、加班时间、转包合同、持有存货、延迟交货和临时解聘等情况的成本和其他相关成本，规划可供选择的综合生产计划草案，并将计算出来的成本提交总经理审批。

（1）计算工厂的生产能力

① 基本生产部门之间的能力平衡。

② 基本生产部门和辅助生产部门的能力平衡。

（2）生产任务与生产能力的平衡

① 以实物为单位进行生产任务和生产能力比较。

② 以台时为单位进行比较。

五、制订综合生产计划

对经总经理审批通过后的综合生产计划草案，进行反复商讨和综合平衡，并比较不同计划方案的成本，确定一个成本最低的综合生产计划。综合生产计划表样例如表 2 所示。

（续）

表2 综合生产计划表

使用部门： 计划时间：

产品	当前库存	单价	库存量	估计日销量	可销售天数	经济产量	每日产量	需生产天数	预定生产日程			
									开始时间	结束时间	天数	产量
合计												

生产计划管理制度示例，扫描下方二维码即可查看。

3.3.2 主生产计划编制

生产计划人员可根据综合生产计划编制主生产计划。下面是主生产计划编制方案示例，仅供参考。

主生产计划编制方案

一、编制原则

（1）主生产计划的编制时间跨度为2～3个月。

（2）主生产计划所确定的生产总量必须等于综合生产计划确定的生产总量。

（3）主生产计划所确定的在各时段各具体产品生产量之和，应等于综合生产计划在该时间段内的生产总量。

二、编制依据

主生产计划的编制依据主要有以下四个方面内容。

（1）最终产品的需求预测。

（续）

（2）未交付的订货及客户订单。

（3）工厂内部的需求。

（4）备件及客户可选件和附件。

三、编制人员

主生产计划由生产计划员配合生产计划主管进行编写、修订，并上交生产总监、厂长进行审核、审批。审批通过后形成正式的主生产计划文件并下发施行。

四、编制要求

1. 用最少的项目数编制主生产计划

用最少的项目数进行主生产计划编制时，应根据不同的制造环境，选取不同层次的产品结构。

2. 只列出可构造项目来编制主生产计划

（1）主生产计划中应只列出可构造项目，而非一些项目组或计划清单项目。

（2）对有多种选择性产品，用产品装配计划简化主生产计划。

（3）主生产计划中应列出对生产能力、财务指标或关键材料有重大影响的项目。

① 对生产能力有重大影响的项目，是指那些对生产和装配过程起重大影响作用的项目。

② 对财务指标有重大影响的项目，是指对于工厂的利润效益来说最为关键的项目。

③ 对关键材料有重大影响的项目，是指那些提前期很长或供应厂商有限的项目。

3. 合理、有效地安排各工作时间

（1）主生产计划在有效期限内应保持适当稳定。

（2）安排主生产计划时间时，应考虑预防维修设备的时间。

4. 需考虑的资源约束条件

确定产品批量和生产时间时，还需要考虑设备能力、人员能力、库存能力、流动资金总量等四类资源的约束，按照产品交期的轻重缓急来分配资源。

五、主生产计划编制程序

（1）生产部根据工厂综合生产计划和计划清单，确定对每个最终项目的生产预测。

（2）根据生产预测、客户订单、配件预测及该项最终项目作为非独立需求项的需求数量，计算毛需求量。

（续）

（3）根据毛需求量和事先确定好的订货策略与批量，以及安全库存量和期初库存量，计算各时区的主生产计划产出量和预计可用库存量。

（4）计算可供销售量，供销售部门决策选用。

（5）生产部经理组织编制主生产计划的草案，并召集相关部门进行论证和评估。

（6）利用粗能力计划评估主生产计划备选方案的可行性，即关键工作中心、人力和原材料能否满足主生产计划的需要，使得主生产计划在需求与能力之间取得平衡。

① 如果需求和能力基本平衡，则主生产计划可行。

② 如果能力和需求不平衡，则应该对主生产计划进行调整，力求达到平衡。

六、确定主生产计划

（1）生产部将讨论以后的主生产计划草案报生产总监审核并报总经理审批。

（2）生产部根据批准后的计划草案，制定正式的主生产计划方案，并下发给相关部门。

主生产计划表示例如下表所示。

主生产计划表

填表人：　　　　　　　　　　　　　　　　　填表日期：　　年　　月　　日

产品	当前库存	单价	库存量	估计日销量	可销售天数	经济产量	每日产量	需生产天数	预定生产日程			
									开始时间	结束时间	天数	产量

3.3.3 车间生产计划编制

下面是某生产型企业的车间生产计划编制方案，仅供参考。

车间生产计划编制方案

一、编制目的

1. 落实生产作业计划中的各项指标，确保生产任务按时完成。

（续）

2. 将工厂生产计划变成具体的生产作业指令，以提高工作效率。

二、编制依据

生产计划人员在编制车间生产计划时，参考的资料主要包括以下三个方面。

1. 设备性能和运转规律。

2. 批量和生产间隔期的确定方法。

3. 销售部核定出来的下一年度各期的需求量。

三、分解主生产计划

1. 依据生产部下达的主生产计划，各生产车间对主生产计划进行分解，确定总生产任务在不同车间之间的分配，并编制车间生产计划安排表，具体如下表所示。

车间生产计划安排表

编号：　　　　　　　　　　　　　　　　　　日期：　　年　　月

生产车间	生产订单	生产数量	预计日程	人力配置	原料投入	辅料投入	人工成本	制造费用	生产成本	毛利	净利	备注
复核人						审核人				拟定人		

2. 车间主任组织拟订车间生产排程计划。

3. 车间主任将生产排程计划报生产部经理审核，经生产部经理审核通过后，确定车间标准生产日程。

四、确定生产工时和设备负荷

1. 生产车间根据作业标准、作业时间和材料标准确定生产工时与设备负荷。

2. 各生产车间将制订的工时计划和负荷计划报生产部经理审核批准。

五、确定班组日程计划

1. 车间各生产班组根据审批通过的车间日程、工时和负荷计划确定班组日程计划。

2. 生产车间根据班组日程计划下达生产指令，并依据生产指令组织生产。

3.3.4 生产计划评估

进行生产计划的评估活动时，需要评估人员对评估对象、评估标准等因素有明确认识。生产部相关人员在进行生产计划评估时可参照图 3-6 所示的步骤。

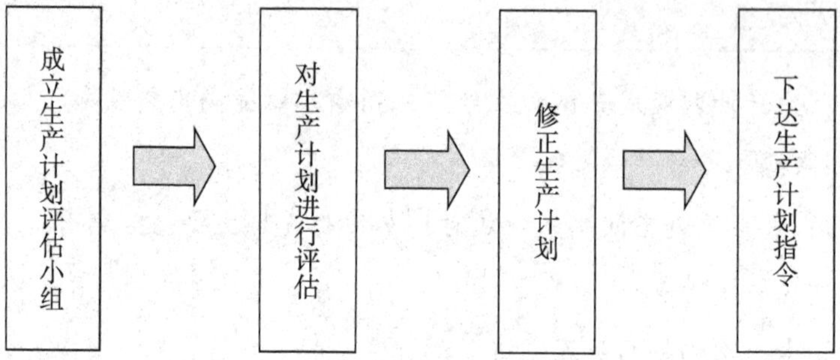

图 3-6　生产计划评估的步骤

1. 成立生产计划评估小组

总经理对生产计划进行初步分析和判断，并组织工厂各部门负责人成立生产计划评估小组。

2. 对生产计划进行评估

（1）生产计划编制依据是否准确

① 市场需求预测是否准确。企业应该结合外部市场情况和内部生产能力对市场需求预测进行评估。

外部市场情况包括经济形势、国家方针政策、竞争者情况、原材料及其他物料的供应情况、订货合同 / 协议、市场需求等。

内部生产能力包括劳动力及技术力量水平、生产能力水平、各种物料的库存水平、流动资金和成本水平、服务销售水平及上期计划完成情况等。

② 生产能力核定程序是否严格。计算设备组的生产能力，平衡后确定小组、工段、车间的生产能力，各车间再进行平衡，最后确定工厂的生产能力。

（2）对生产计划体系指标的完整性进行审核

生产计划指标体系是否完整，是否包括产品品种、产品质量、产品产量和产品产值四类指标。

（3）测算需求和能力是否平衡

结合市场需求和生产能力核定情况，生产计划评估小组测算市场需求和生产能力是否平衡。

3. 修正生产计划

生产计划评估小组根据分析和讨论的结果，对生产计划进行调整和完善，并编制生产计划评估报告，提交总经理进行审批。

4. 下达生产计划指令

生产部向各部门下达生产计划指令，相关部门依照生产计划指令执行各项生产工作。

3. 3. 5　生产计划变更

为了规范生产计划变更管理，使变更后的生产计划能够顺畅执行，生产管理人员可按图 3-7 所示的步骤进行生产计划变更。

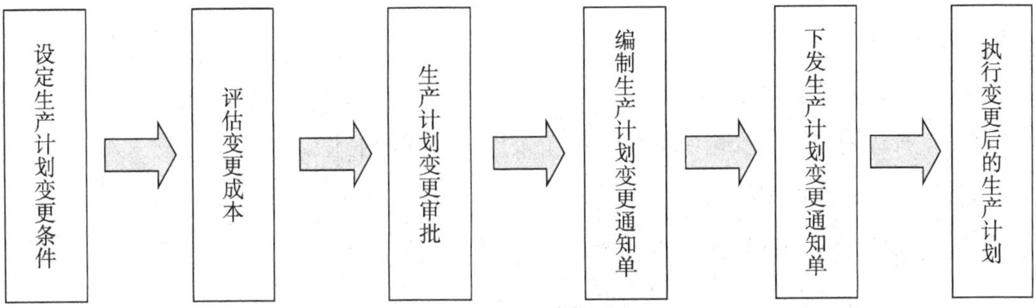

图 3-7　生产计划变更步骤

1. 设定生产计划变更条件

为了保证生产的稳定性，生产计划原则上不允许变更，但出现下列情形之一时，允许对生产计划进行变更。

（1）客户要求追加或减少订单数量的。

（2）客户要求取消订单的。

（3）客户要求修改交货期的。

（4）客户提出其他影响生产计划正常执行的要求的。

（5）生产进度发生延迟的。

（6）物料短缺导致长时间的停工，影响生产进度的。

（7）出现疑难技术问题而延误生产进度的。

（8）产品质量出现问题需要延迟生产的。

（9）出现其他影响因素导致生产计划必须进行调整的。

2. 评估变更成本

生产部在遇到符合生产计划变更的情形后，要对变更情况进行成本方面的评估，以确认是否必须进行生产计划的调整。

3. 生产计划变更审批

生产部商讨确定需要变更生产计划时，应编写生产计划变更报告，并报生产总监批准。生产计划变更报告必须包含以下四项内容。

（1）计划变更的原因。

（2）计划变更涉及的部门、产品、生产线及影响程度。

（3）计划变更成本的评估（包括时间成本及物料、人力成本等）。

（4）计划变更的可行性评估。

4. 编制生产计划变更通知单

生产部根据批准的生产计划变更报告编写生产计划变更通知单。生产计划变更通知单应包括以下五项内容。

（1）生产计划变更的原因。

（2）生产计划变更后受影响的生产单位及生产时间的变化。

（3）原生产计划的安排状况。

（4）更改后的生产计划的安排状况。

（5）需要各相关部门注意配合的事项。

5. 下发生产计划变更通知单

（1）生产计划变更后，新的生产计划与原生产计划相比有较大变动时，生产部应在生产计划变更通知单后面附上新的生产计划。

（2）对于生产计划变更通知单及其附件，生产部除了自己保存外，还应按照生产计划文件的发放要求下发到销售部、技术部、质量部、采购部、仓储部和各生产车间。

6. 执行变更后的生产计划

（1）各相关生产车间与部门接到生产计划变更通知单后，应立即根据该通知单的要求对本部门的工作计划进行调整，以保证生产活动顺利进行。

（2）生产计划变更后，生产部对各生产车间的新的生产作业安排进行详细记录并保存。

生产计划变更制度示例，扫描下方二维码即可查看。

3.4 生产计划的平衡

3.4.1 生产计划与需求的平衡

生产计划与需求的平衡是生产计划中的一个重要问题，当需求与企业的生产计划不平衡时，企业需要运用策略去平衡二者的关系。生产计划与需求的平衡步骤如图 3-8 所示。

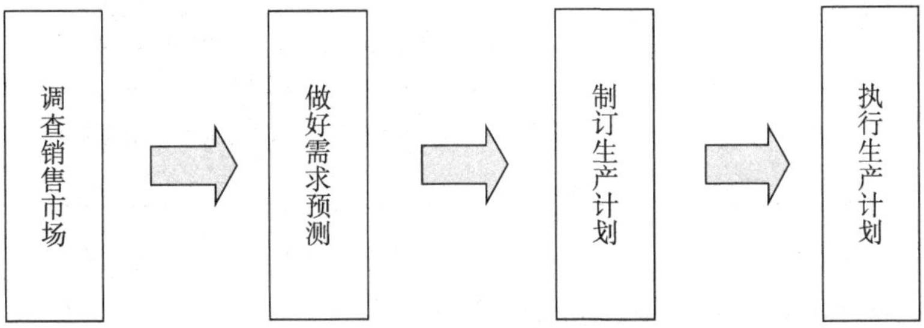

图 3-8　生产计划与需求的平衡步骤

1. 调查销售市场

调查销售市场的基本情况，如市场饱和度、相关的竞争对手、消费者的消费喜好等。

2. 做好需求预测

做好生产的需求预测工作，了解客户的需求，将外部需求与企业的销售、经营计划、生产计划相连接，将客户需求转换为生产需求，从而提高服务水平和客户满意度。

3. 制订生产计划

评估当前的环境及需求，预测未来的环境和条件变化，确定生产计划，明确生产的产品类型、产品数量、生产时间、产品质量等。

4. 执行生产计划

整合生产部、财务部、市场部、人力资源部的资源，解决资源与需求之间的矛盾，细化生产计划，指导生产按计划进行，确保实现企业的生产经营目标。

企业需关注的生产计划管理主要风险如表 3-5 所示。

表 3-5　生产计划管理主要风险说明

风险名称	风险说明
生产计划制订风险	1. 制订生产计划时未进行市场预测分析，导致生产的产品不能满足市场需求 2. 制订生产计划时未进行生产能力和负荷的分析，导致不能正常作业 3. 生产计划不合理，导致产品的生产进度不符合客户的要求
生产计划执行风险	1. 生产相关资料劳动定额不准确，技术准备工作安排失误，可能导致生产偏离计划 2. 生产计划安排不合理，或作业人员不按生产计划执行，可能导致生产进度落后 3. 生产出现问题时，未及时解决，可能造成生产中断，从而偏离生产计划
生产计划变更风险	1. 生产计划变更没有完善的审批流程，导致计划随意变更、无章可循 2. 生产计划随意变更，造成生产计划混乱，可能影响生产进度 3. 生产计划变更后，未纳入调度中，导致生产现场未进行及时调整

（续表）

风险名称	风险说明
临时计划管控风险	1．接单管理不善，临时订单过多，可能导致临时计划不能得到合理安排 2．临时计划不合理、不准确，可能导致生产延误，无法按时交货 3．生产车间作业人员不按临时计划生产，各部门也不能有效配合临时计划的生产，导致生产的延误

3．4．2 生产计划与生产能力的平衡

生产计划必须建立在企业生产能力的基础上，超出生产能力外的生产计划是不可行的。因此，企业制订生产计划时必须考虑与生产能力的平衡。生产计划与生产能力的平衡步骤如图3-9所示。

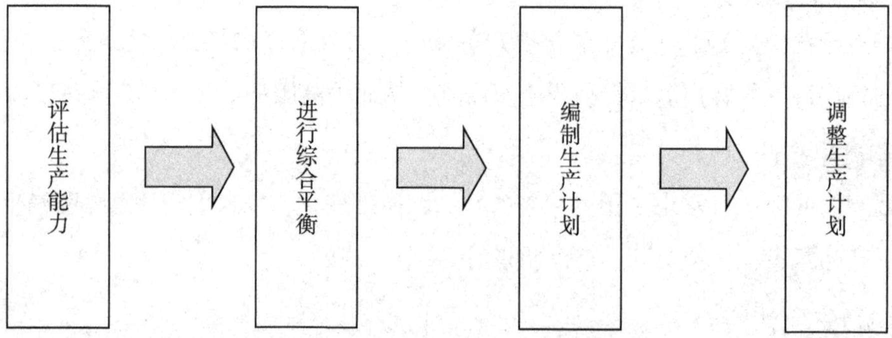

图3-9 生产计划与生产能力的平衡步骤

1. 评估生产能力

企业的生产能力与生产计划有着密切的联系，在编制生产计划前，要评估企业的生产能力，以了解生产任务与生产能力之间的关系状况。

2. 进行综合平衡

综合平衡生产计划与生产能力，考虑本年、本季、本月的生产能力是否不足或有余，同时还要注意今后较长时期内社会需求量同企业生产能力的平衡情况。

3. 编制生产计划

企业编制生产计划时，不仅要考虑企业固定资产的生产能力，也要考虑原材料的供应情况及其他有关条件。

4. 调整生产计划

在实施生产计划的过程中，若遇到突发情况，要有计划地采取各种有效措施，保证计划任务的落实和生产能力的充分利用。

3.4.3　生产计划与物资供应的平衡

生产计划得以顺利完成，离不开充足的物资供应。如果物资供应不及时或不充足，生产计划就有可能延期或者取消，导致企业失去销售机会，从而给企业带来经济损失。生产计划与物资供应的平衡步骤如图 3-10 所示。

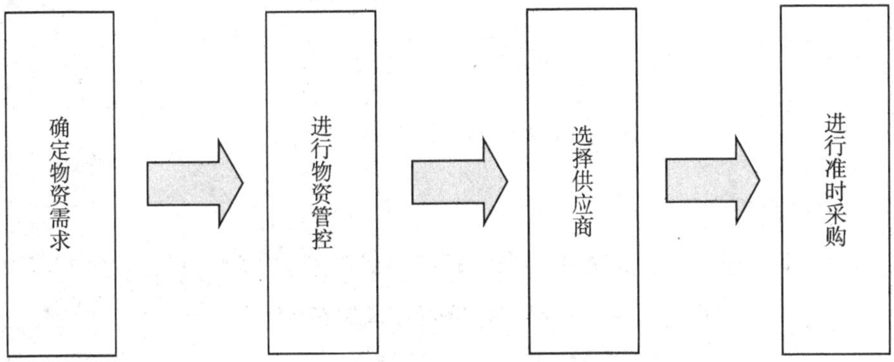

图 3-10　生产计划与物资供应的平衡步骤

1. 确定物资需求

根据生产计划和生产任务，确定物资需求数量，判断是否有紧急物资与特殊物资需求。

2. 进行物资管控

做好物资的预测工作，根据生产任务确定各种物资的需求量。做好物资采购与库存管理工作，减少物资浪费，如降低库存量，减少待料工时，充分利用物资等。

3. 选择供应商

寻找合适的供应商，与供应商建立长期战略合作伙伴关系，并维持较好的合作关系，以保证物资的及时供应。

4. 进行准时采购

适时、适量、适价地进行物料的采购工作，确保物料供给及时，保证交期，提升企业的整体形象，确保生产计划顺利实施。

3.4.4　生产计划与成本的平衡

为了保证目标利润的实现，企业在制订生产计划前要综合考虑与生产成本的平衡关系。生产计划与成本的平衡步骤如图 3-11 所示。

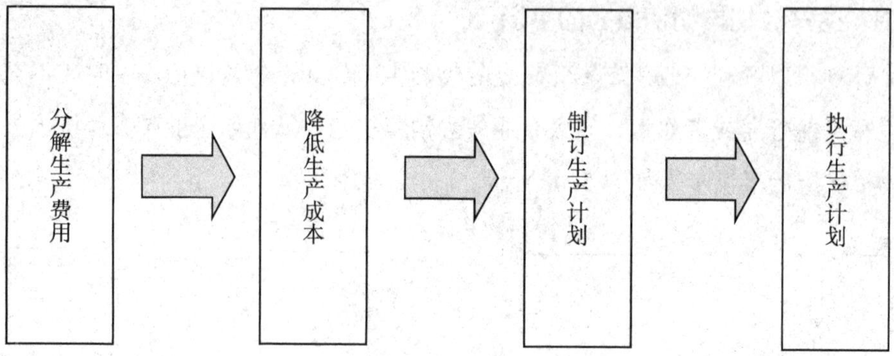

图 3-11 生产计划与成本的平衡步骤

1. 分解生产费用

在制订生产计划前，企业应根据经营目标确定成本控制指标，将各种生产费用进行分解，并采取措施降低费用，以确定产品成本降低率与降低额。

2. 降低生产成本

企业应根据成本制订资金计划、销售收入计划和财务支出计划，并采取增收节支的措施，以提高经济效益。

3. 制订生产计划

为了平衡生产计划与生产成本的关系，企业在制订生产计划的时候，要综合考虑生产成本，将生产成本控制在合理的范围之内。

4. 执行生产计划

在执行生产计划的过程中，企业要关注生产费用的支出情况，判断生产成本是否超出预期，是否与生产计划相符合。

第 4 章

生产研发与创新管理

4. 1 产品研发

4. 1. 1 新产品研发方案

新产品研发是企业生存与发展的重要支柱。企业要想在同行业中保持竞争力并能够占有市场份额，就必须不断地开发出新产品，并快速推向市场，以满足多变的市场需求。下面是新产品研发方案示例，仅供参考。

新产品研发方案

一、新产品研发项目简介

1. 产品名称：产品 A。

2. 研发周期：20×× 年 ×× 月 ×× 日至 20×× 年 ×× 月 ×× 日。

3. 责任部门：研发部、技术部。

二、新产品研发工作目标

本公司 A 产品研发工作的主要目标有如下四点。

1. 提高本公司自主研发能力。

2. 提高本公司 ×× 技术在业内的竞争力。

3. 推动本公司科技水平与研发能力的提高。

4. 巩固本公司 A 产品在业内的领先地位。

（续）

三、新产品研发人员

（一）研发决策委员会

研发决策委员会成员由总经办及研发部、技术部、生产部、市场部、财务部等部门抽调人员，与外聘专家等组成。研发决策委员会负责重大项目审批、资源配给、财务预算、项目考核与奖惩等。

（二）产品研发项目小组

根据研发项目要求和人员特长，公司从相关部门抽调人员，组成产品研发项目小组，负责产品研发项目计划、产品研发方案及产品设计说明书的制作等。

四、可行性研究

在产品研发前，研发部应根据市场需求和产品的发展方向，结合公司技术设备力量的现状，进行市场调研分析，主要分析内容如下。

1. 新产品技术领先性分析。
2. 新产品市场应用前景分析。
3. 新产品研发可行性分析。
4. 新产品经济效益分析。

五、新产品研发实施步骤

公司对A产品进行研发，需遵循以下七个步骤。

1. 新产品立项申请与审批。
2. 制订新产品研发计划。
3. 进行新产品研发与设计，编制产品设计说明书。
4. 对研发的结果进行试制。
5. 进行产品鉴定和测试。
6. 进行新产品移交与投产。
7. 新产品研发总结与相关事项处理。

六、新产品研发周期规划

A产品的研发周期为12个月，具体安排如下。

（一）新产品研发规划

研发的第1个月进行市场调研、可行性研究、项目立项审批、计划制订等前期工作。

（续）

（二）概念开发

1．研发的第 2 个月进行概念开发。

2．在概念开发阶段，需识别目标市场的需要，为进一步开发选择概念，并描述产品形状、外观、功能和特性等。

（三）系统开发阶段

1．研发的第 3 ~ 5 个月进行产品系统开发。

2．在系统开发阶段，需定义产品结构、划分产品子系统、制订产品生产系统的装配计划等。

（四）细节设计

1．研发的第 6 ~ 8 个月完成产品细节设计工作。

2．在细节设计阶段，需要设计产品的所有非标准部件、标准部件的尺寸，明确所需材料等。

3．在细节设计阶段，还需建立流程计划。

（五）测试和改进

1．研发的第 9 ~ 11 个月为新产品测试与改进阶段。

2．在测试和改进阶段，需对产品的多个生产前版本进行构建和评估。

3．在产品测试阶段，需完成工程技术测试、使用测试、客户测试等，以尽最大努力消除产品的缺陷和问题。

（六）产品投产与上市

1．研发的第 12 个月为新产品投产与上市阶段。

2．该阶段应提前培训操作人员，并解决生产流程中遗留的问题。

3．在此阶段还需将生产出的部分样品提供给客户，使其仔细评估，识别遗留缺陷。

七、新产品研发资金预算

（一）研发资金投入

1．对 A 产品的研发计划投入资金____元。

2．A 产品研发资金投入明细如下。

（1）新产品设计费____元。

（2）工艺规程制定费____元。

（3）设备调试费____元。

（续）

（4）耗材支出____元。

（5）与技术相关的资料费____元。

（6）中间试验费____元。

（7）研发人员工资、福利、差旅费、奖金总计____元。

（8）研发设备折旧预计____元。

（9）委托科研试制费____元。

（10）与试制和研究相关的其他费用____元。

（二）研发资金控制

1. 对A产品研发资金的管理和使用应当遵循公开透明、定向使用、科学管理、实时监督的原则。

2. 对A产品研发项目的资金管理应遵循集中管理、统一使用、以收定支、加快周转、开源节流和提高效益的基本原则。

3. A产品研发项目所有资金均纳入公司财务统一管理，按照单个项目的预算拨给，单列账户，实行专款专用，由财务部负责监督，由产品研发项目经理负责管理支出。要注意研发资金不得挪作他用。

八、其他

1. 在方案执行之前，应进行充分的调研，如果市场上有同类产品，要对同类产品进行评估和分析。

2. 由于产品研发投入多、见效慢，所以公司在执行方案时，应采用和自身实际条件相符的先进技术，以最大限度地降低研发成本。

研发成果验收制度示例，扫描下方二维码即可查看。

4.1.2 旧产品升级方案

对产品进行升级是企业生存与发展必不可少的手段。由于客户需求的不断变化，企业需要对产品进行提升与改善。下面是旧产品升级方案示例，仅供参考。

旧产品升级方案

一、产品升级项目简介

1. 产品简介

B 产品是质量检验过程中的一款智能测量设备，目前已具备测量功能、自动校准功能、自动关闭功能和数据整理功能。

2. 产品升级需求

（1）具备环境部署功能。

（2）具备自动更新功能。

（3）具备自动调整适配配置功能。

（4）性能或其他优化需求。

3. 产品升级策略

本次升级采取多功能化策略，以 B 产品为基础，将其他功能叠加其上，将不同的功能有机地结合起来。

4. 升级周期

20×× 年 ×× 月 ×× 日至 20×× 年 ×× 月 ×× 日。

二、产品升级涉及的部门及职责

（1）研发部：负责产品开发、产品升级换代调试验证，并指导产品升级换代生产作业。

（2）市场部：负责协调客户进行产品升级。

（3）生产部：根据研发部下发的产品升级换代通知，负责升级工作。

三、产品升级程序

1. 相关人员提出升级换代申请

因解决质量问题、更改工艺等需要对产品进行升级换代时，提出部门应填写产品升级换代申请表（包括升级换代原因、升级换代要求、升级换代建议等），并报研发部，由其组织评审。

2. 对升级换代的必要性进行评审

研发部在收到产品升级换代申请表三个工作日内，应组织相关部门对升级换代的必要性进行评审。

3. 拟定升级换代进度表

产品研发人员收到研发部批准的升级换代申请单后，需在三个工作日内对需升

（续）

级的产品进行策划并拟定升级换代进度表，规划好结案时间，报研发经理监督执行，同时将升级换代进度表贴在产品研发人员综合看板上，由全公司监督其工作进度。

4. 制作样品

产品研发人员依据升级换代进度表组织制作样品。

5. 测试样品

产品研发人员将自己测试合格的样品转交给验证测试人员及品质部，由他们按测试试验规定进行测试验证，并出具测试报告及验证结论。

6. 升级换代确认

通过了升级换代验证后，公司可直接生产，进行新旧交替。

7. 下发升级换代通知

升级换代产品通过了客户的确认或内部确认后，产品研发人员必须第一时间向相关部门下发升级换代通知，并对升级换代注意事项、是否更新相关文件等做详细的说明。

四、产品升级资金预算

（一）研发资金投入

1. 对B产品的升级项目计划投入资金____元。

2. B产品升级资金投入明细如下。

（1）设备调试费____元。

（2）耗材支出____元。

（3）中间试验费____元。

（4）升级人员工资、福利、差旅费、奖金总计____元。

（5）委托科研验证费____元。

（6）与试制和升级相关的其他费用____元。

（二）研发资金控制

略。

五、其他

方案执行前，相关人员还需要对常见的突发问题做好预案，如任务无法按照计划的时间全部完成，或在开发周期内，有紧急任务需要优先处理等。

4．2　生产技术

4．2．1　生产技术升级流程

对生产技术进行升级是企业稳定发展的保障。企业可以通过采用先进技术，提高工厂技术水平；通过改进工厂产品或工艺，提高产品竞争力。

（1）生产技术升级流程如图 4-1 所示。

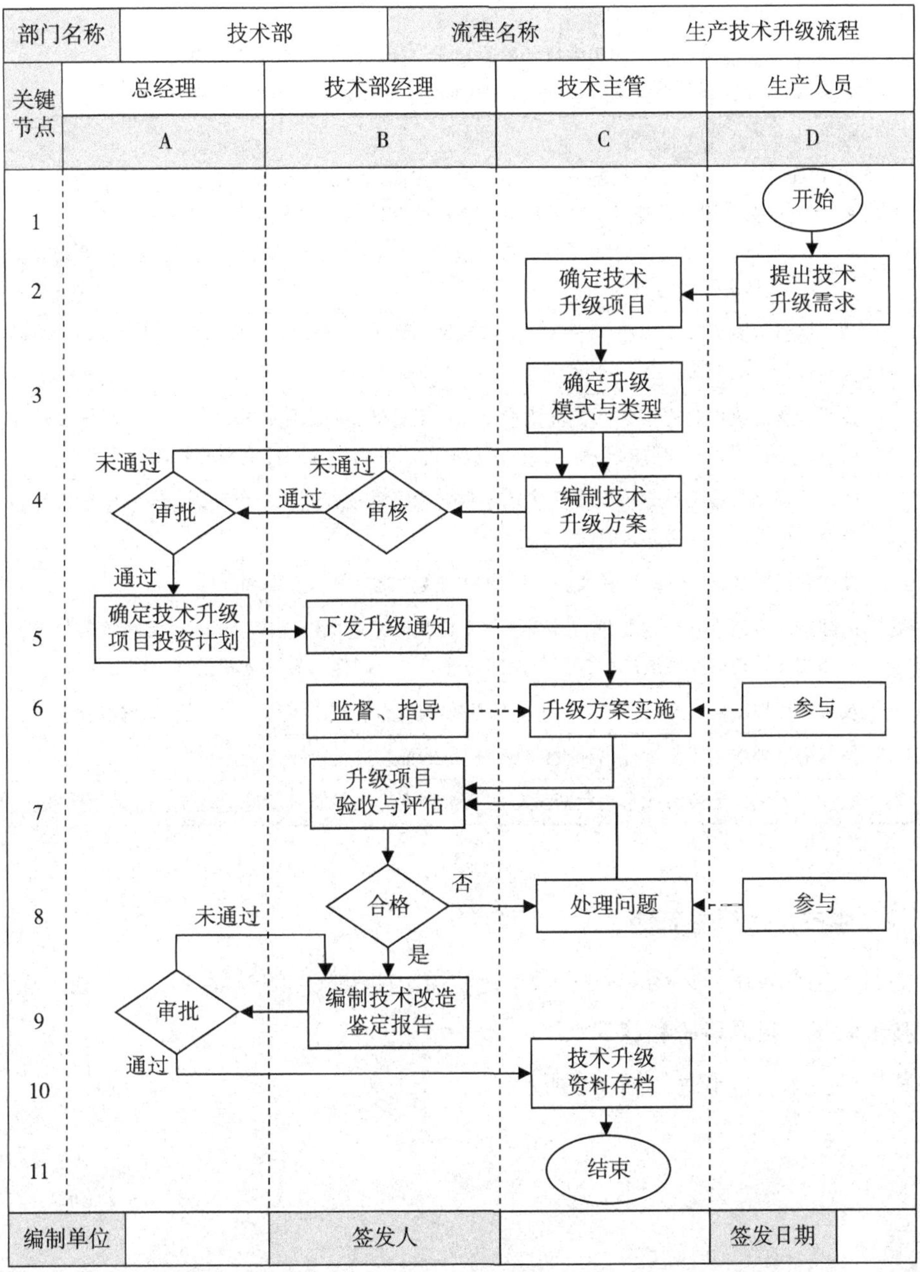

图 4-1　生产技术升级流程

（2）生产技术升级流程关键节点细化执行内容如表 4-1 所示。

表 4-1　生产技术升级流程关键节点细化执行内容

关键节点	细化执行内容
C2	技术、设备、生产线具备下列情况的，可考虑进行技术升级 ◆ 严重污染环境 ◆ 老化、技术落后、能耗高、效率低 ◆ 生产的产品技术含量不高，质量差，没有竞争优势 ◆ 已经历三次以上大修，大修费用高，且超出其大修后产生的经济效益
C3	技术升级模式有以下两种 ◆ 节能环保技术升级，利用先进的节能技术、设备对生产系统进行升级 ◆ 高新技术升级，主要通过自主创新或引进技术实现产品升级、产业转型
	技术升级类型有以下三种 ◆ 局部升级。对设备的局部进行技术改造，提高设备的工作效率 ◆ 完全更新。用技术先进、高效能的设备取代陈旧的、技术落后的设备 ◆ 系统升级。对某个生产工艺系统进行改造，使用新技术、新工艺、新材料、新设备，对生产工艺流程进行新的布局
C4	技术升级方案可以由本企业设备部和技术部的相关人员完成，也可委托其他企业、科研院所或专业设计机构完成
	技术升级方案内容主要包括设备技术要求、工艺试验与试制样机、应交回的技术文件、完成日期、设计费用、设计后的服务、设计版权问题、超出设计委托范围的处理
A5	技术升级项目投资计划内容主要包括项目名称、总投资额、资金来源、第一年投资计划、预计新增经济效益、项目起止时间
B6	技术部经理对日常升级质量及施工过程中的技术难点进行监督和指导
	加强技术升级项目外包管理，减少承包单位权限，避免以包代管、偷工减料等现象发生，严格控制主要设备的选型选厂、施工单位的选择等，以确保工程质量和投资
	技术部经理定期召开项目例会，协调解决影响升级的技术问题，确保技术升级进度
B7	技术部经理根据任务设计书和设计图纸规定的标准进行验收
	验收内容包括无负荷试车、负荷试车、测试精度、产品质量的稳定程度、设备运转状况等

4. 2. 2　生产技术引进流程

企业引进生产技术可以缩短技术探索的过程，加快技术的发展速度，有利于培养和壮大科学技术队伍，提高科研和管理水平。

（1）生产技术引进流程如图 4-2 所示。

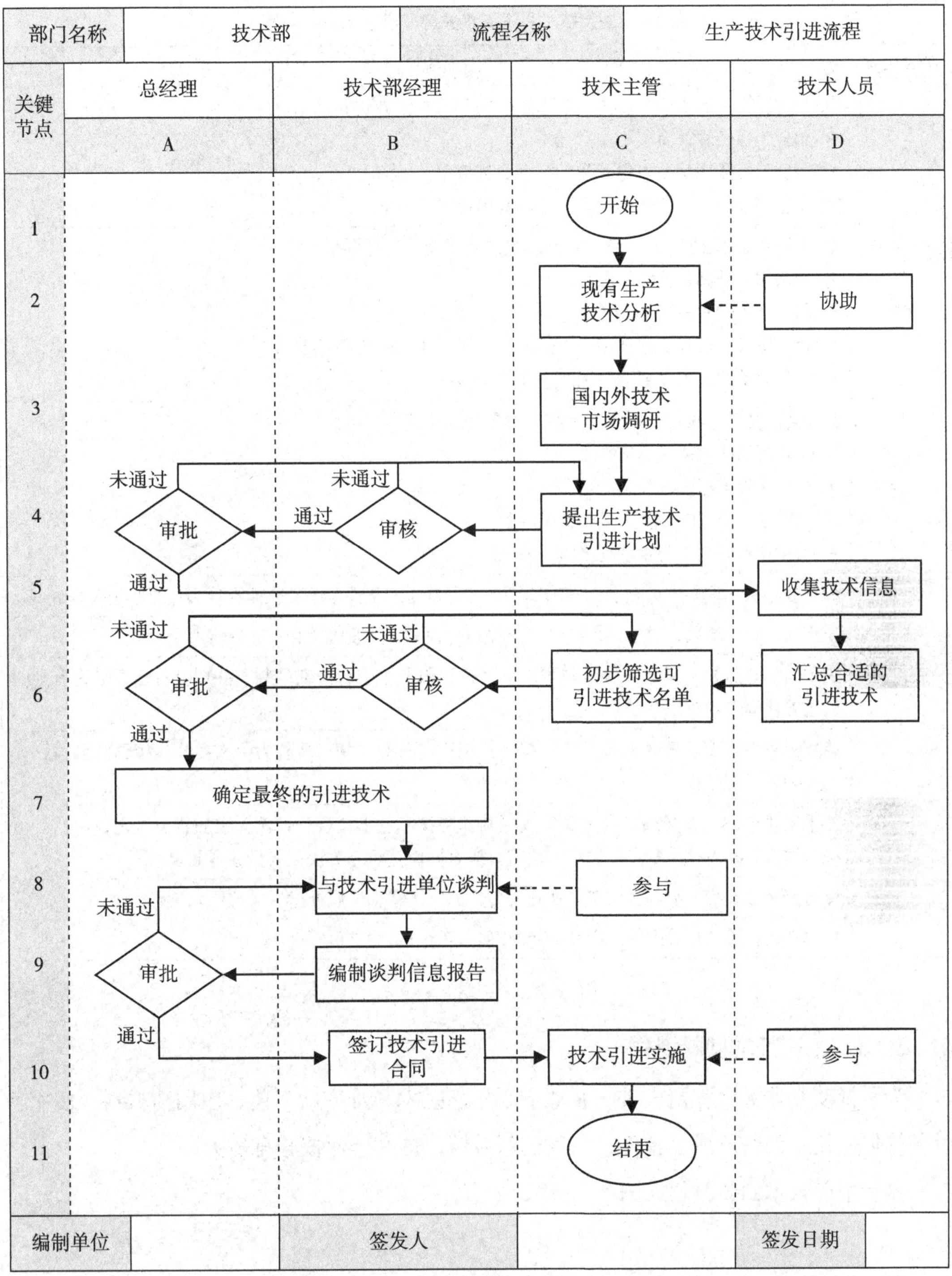

图 4-2　生产技术引进流程

（2）生产技术引进流程关键节点细化执行内容如表 4-2 所示。

表 4-2　生产技术引进流程关键节点细化执行内容

关键节点	细化执行内容
C2	技术主管在引进生产技术前，应对现有生产技术进行分析 ◆ 企业当前是否需要引进生产技术 ◆ 企业的财务现状及可以承受的技术引进费用 ◆ 企业当前的人力和设备、厂房等的具体情况
C3	技术主管在引进生产技术前，应对国内外技术市场进行调研 ◆ 当前国内外相关技术发展情况 ◆ 相关技术的发展趋势 ◆ 目标市场是否对引进技术存在需求及具体需要何种技术产品 ◆ 竞争对手的技术发展情况和对企业产生的竞争压力
A4	总经理审核技术引进计划的可行性和必要性，具体内容包括以下四项 ◆ 企业当前是否需要引进技术 ◆ 企业能否承担引进技术的费用 ◆ 该技术是否能够为企业带来预期收益 ◆ 引进技术后企业能否顺利吸收
B8	参与技术引进谈判人员在谈判前需明确己方可接受的条件范围，从而在谈判过程中把握好底线
	谈判前，参与谈判人员应做好准备，事先拟定预案，并获得总经理的审批通过
	主要对引进价格、供给条件、技术培训及售后服务等进行详细谈判，并选择对己方最为有利的引进方作为签约对象
	谈判过程中，要注意谈判技巧的把握，并端正自己的立场，严防为个人私利损害己方利益，并严格做好保密工作
B10	技术引进合同内容必须符合《中华人民共和国技术进出口管理条例》中的相关规定，以及必须符合国家及各级政府制定的法律、法规。该合同由企业相关法务人员参与制定
	要充分考虑政治、经济、法律、文化等各方面的因素，遵照择优签约的原则执行
	技术引进合同及相关附件的内容需经总经理审批通过后方可签订

4.2.3　生产技术创新流程

为了推动企业健康稳定发展，企业应采用新技术、推广新工艺、应用新材料、使用新设备等促进技术创新及成果转化，激发创新激情，提高企业核心竞争力。

（1）生产技术创新流程如图 4-3 所示。

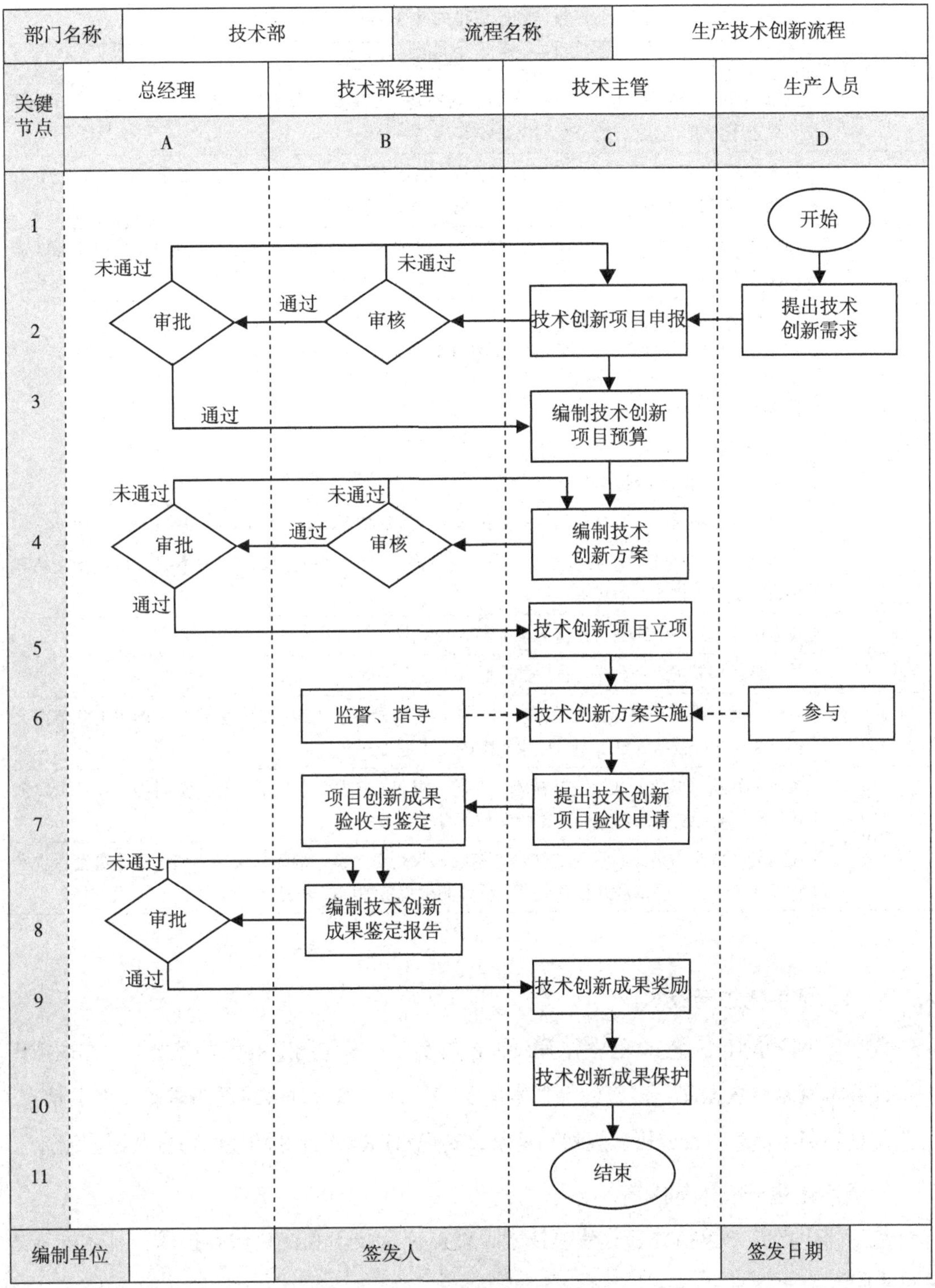

图 4-3　生产技术创新流程

（2）生产技术创新流程关键节点细化执行内容如表 4-3 所示。

表 4-3 生产技术创新流程关键节点细化执行内容

关键节点	细化执行内容
C3	技术创新项目预算包括工费、差旅费、材料费、试验费、仪器设备费、外协费、文本印刷费和鉴定（评审 / 验收）费、专利申请费等
C4	技术创新方案的内容主要包括项目的名称、目的和要求、分阶段进度与工作指标、起止时间，以及完成项目所需的资金、人员、保证条件、试验设备等
A4、B4	根据实际情况，技术部经理可邀请技术中心顾问委员会相关专家（企业聘请的外部专家）参与项目方案评议
	技术创新方案审批的原则如下 ◆ 符合国家产业政策及企业的中长期发展规划 ◆ 技术领先，具有良好的发展前景 ◆ 经济效益良好 ◆ 方案完整、可行、真实、可靠 ◆ 与企业技术研发能力相适应
C6	项目获得立项后，技术主管组织相关技术人员负责技术创新，并负责项目推进和阶段检查
C7	技术创新项目完成后，技术主管提出验收、鉴定申请，并将全部技术资料及相应电子文档和多媒体资料上报技术部经理
B7	技术部经理统一组织项目创新成果的验收与鉴定
	技术部经理需按照企业规定程序办理验收、鉴定手续
C9	对企业有贡献或获得国家奖项的项目，技术主管需统一组织技术创新进步奖的申请和申报工作。奖金应按创新人员对项目成果贡献的大小进行分配
C10	技术创新项目取得的成果包括技术、工艺、材料、产品、软件、文件、资料等，其权属归企业所有。未经企业许可任何单位和个人不得转让与传播
	技术创新成果特别是具有自主知识产权的成果是企业重要的无形资产，属于企业机密，技术创新相关人员必须依法并按企业有关保密制度规定加以保护

4. 2. 4 数字化生产技术

数字化生产是信息化生产的整体升级，在数字化技术与制造技术融合之下，在虚拟现实、计算机网络、数据库、多媒体等技术的支持下，可以根据客户的需求，对产品信息、工艺信息和资源信息进行分析、规划和重组，实现对产品设计和功能的仿真及原型制造。

1. 数字化生产技术的内容

数字化生产技术包括数字化建模技术、虚拟现实技术和优化仿真技术，具体内容如表 4-4 所示。

表 4-4　数字化生产技术的内容

序号	主要内容	功能
1	数字化建模技术	建立产品模型、资源模型、设备模型、材料模型、制造环境模型、工艺模型、工艺规则、制造路线等
2	虚拟现实技术	使用户身临其境地感受产品的设计过程和制造过程，使仿真的旁观者成为虚拟环境的组成部分
3	优化仿真技术	根据建立的数字化模型和仿真系统给出的仿真结果及各种预测数据，分析智能制造中可能出现的各种问题和潜在的优化方案，从而优化产品设计和生产过程

2. 数字化生产技术的用途

数字化生产技术目前已广泛应用于智能制造工作中，主要用途有六个方面，具体如图 4-4 所示。

- 关联产品、流程、工厂及资源信息，并可被企业查看和处理
- 在受控的环境中优化零件制造流程
- 显示机器加工和工装指令，以及二维和三维零件信息的工作指令
- 提供用以分析尺寸变化的图形环境，用于支持六西格玛管理和精益制造方案
- 实时利用产品生命周期数据来完成生产流程
- 为坐标测量机和数控机器工具生成完整的、可检验的CAD机器检验程序

图 4-4　数字化生产技术的用途

4.3　生产工艺

4.3.1　生产工艺改进与创新

生产工艺改进是指对产品的生产流程、工作方法进行持续不断的改良，以达到提高生产效率、减少浪费及完善产品的目的。生产工艺创新是指企业运用新的生产技术、操作程序、方式方法等，提高企业的生产技术水平、产品质量和生产效率的活动。

1. 生产工艺改进

生产工艺改进的内容主要包括四个方面，具体如表 4-5 所示。

表 4-5 生产工艺改进的内容

序号	改进内容	说明
1	车间布置优化	重新布置生产现场，使物流线路缩短，减少搬运
2	工艺流程改善	通过工艺流程的优化，使工作量均衡，以减少等待、加工及库存中的浪费
3	联合作业改善	优化人的双手作业、人与机器的配合，提高工作效率
4	动作改善	改进加工操作方式，增加有效工作量，消除动作浪费

同时，生产工艺改进包括取消、重排、简化及合并四个方面。

（1）取消：通过分析，结论为不必要，可予以取消。

（2）重排：根据“何人、何时、何处”问题答案进行重排，制定最佳工作、操作和动作顺序。

（3）简化：考虑能否采用最简单的方法与设备，以节省人力、时间和费用。

（4）合并：对必要的工序、操作或动作进行合并，以达到省时省力的目的。

2. 生产工艺创新

根据创新活动的目的及中心内容，生产工艺创新可分为以下类型，具体如图 4-5 所示。

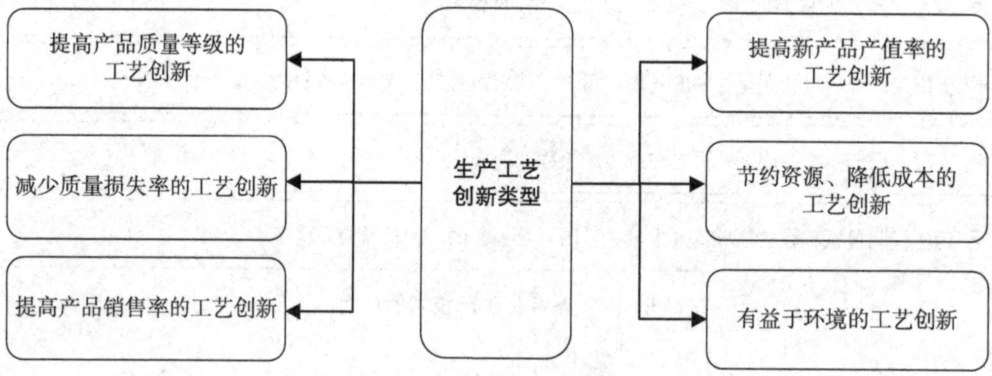

图 4-5 生产工艺创新类型

4. 3. 2 数字化工艺

企业要推进数字化工艺技术应用并覆盖产品的设计、工艺、制造全生命周期，这也是实现智能制造的关键一点。通过数字化工艺信息平台建设，将打通设计、工艺、制造之间的数据流，实现上下游高效协同。

数字化工艺系统是企业管理信息系统的重要组成部分，包括工艺数据管理、工艺项目管理、零件工艺设计、工艺资源管理、安全保密管理、基础业务管理、系统数据交互等模块，具体如图 4-6 所示。

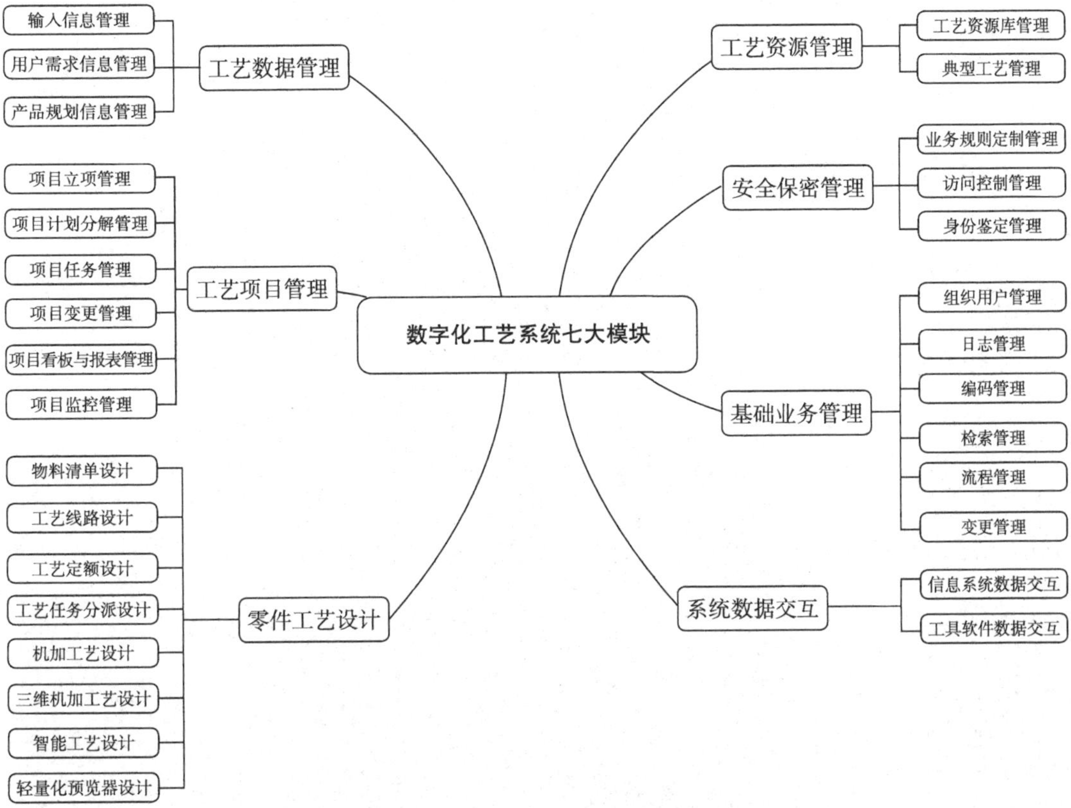

图 4-6　数字化工艺系统七大模块

产品工艺验证规定示例，扫描下方二维码即可查看。

第 5 章 生产物料与设备管理

5．1　物料采购

5．1．1　物料采购预算编制

编制物料采购预算是采购工作中的重要部分。合理规范的预算编制不仅可以有效控制采购成本，还可以方便财务部据此安排资金，保证资金需求计划的准确性。因此，预算编制人员需要掌握一定的物料采购预算编制依据和编制方法。

1. 物料采购预算编制依据

物料采购预算编制依据如表 5-1 所示。

表 5-1　物料采购预算编制依据

依据	相关说明
生产所需物料数量	根据生产部编制的生产计划、前期物料消耗情况和物料剩余数量确定
预计物料期末库存	根据从预算编制开始之日算起截至本期生产任务结束之日所产生的物料需求和上期生产任务结束后所剩物料确定
本期计划未结转库存量	由仓储部和采购部根据各种物料的安全储备量和提前采购期共同确定
物料计划价格	由采购部根据物料的当前市场价格及其他各种影响因素（国际政治经济因素、市场供应情况等）来确定

2. 物料采购预算编制方法

物料采购预算编制方法如表 5-2 所示。

表 5-2 物料采购预算编制方法

方法	用途	优点	缺点
固定预算	适用于固定费用或者数额比较稳定的预算项目的确定	简单、便于操作，且较为直观	◆ 较为固定，不易对比 ◆ 不利于正确控制采购预算执行
弹性预算	◆ 适用于采购预算不确定的企业 ◆ 适用于采购计划随时可能变动的采购行为	◆ 扩大了预算的适用范围 ◆ 便于对采购预算执行情况进行控制、监督和评价 ◆ 避免因采购业务发生变化而产生频繁修改的情况	操作复杂，工作任务重
滚动预算	适用于采购规模大、生产周期长的生产任务或者生产企业	◆ 便于及时根据前期预算执行情况及时调整近期预算 ◆ 有利于确保采购支出的连续性与完整性	◆ 需要及时监控前期预算支出情况 ◆ 及时对采购预算进行调整，操作工作量大，数据收集费时费力
零基预算	适用于各类采购预算	有利于优化配置资源，提高企业资金使用效益	预算工作量大，需要投入的资源多

物料采购跟催方案示例，扫描下方二维码即可查看。

5.1.2 物料采购流程

严谨的物料采购流程可以为各部门相关工作人员提供参考依据，提高部门工作效率。

（1）物料采购流程如图 5-1 所示。

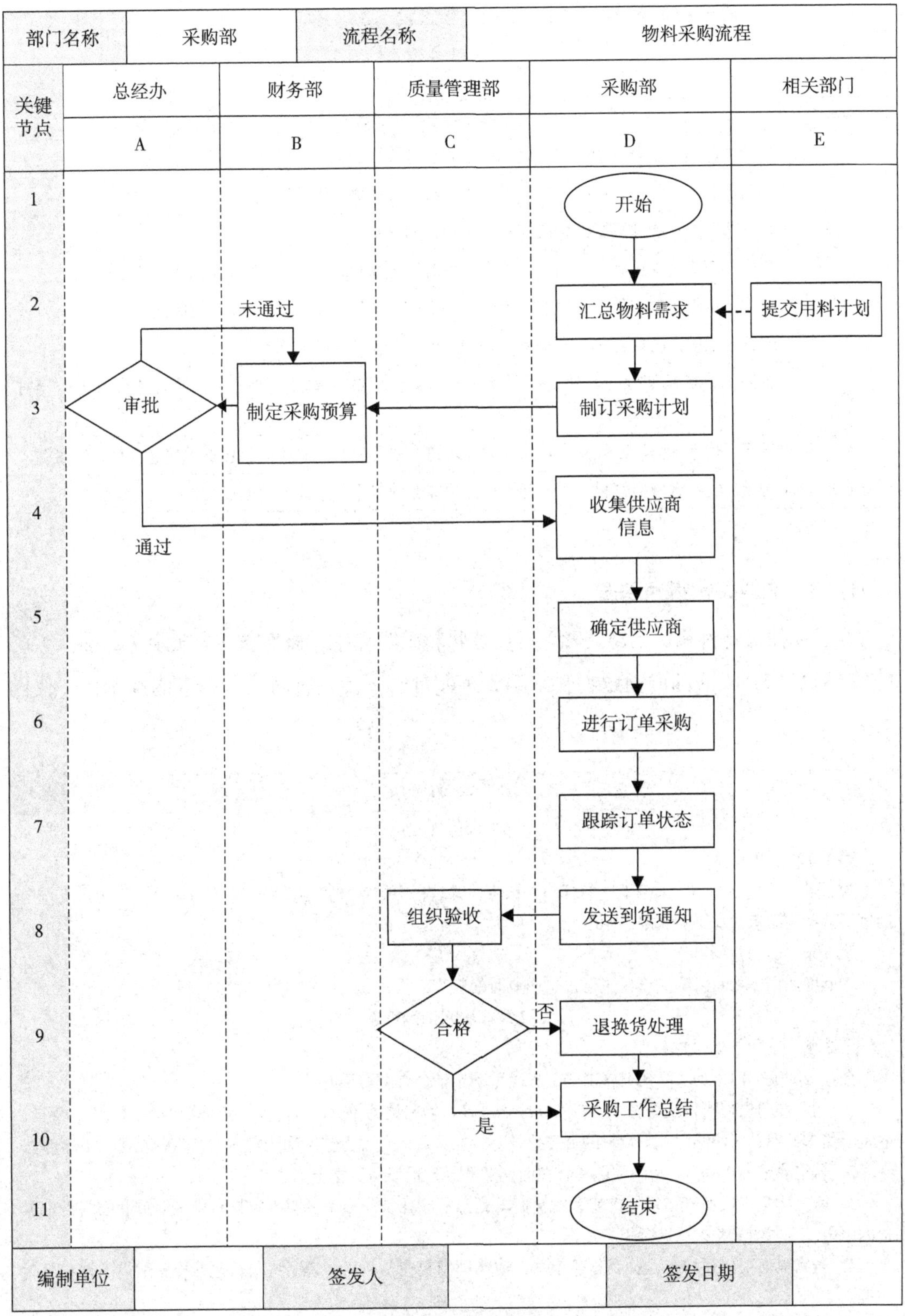
部门名称
采购部
流程名称
物料采购流程
关键节点
总经办
财务部
质量管理部
采购部
相关部门
A
B
C
D
E
1
2
3
4
5
6
7
8
9
10
11
开始
汇总物料需求
提交用料计划
未通过
审批
制定采购预算
制订采购计划
收集供应商信息
通过
确定供应商
进行订单采购
跟踪订单状态
组织验收
发送到货通知
合格
否
退换货处理
是
采购工作总结
结束
编制单位
签发人
签发日期

图 5-1 物料采购流程

（2）物料采购流程关键节点细化执行内容如表5-3所示。

表5-3 物料采购流程关键节点细化执行内容

关键节点	细化执行内容
D2	各相关部门根据自身的生产计划和任务要求计算物资需求，并向采购部提交用料计划
	采购部汇总各相关部门提交的用料计划，整理整体物料需求数据
B3	财务部根据采购部提交的采购需求，制定采购预算
D5	采购计划通过审批后，采购部查找企业现有供应商数据，同时收集市场上的供应商数据
	采购部从企业现有与市场两大渠道中选择供应商，经过多方面评选确定最终供应商
	在选择供应商的过程中，应坚持“公平、公正、公开”的原则
D7	采购部人员定期跟踪订单的执行状况，掌握供应商的物料生产进度，及时解决订单的异常情况
C8	质量管理部根据采购计划中对物料的要求进行质量验收，验收内容包括规格、价格、数量等
D9	对于验收不合格的物料，采购部应按照采购合同联系供应商进行退换货处理

5.1.3 物料采购管理制度

为了加强对物料采购工作的管理，规范物料采购程序，提高物料采购水平，确保生产工作正常进行，采购部应制定物料采购管理制度。下面是物料采购管理制度示例，仅供参考。

物料采购管理制度

第1章 总则

第1条 目的

为了进一步加强对物料采购工作的管理，预防采购过程中的各种弊端，降低采购成本，提高生产工作中的经济效益与质量效益，特制定本制度。

第2条 适用范围

本制度适用于物料采购人员在执行采购作业时的管理工作。

第2章 物料请购管理

第3条 请购单填写要求

企业各相关部门根据实际情况向采购部提出采购申请，并填写请购单。

1. 请购部门根据物料预算表及物料实际库存报表，填写请购单。填写时要注意标明物料的名称、规格、数量、需求日期、请购部门及对物料的特殊要求等，在本部门负责人签字确认之后，将请购单送至采购部。

2. 若请购单不止一份，应将请购单按照时间顺序整理成册后，送至采购部。

3. 若对物料供应商有指定要求或者物料需求紧急，应在备注栏中说明指定物料供应商或者物料需求紧急的原因，以方便采购人员进行相应处理。

4. 若物料需要经过精密检验后方可使用，请购部门要在备注栏中说明情况，包括检验所需的器材及时间等。

第4条 请购审批权限

1. 请购物料金额达到____时，由生产部经理审批。

（续）

2. 请购物料金额达到____时，由生产副总审批。

3. 请购物料金额达到____时，由总经理审批。

第 5 条　请购单的撤销

1. 若请购部门发现送至采购部的请购单有问题，要立即通知采购部，并撤销采购单，同时将写好撤销原因的采购单中的一联留在采购部保存。

2. 若采购部已经将有问题的请购单发给供应商，物料采购人员应及时与供应商取得联系，撤销订单。

3. 若因为人为原因致使请购单出现问题，则由相关人员承担责任。

第 6 条　请购单的接收与分发

1. 请购单的接收要点如下。

（1）采购部接收请购单时，应检查单据的填写是否清晰、完整，是否经过企业上级领导审批。

（2）采购部接收请购单时，应遵循“无计划不采购、库存充足不采购、信息不详尽不采购”的原则。

（3）采购部接收请购单时，应及时与仓储部联系，以确认请购物资是否有超储库存。

2. 请购单的分发要点如下。

（1）对于紧急请购项目应优先处理。

（2）若无法达到请购单所述要求，要及时通知请购部门。

第 3 章　采购作业程序

第 7 条　物料采购审批程序

1. 采购部对收到的请购单进行审核，将不符合规定的请购单退回请购部门。

2. 采购部根据请购单及目前仓储物料情况，确定应采购的物料种类、数量、规格及拟采用的采购方式，并编写物料采购审批表，交生产副总及总经理审批。

3. 审批通过后，采购部按照规定程序开展采购作业。

第 8 条　物料采购实施程序

1. 物料采购人员收到物料采购审批表，要先确定采购内容，包括采购对象、采购数量、采购时间等。

2. 采购信息确认后，物料采购人员应优先选择与企业存在固定合作关系的供应商，进行采购作业。

3. 若无合适供应商，物料采购人员应进行调查和询价，按照市场行情选择三家以上的供应商作为备选对象。

4. 将供应商的整体情况进行整理分析，拟定议价方式及各种附加条件，以经过批准的采购方式，向供应商议价。

5. 物料采购人员应综合物料价格及质量等因素，确定供应商，并向上级汇报，得到审批后，与供应商签订采购合同，按照合同进行采购。

第 9 条　采购物料验收入库程序

1. 收到采购物料之后，采购部应组织人员对采购物料进行检验。

2. 对于检验合格的物料，要填写物资入库验收单，将物料入库。

3. 对于不合格的物料，检验人员要及时通知物料采购人员，由物料采购人员与供应商联系，进行退换货处理。

第 10 条　采购付款工作程序

1. 对于采取预付款方式的采购，物料采购人员根据采购合同填写借款单，交由财务部审核，审核通过后办理付款手续。

2. 对于采购人员垫付资金的采购，在收到采购物料后，采购人员凭借采购合同、物料入库验收单及购货发票等，向财务部申请报销。

第 4 章　采购作业规定

第 11 条　物料需求信息传递规定

1. 请购部门申请物料采购时，应详细说明物料的相关要求，如品种、规格、型号、使用日期及其他对物料的特殊要求等。

（续）

2. 若所需物料需要经过试用方能结算付款，物料请购部门要在物料需求单上标明相关事项。

3. 若请购部门所需物料的规格或者数量发生变更时，必须立即通知采购部。

第 12 条 物料采购规定

1. 采购部应遵循质量第一及公开、公正、公平的原则，以降低采购成本、保证生产经营为目的，做好物料采购供应工作。

2. 物料采购人员在选择供应商时，要遵循同等条件下质优先选、价优先选的原则，综合考虑质量、价格、交货期、售后服务四个方面的内容，选择三家以上的供应商作为备选方案。

3. 若物料单价达到____元，需采用公开招标的采购方式。

4. 若供应商因缺货等原因无法按照规定日期交货，采购部应及时通知请购部门。

第 13 条 采购纪律规定

1. 请购部门应根据生产实际情况需要，上报物料请购需求。企业必须对乱报计划、铺张浪费甚至违规违纪上报请购需求的行为进行严肃处理。

2. 物料采购人员必须严格按照规定的程序和标准实施采购，坚持原则，秉公办事，切实维护企业利益，保障企业采购成本的最低化、采购质量的最优化、采购效率的最高化。

3. 物料采购人员必须做到廉洁自律，不谋私利。若有关人员出现索取或收取回扣、佣金或其他好处的行为，一经查实，企业有权向责任人追究由此造成的一切经济损失并给予行政处罚。

4. 在采购作业过程中，有关人员出现失职、渎职、受贿、行贿、索贿等行为而损害企业利益的行为，视情节轻重给予行政处分。

第 5 章 附则

第 14 条 编制单位

本制度由采购部负责编制、解释与修订。

第 15 条 生效日期

本制度自 ×××× 年 ×× 月 ×× 日起生效。

5. 1. 4 紧急请购实施方案

生产过程中可能会因库存控制错误、采购时机迟缓、生产计划改变、请购时机延误等造成紧急请购，为避免采购人员在遇到这种情况时不知所措，企业应制定紧急请购实施方案。下面是紧急请购实施方案示例，仅供参考。

紧急请购实施方案

一、目的

1. 明确紧急请购实施的范围、权限、责任和相关控制措施，确保生产工作顺利进行。

2. 规范紧急请购行为，提高工作效率。

二、部门职责

1. 生产部经理根据实际生产情况，负责对生产所需物料提出紧急请购申请。

2. 仓库管理员依据库存物料情况，向采购部提供短缺物料信息。

（续）

3．采购部根据仓库管理员提供的库存信息、过往物料需求情况及市场行情等，对物料需求情况做出判断，提出紧急请购申请。

4．采购部对通过审批的紧急请购，迅速组织人员进行采购，并将采购到的物料提供给相关部门。

三、紧急请购实施条件

当出现以下情况时，企业可以实施紧急采购。

1．当下生产急需物料，按照正常采购程序无法及时满足生产需求。

2．市场行情短期内会发生巨大变化，导致所需物料价格大幅上涨。

3．由于特殊原因，按照正常采购程序采购物料会耽误生产时机，从而给企业带来损失。

四、紧急请购实施步骤

（一）一般紧急请购实施步骤

1．生产部填写物料请购单，在说明栏中填写紧急请购原因，并加盖紧急请购公章。

2．生产部将物料请购单交总经理审批，审批通过后送至采购部。

3．采购部根据物料请购单，派遣专门采购人员，遵照“从速从优”的原则购买所需物料。

（二）特殊情况紧急请购实施步骤

特殊情况下，生产部可先通过电话、邮件等形式告知采购部进行物料采购，然后在____个工作日内补齐相关手续，具体步骤如下。

1．生产部通过电话、邮件等方式向总经理报告物料需求情况。

2．总经理直接联系采购部，告知物料需求情况。

3．采购部立即派遣采购人员进行采购工作。

4．生产部补齐物料请购单，并在说明栏中填写清楚是特殊情况下的紧急采购，并加盖紧急请购公章，交总经理审批。

5．总经理通过审批后，生产部将物料请购单送至采购部留存。

五、紧急请购过程监督

1．采购部制定紧急采购管理制度，对采购人员进行监督，并将监督结果作为绩效考核的依据。

2．一旦出现以下情况，企业就按照紧急采购管理制度的规定追究相关人员的责任。

（续）

（1）生产部人员未按照要求填写紧急物料请购表。

（2）相关审批人员把关不严格，造成非紧急情况下进行紧急采购。

（3）采购部人员未按照规定实施紧急采购、催交、检验及档案管理。

（4）采购部人员在采购过程中受贿、索贿等，影响企业的形象与利益。

六、紧急请购注意事项

1. 在紧急采购过程中，采购部应按照相关规定做好紧急采购记录，写清请购人员、请购原因、请购时间等。

2. 在紧急采购过程中，若现有供应商不能满足现有需求，采购部应在短时间内迅速选取其他合适的供应商。

物料验收管理办法示例，扫描下方二维码即可查看。

5．2　物料领取与退回

5．2．1　物料领取步骤

为了规范各类常用物料的领取工作，提高工作效率，确保物料充足，保证生产工作顺利进行，领料人员应遵循一定的物料领取步骤，具体如图5-2所示。

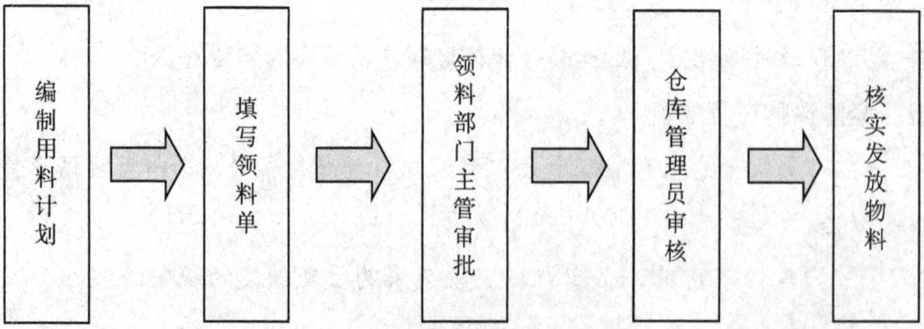

图5-2　物料领取步骤

1. 编制用料计划

领料人员根据生产计划、物料清单、库存记录等，确定生产所需物料，编制用料计划。

2. 填写领料单

领料人员根据用料计划，计算每天生产所需物料，填写领料单。领料单的填写一定要正确、清晰、规范，要将领料单位、领料日期、物料名称规格、计量单位、数量、用途等信息填写清楚，以方便后续工作。

3. 领料部门主管审批

领料人员将填写好的领料单交领料部门主管审批。领料部门主管按照实际生产计划审核领料单，确认无误后，签字通过。

4. 仓库管理员审核

仓库管理员收到领料单后，要先审核领料单，若发现领料单有问题，应及时与相关部门沟通；若领料单没有问题，则确认所领物料是否有库存，按照有效数量出库做账，并统计好物料编号及单价，时刻留意库存变化，及时向上级反馈。

5. 核实发放物料

仓库管理员核实完领料单后，按照“先进先出”的原则发放物料，并及时向上级汇报当日领料数据和到货数据，与财务部核对当天收发单据数量及金额。

生产物料配送制度示例，扫描下方二维码即可查看。

5.2.2 超量领料控制

超量领料控制是生产工作中的重要组成部分。超量领料不仅会给生产工作带来极大的阻碍，还会带来严重的资源浪费与管理问题。

1. 超量领料的影响

（1）库房物料数量虚假

生产部超量领料会导致仓储部默认这些物料已经完全投入生产中，并据此判断成品的入库数量及物料剩余情况，将这些不真实的数据报给销售部及采购部。

（2）生产现场多余物料损耗

领用物料数量若超过了生产需求，多余的物料则会被闲置在生产现场。由于现场生产人员大多数不具备物料和仓储管理技能，对现场的物料管理并不到位，导致生产现场多余物料的大量损耗、变质、腐烂甚至遗失。

（3）形成虚假的物料需求

超量领料导致的最大问题是对物料的虚假需求。在生产过程中，一旦库存发生变化（库存量低于安全存量），就会导致采购行为的发生。当采购完成后，生产现场仍存留大量物料，这样不仅会增加本不应该存在的多余物料库存维护费用，还会增加采购成本。

2. 超量领料的控制措施

为了避免超量领料带来的影响，企业应加强对生产和物料的管理，常采用的措施如下。

（1）管理人员主动参与，定期查看

为了避免生产现场的多余物料损耗问题，生产部管理人员应主动参与生产计划的制订工作，以清楚了解生产所需物料的数量、规格、质量等。同时，对于物料领用申请审核要更加严格，防止虚假申请。

（2）进行物料管理培训，加强制度执行力度

对生产人员进行相应的物料管理知识培训是一种有效控制物料领用的措施。通过培训，将管理物料的方法教给现场工作人员，使他们能够对现场的物料进行有效的维护。

除此之外，加强物料管理制度的执行力度，也是控制超量领料的保证。加强对生产人员的领料绩效考核力度，一旦发现有工作人员超量领用物料，就对其采取严格处罚措施。

（3）建立生产现场的物料台账

在生产现场建立物料台账，可以更加准确地掌握物料的使用情况，促使生产现场的物料台账与库存物料台账相结合，从而防止物料不必要的流失和损坏，为企业挽回不必要的经济损失。

5. 2. 3 退货与补货

1. 物料退货步骤

为了规范生产过程中因质量问题、规格型号不符、计划数量减少或者取消、物料盘盈等原因而产生的需要将物料退回仓库的行为，生产管理人员应制定物料退货步骤，以供退货人员参考，具体步骤如图 5-3 所示。

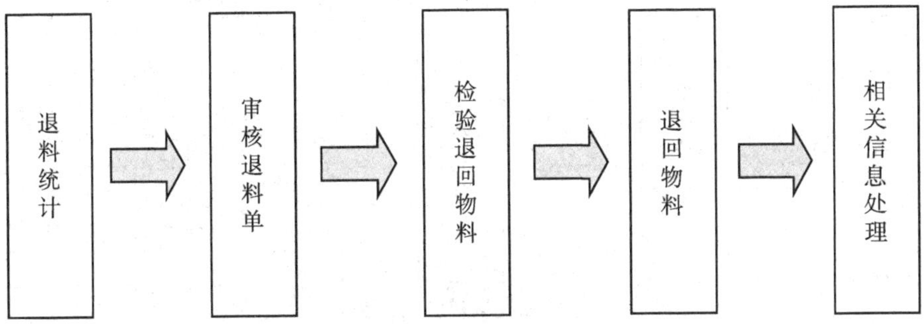

图 5-3　物料退货步骤

（1）退料统计

车间组长将生产现场需要退回仓库的物料，按照品种、规格进行分类、统计，做好标识，同时填写退料单并标明退料原因。对于退料单的填写，要确保字迹清晰，无涂改痕迹。

（2）审核退料单

生产部主管收到退料单后，要审核单据上的内容是否与所退物料一致，若一致就签字确认，并加盖生产部公章，否则退给车间组长，要求其重新统计。

（3）检验退回物料

车间组长将退料单交质检部，由质检部对所退物料进行检验并出具检验报告，同时做好物料品质状态信息记录工作。

若退回物料不符合退货标准（如退料不符合要求、标识不清楚），质检部可以要求车间组长重新统计整理，重新开单检验。

若退回物料出现不合格品，质检部需做好不合格品标识，并及时通知车间组长处理。

（4）退回物料

车间组长将退料单、物料检验报告及经过检验的物料送至仓库，由仓库管理员对退回物料按照品类、品质及规格等分类入库。仓库必须划定专门区域用来存放退回物料。

（5）相关信息处理

仓库管理员在物料退回当天，按照退回物料品种规格、数量完成卡账、台账、计算机数据库的信息录入工作，并将库存调整情况及时通知财务部及采购部。

仓库管理员将退料单和物料检验报告整理归档。

2. 物料补货步骤

为了规范生产过程中因各种原因（如物料报废、超定额损耗、计划数量增加等）出现的生产车间需要额外补料的行为，生产管理人员应制定物料补货步骤，以供补料人员参考，具体步骤如图 5-4 所示。

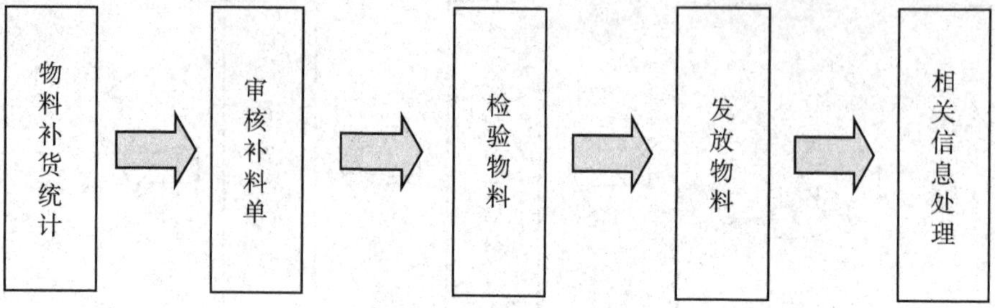

图 5-4 物料补货步骤

（1）物料补货统计

生产车间因各种原因需要补货的，车间组长应按照规定进行统计，包括物料品种、规格、数量等，填写补料单并注明补料原因。

（2）审核补料单

车间组长将补料单交生产部主管审核，生产部主管确认单据上内容是否与所需物料一致，若一致就签字确认，并加盖生产部公章，否则退给车间组长，要求其重新统计。

（3）检验物料

车间组长将补料单交仓库管理员，由仓库管理员请质检部对物料进行检验，确认物料质量，并出具物料检验合格报告。若发现不合格物料，仓库管理员需及时通知上级主管，确认处理办法。

（4）发放物料

仓库管理员将确认好的物料发放给生产车间，并请车间组长签字确认。若在此过程中发现库存物料不足，应及时通知采购部进行采购，并通知生产车间，双方协商处理。

（5）相关信息处理

仓库管理员按照补料单信息，将卡账、台账、计算机系统中的信息填写完整，并及时将剩余物料数量告知财务部与采购部，以做好后续工作准备。

仓库管理员将补料单及物料检验报告整理归档。

5.3 生产设备管理

5.3.1 生产设备购买与安装

为了规范生产设备的购买与安装，节省工作时间，提高工作效率，保证生产工作的顺利进行，降低生产制造成本，企业必须遵循一定的步骤开展作业，具体如图 5-5 所示。

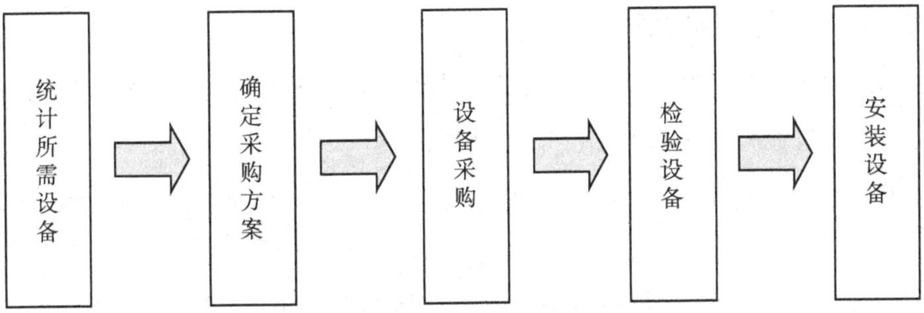

图 5-5　生产设备购买与安装步骤

1. 统计所需设备

车间组长按照要求填写设备采购单，包括设备规格、数量、型号、性能及所需要的零件等信息，并确保字迹清晰、无修改痕迹，同时注明设备采购原因。

2. 确定采购方案

车间组长根据实际情况制定多个设备采购方案，并连同设备采购单一起交生产部主管审批。生产部主管要综合考虑市场行情、设备价格、售后服务等因素，确定设备采购方案。

3. 设备采购

生产部将确定的采购方案及设备采购单一起交采购部，采购部应优先选择与企业有合作关系的供应商。若合作的供应商不能提供相应设备，采购部应根据市场行情至少选择三家供应商，详细了解设备价格和质量等，做出对比，最终确定合适的供应商。

4. 检验设备

采购部要求供应商在规定时间内提供设备，生产部收到设备后，请质检部对设备质量做出检验，并出具质检报告。对于不合格的设备或者缺少零件的设备，要及时通知供应商，双方协商做出处理，但不能延误生产时机。

5. 安装设备

设备管理部协助供应商进行安装工作，并在安装之后试运行，确保设备能够正常投入生产使用。在设备安装结束之后，设备管理部相关人员要填写设备安装登记表，详细记录设备安装时间、设备运行情况等信息，并整理归档。

生产设备预测方案示例，扫描下方二维码即可查看。

5.3.2 生产设备操作规范

为了提高生产效率，规范生产设备操作，降低安全事故发生率，企业应制定生产设备操作规范。下面是生产设备操作规范示例，仅供参考。

生产设备操作规范
第1章 总则
第1条 为了规范生产设备的使用管理与操作标准，明确相关人员在设备使用过程中的职责，保证生产设备的正常运行，降低设备故障率，提高生产效率，特制定本规范。
第2条 本规范适用于生产设备操作工作的管理。
第2章 生产设备操作程序
第3条 设备操作人员在进行设备操作之前，需做好以下准备工作。
1．设备操作人员必须熟练掌握设备日常保养知识和安全操作知识，熟悉设备性能的要求，并取得设备操作证后，方能操作设备。
2．未取得设备操作证的人员未经过批准不能上岗操作设备，如确实需要操作设备，需在持证者的指导下进行。
3．设备启动前，设备操作人员应按照各设备的操作规范开展工作，并准确填写设备运行记录。
4．进行操作时，应对设备周围环境与设备本身情况进行检查，确保设备周围物品是必需品，保证设备本身运行安全。
第4条 设备操作人员在操作设备时，应按照以下程序进行。
1．在设备启动信号发出之后进行操作。
2．严格按照规定的程序操作。
3．设备运行时，设备操作人员应随时保持警惕，以对设备出现的异常情况进行及时处理。
4．一旦出现异常情况，就严格按照设备操作规范进行处理，保证人员安全，减少不必要的损失。
第3章 生产设备操作标准
第5条 设备操作人员要按照规定要求着装，并做好安全准备工作。
第6条 禁止用沾水的手操作设备开关（按钮）或接触电路。
第7条 对于易燃易爆材料，要为其规划存放区域，不得随意放置。
第8条 若生产设备上有较为锋利的边角或者零部件，在存放或者周转时，需要有相应的防护措施，并且要挂牌警示。
第9条 任何人不得在设备周围用餐，更不可以在设备周围乱扔垃圾。
第10条 移动生产设备时，一定要脱离电源线并将其整理好，同时要保证设备与人员的安全。
第11条 正常情况下一定要按照操作规范停机，禁用“急停”按钮或总电源开关停机。
第12条 设备操作人员不得擅自拆卸设备，如遇设备故障，要及时上报给维修部，请专门人员进行维修。
第13条 设备操作人员在操作设备按钮、手柄、开关时力度要适中。对于调整部件时所需的零件，要及时向仓储部申请，若仓储部没有库存，要及时通知采购部进行购买。
第14条 调整设备运行的部件时，要等设备停稳后方可进行操作，禁止在运行的设备部件上用工具进行调试，严禁两人以上人员同时调试设备。
第15条 设备操作人员不在场或者未经设备操作人员允许，任何人不得随意对设备进行维修，同时不准随意撤下防护罩、保险盖。
第16条 对于过度使用的设备，必须保证有足够的保养时间，生产部要定时安排加油、去尘、空运行等必要的保养。

（续）

第 4 章　设备使用的注意事项
第 17 条　对于关键设备、重要设备，要实行两人操作或两人以上操作的制度，确保设备操作的安全性及准确性，避免因操作失误造成重大损失。 第 18 条　交接班时，交接人要向下一位操作人员详细说明设备的运行情况及尚待处理的故障。 第 19 条　设备操作人员应掌握常用的故障排除方法，发现故障时及时进行排查，避免因小故障造成大损失。 第 20 条　设备操作人员应按照规定，详细规范地填写设备故障记录表，其中包括设备运转时间、设备使用情况及设备维修所需零件等，便于交接班时对设备进行合理的维护和使用。
第 5 章　附则
第 21 条　本规范由设备管理部负责编制、解释与修订。 第 22 条　本规范自 ×××× 年 ×× 月 ×× 日起生效。

5. 3. 3　生产设备维修保养办法

为了延长生产设备的使用寿命，提高企业资源利用率，节省企业采购与维修成本，设备管理部应制定生产设备维修保养办法。下面是生产设备维修保养办法示例，仅供参考。

生产设备维修保养办法
第 1 章　总则
第 1 条　为了规范生产设备维修保养工作，延长生产设备的使用寿命，节约维修保养成本，保证维修保养质量，防止和避免生产设备故障，特制定本办法。 第 2 条　本办法适用于企业所有生产设备的维修保养工作。 第 3 条　维修保养工作必须遵循“质量第一、日常维修、随时保养”的原则，严格执行生产设备维修保养管理制度，尽量避免因设备维修保养不当而产生故障。
第 2 章　设备维修保养准备工作
第 4 条　设备管理部在开展工作之前，应先对现有生产设备情况进行调查。 1. 设备管理部在正式开展工作之前，应先了解生产设备的具体情况，准确掌握生产设备的损耗程度与所需要更换的零部件等。 2. 设备管理部应根据实际情况选择合适的生产设备调查方法，常用的调查方法如下。 （1）查阅设备档案。 （2）向设备操作人员了解情况。 （3）按照生产设备的出厂设置检验精度。 （4）检查生产设备的实际磨损位置及可视部件的磨损。 第 5 条　设备管理部在进行维修保养时，需查阅以下技术文件。 1. 生产设备使用说明书及维修说明书，主要包括使用要求、维修内容、维修部件、维修标准等。 2. 维修通知单。 3. 维修保养作业计划。 （1）生产设备名称、规格、型号、使用部门、使用情景。 （2）设备维修保养程度（低级、中级、高级）。 （3）设备维修保养作业内容与质量标准。 （4）设备维修保养所需时间、工具、配件、材料、仪器等。 （5）设备维修保养人员配置，包括数量、工种、分工等。

（续）

4. 设备保养说明书。

第 6 条　设备管理部在对生产设备进行维修保养时，会用到以下用具、材料。

1. 设备管理部在正式工作展开之前，需核对维修保养中所使用的物料清单，并办理所需材料与工具的出库手续。若企业没有这部分的库存，需通知采购部及时购买。

2. 采购部应及时储备维修保养的材料、工具及配件等，保证维修保养物料的及时供应。

第 3 章　设备维修实施

第 7 条　若生产设备发生故障，设备使用部门要填写维修通知单，经部门主管批准后上报设备管理部。

第 8 条　设备管理部接到通知后，在日常维修工作记录簿上登记时间，并根据事件的紧急程度派遣人员前往处理。

第 9 条　维修生产设备时，如需要用电、用火进行作业，则先清理现场，周围严禁堆放易燃、易爆物品。

第 10 条　维修生产设备时，如维修人员需中途离开，且现场无人看守时，一定要设立警示标志，避免其他工作人员误触，造成事故。

第 11 条　维修工作完成后，维修人员要先试运行生产设备，确保生产设备能够正常运行，然后将设备交使用部门。

第 12 条　紧急情况下的生产设备维修由设备管理部先派人员维修，然后设备使用部门再补交维修通知单。

第 13 条　设备管理部在接到通知后____个工作日内仍不能完成修复的，由维修部主管做好记录，并采取其他措施。

第 14 条　为了保证生产设备维修工作正常运行，企业每年按照设备总值的____% 划拨设备维修费。

第 4 章　设备保养实施

第 15 条　设备管理部依据生产设备的性能、使用频率等要求制定设备保养规程，并严格按照规程执行。

第 16 条　生产设备操作人员应在使用前后认真检查、擦拭生产设备的各个部位，添加润滑油，使生产设备经常保持整齐、清洁、润滑的状态。

第 17 条　设备管理部按照保养规程对生产设备进行局部拆卸和检查，清洗零件，疏通油、气管路，更换磨损的零件，调整设备各部位的配合间隙，紧固设备各个部件。

第 18 条　设备管理部按照保养规程对生产设备进行日常检修，更换或调整零部件等。

第 19 条　未经许可，所有生产设备不可私自拆改，如确实需要拆改，需由使用部门提出申请，得到许可后方能进行。

第 20 条　若生产设备出现故障，设备操作人员应及时上报，并做好生产设备故障记录，不得私自进行维修。

第 5 章　附则

第 21 条　本办法由维修部负责编制、解释与修订。

第 22 条　本办法自 ×××× 年 ×× 月 ×× 日起生效

设备检查管理制度示例，扫描下方二维码即可查看。

5. 3. 4　生产设备更新管理流程

当生产设备出现磨损时，企业需要按照规定流程更新生产设备。

（1）生产设备更新管理流程如图 5-6 所示。

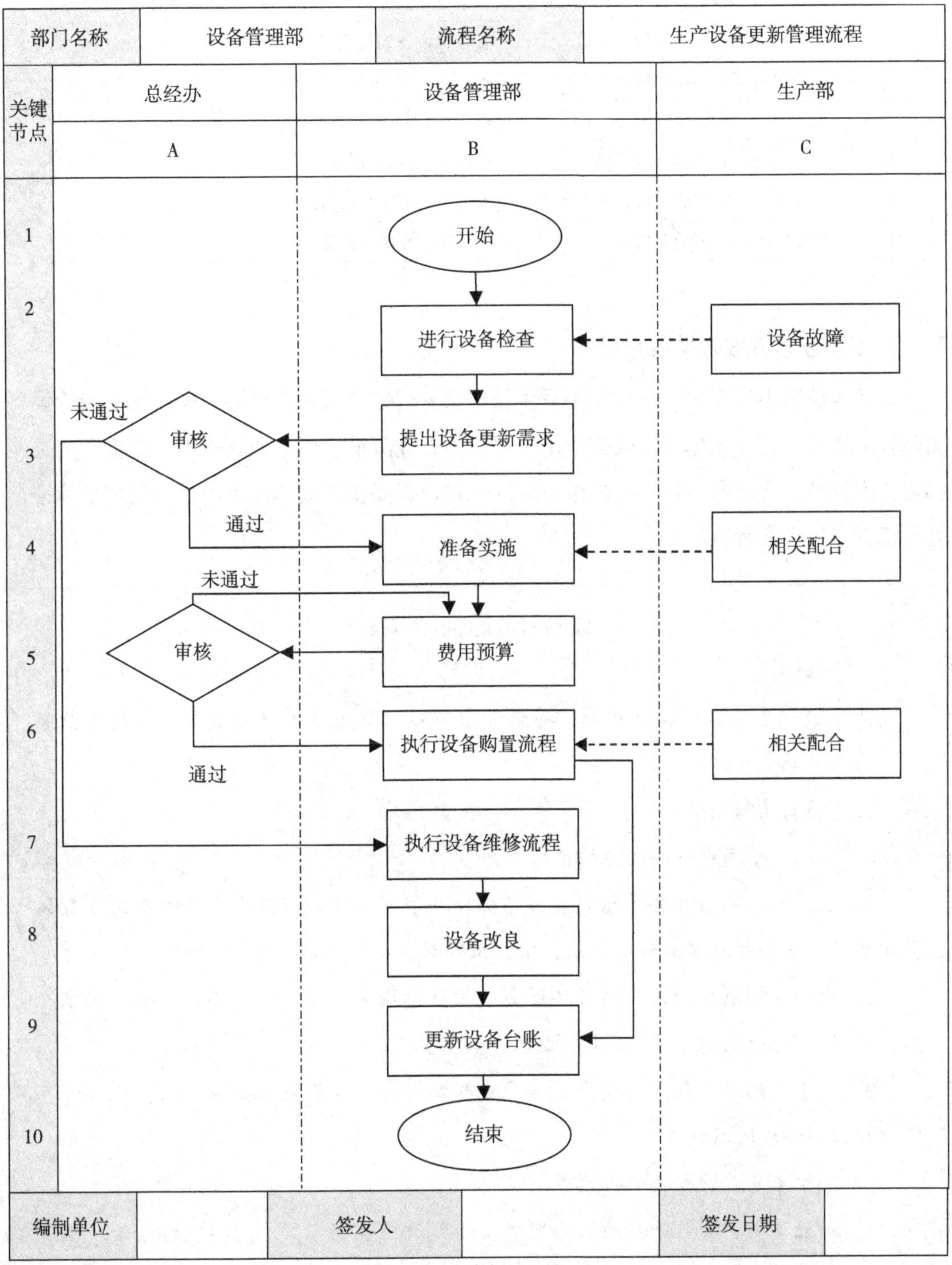

图 5-6　生产设备更新管理流程

（2）生产设备更新管理流程关键节点细化执行内容如表5-4所示。

表5-4 生产设备更新管理流程关键节点细化执行内容

关键节点	细化执行内容
B2	设备管理部根据企业发展需求对生产设备进行检查，判断当前设备使用情况与剩余使用寿命
	要公正、客观地进行设备检查，不得过度夸大设备损耗情况
B3	设备管理部根据实际情况提出设备更新需求，并交总经办审核
	实际情况应包括企业资金流动情况、设备使用寿命等
B6	若总经办审核通过设备更新需求，设备管理部则执行设备购置流程
B7	若总经办未审核通过设备更新需求，设备管理部则执行设备维修流程
B9	设备管理部根据最终设备购置结果与维修结果更新设备台账

5.3.5 设备零故障推行方案

设备零故障不是在生产过程中不发生任何设备问题，而是在尽可能的情况下降低设备故障发生率。设备零故障方案的推行不仅可以为企业降低维修与换新成本，更重要的是能够避免因设备故障而产生计划外的停工时间，从而提高生产效率。下面是设备零故障推行方案示例，仅供参考。

设备零故障推行方案

一、目的

为了进一步提升设备利用率，降低设备损耗，节省设备维修成本，提高企业经济效益，特制定本方案。

二、设备故障预防

（一）生产车间对设备故障的预防

1. 生产车间及班组要严格按照设备保养及使用办法运行设备，及时填写设备故障报告或纠正预防措施实时反馈单，报给维修部，及时维护设备。

2. 生产车间及班组每周对设备进行一次状态检测，及时在设备状态检测记录台账上登记，形成设备状态监测报告报给维修部备案。

3. 生产车间及班组每月要召开一次分析总结会，分析设备故障原因，探索设备零故障工程管理的新方式。

（二）维修部对设备故障的预防

1. 加强巡检、点检、抽检，按照规定路线及检查内容，每周不定时检验，检验次数不少于____次。

（续）

2. 维修部应做好设备故障信息的收集、分析、处理和统计工作，确定设备维修级别（初级、中级、高级），按照设备故障维修登记确定检验周期，并做好登记工作。

3. 加强对设备维修质量的控制，严格检验配件的质量，严格贯彻设备检修制度，提高维修队伍的素质与技能。

三、设备零故障措施

（一）避免人为劣化

1. 避免生产车间因使用不当、保养不善、损坏性维修等原因对设备造成人为劣化，保持设备自然老化。

2. 强化清洁、润滑、维护等保养工作的力度，保持设备基本状态。

（二）改善设计

改善维修方式，避免损坏性维修，将维修意见反馈给设计部，以改善设计，提高新设备的可靠性，达到维修预防的目的。

（三）定期检查与维修

1. 定期检查启动系统、液压系统、驱动系统、变速系统等是否存在异常情况，关注自然劣化的周期，以降低维修成本。

2. 针对零部件劣化不同步的问题，可用小程度维修代替大幅度维修，并适当延长维修周期，降低维修成本。

（四）提高生产现场人员的技能与素质

对生产现场人员进行技术和文化的培训，提高生产现场人员的技能与素质，不断减少生产现场人员因操作失误带来的损失。

（五）健全相关管理规范

建立健全设备质量验收标准、设备安装与检修规程、设备维护规程，严格按照规章制度约束生产现场人员。

（六）做好设备使用过程管理

1. 正确操作、精心维护、持续监测、适时检修设备，避免突发故障及意外停机。

2. 加强设备隐患排查，在排查时不仅要关注设备本身问题，还要关注设备运行环境是否会对设备造成影响。

3. 在设备维护与维修过程中要做好详细记录，认真分析设备的技术数据与各种

（续）

信息，评估设备或零部件的运行趋势，判断设备使用周期，尽量减少设备维修频次，降低维修成本。

四、设备零故障考核

（一）考核原则

对设备零故障管理过程的考核要坚持“公正、公平、公开”的原则。

（二）考核频次

对生产车间及班组的设备零故障考核，一般____天一次。

（三）生产车间考核细则

1. 生产车间及班组若整月没有发生设备故障，奖励主管人员____元。

2. 关键设备发生一起故障扣主管人员____元，主要设备发生一起故障扣主管人员____元，仪表设备、电气设备发生一起故障扣主管人员____元。

（四）维修部考核细则

1. 检修计划、备件计划、保养计划未达到标准或缺失，扣主管人员____元。

2. 主要设备完好率、设备故障处理率、关键设备修复率等其中一项未达标者扣主管人员____元。

第6章 生产现场与作业管理

6.1 生产现场管理

6.1.1 现场标准化管理

为了避免生产现场工作混乱，延误生产计划，影响企业正常的生产经营，企业需制定标准化的现场管理制度。下面是现场标准化管理制度示例，仅供参考。

现场标准化管理制度
第1章　总则 第1条　为了促进企业的发展，稳步提高产品的质量，打造企业品牌，创造最大的收益，根据企业的实际情况，特制定本制度。 第2条　本制度适用于生产现场标准化管理方面的工作。 第2章　现场标准化管理制度制定 第3条　在编制生产现场标准化管理制度之前，要进行调查研究，确定生产现场可以进行标准化作业的内容。 第4条　在编制现场标准化管理制度时，需收集的资料主要包括以下四个方面。 1．国内外与企业产品或生产线有关的现场标准化的资料。 2．与企业的现场生产相配套的作业标准和相应的参考资料。 3．企业的设计部、生产部、质量管理部及车间人员对现场标准化的意见和建议。 4．与现场标准化相关的历年现场生产技术数据。 第5条　在收集、分析资料的基础上制定现场标准化管理制度，具体包括以下六项内容。 1．动作内容，包括每一个详细的操作动作、搬运过程、操作过程、质量检查等。 2．耗费时间，每一个具体的动作从开始到结束所需要的时间。 3．质量要求，包括产品的每道工序完成后的质量标准。 4．物料描述，对作业人员在作业中所拿取的每一种物料进行描述。 5．工具、设备描述，对作业人员在作业中所使用的工具或设备进行描述。

（续）

6．动作位置示意图，用图片的方式展示作业人员在作业中的正确的操作位置。

第6条　编制的现场标准化管理制度具体包括产品标准、工艺技术标准、半成品标准、设备技术标准、计量标准、包装技术标准、包装材料标准、现场环境标准、安全生产技术标准、标识、搬运技术标准、技术基础标准等内容。

第3章　现场标准化管理制度实施

第7条　生产现场实施标准化作业之前，应做好以下两个方面的准备工作。

1．人员准备。在实施现场标准化作业之前，要对相关作业人员、管理人员进行培训，使生产现场的工作人员了解、掌握该项作业的标准。

2．设备准备。准备现场所必需的工装、量具、检测器具等用具。

第8条　实施现场标准化时应考虑、分析到不同的作业部门实施标准化作业的能力，避免打乱生产现场正常的生产秩序。

第9条　生产现场管理人员在现场标准化管理制度实施期间负责监督作业人员严格按照标准化作业规定进行操作，同时收集现场标准化文件中欠妥的地方，为现场标准化管理制度的改善提供可行性建议。

第4章　现场标准管理制度的修订与复审

第10条　有下列情形之一的，需要修改现场标准管理制度。

1．制度中的内容配上示意图后仍旧含糊不清、难以理解的。

2．制度中要求的工作在现实中无法完成，或即使完成也需要付出很大代价的。

3．企业生产的产品质量水平已经做出变更的。

4．工艺流程已经改变的。

5．生产设备的部件或材料已经发生改变的。

6．生产设备、生产工具或使用的仪器发生改变的。

7．工作程序出现变动的。

8．影响生产的外界因素或要求发生变动的。

9．国家标准或行业标准发生改变的。

第11条　修订现场标准化管理制度时，对于企业在生产中无法满足的国家或行业标准，只能采取通过组织技术攻关或引进新的工艺及设备等措施，不允许将有关国家或行业的标准进行随意降低处理。

第12条　制度复审规定如下。

1．根据现实情况的需要，制定的作业标准需每____年进行一次复审。

2．复审工作由生产部、质量管理部的相关人员组成复审小组进行。

3．现场标准化管理制度的复审工作主要包括重新确认、修改、修订与废止四个方面，具体的执行办法如下。

（1）重新确认。在既定的现场标准化管理制度仍能满足当前生产的需要，各种技术参数与技术指标符合当前的技术发展水平，作业标准的内容无须做修改的情况下，此类作业标准的复审工作，只需在重新复印的封面上注明“××年确认”字样即可。

（2）修改。现场标准化管理制度的名称、技术参数、示意图、表格等内容有少量的修改与补充时，需对此类标准做“修改”补充后，仍然作为标准使用。

（3）修订。若既定的现场标准化管理制度内容发生较大的改变，则需要重新修订原来的标准。对此类标准进行修订时，必须在原件上附上修订的详细依据，并按标准文件的编号将原作业标准文件全部收回后，下发新修订过的作业标准。

（4）废止。经复审，现场标准化管理制度的内容已不适应当前的生产需要，或现场标准化管理制度已经失去意义的，应进行废止处理。

第5章　附则

第13条　本制度由生产部负责编制、解释与修订。

第14条　本制度自××××年××月××日起生效。

6.1.2 现场作业环境管理

为了避免生产现场作业环境危害作业人员的生命健康，延误作业计划，影响企业的生产，降低企业的经济利润，企业需要对现场的作业环境进行管理。下面是现场作业环境管理制度示例，仅供参考。

现场作业环境管理制度
第 1 章 总则 第 1 条 为了给作业人员提供一个健康、有序、安全的现场作业环境，保证生产效率与产品质量，结合企业的实际情况，特制定本制度。 第 2 条 本制度适用于现场作业环境的管理。 **第 2 章 防尘管理** 第 3 条 在生产工艺允许的条件下，生产人员可将生产中用到的易产生粉尘的物料进行湿化，即在物料的装卸、搬运、研磨、筛选和混合等过程中进行加水处理。 第 4 条 对于不能进行湿化的物料，生产人员应配合工艺技术部门尽量使其生产过程密封化、管道化、机械化。 第 5 条 对于粉尘浓度比较大的生产现场，生产人员要定时用水冲洗地面、墙壁、建筑构件及允许水洗的设备外罩等地方，使其保持湿润的状态，防止二次扬尘。 第 6 条 生产人员的工作地点必须位于生产现场中通风良好和空气较清洁的地方，易产生严重粉尘污染的工段应位于主导风的下风口。 第 7 条 对于粉尘浓度比较高的生产现场，必须不间断地进行通风除尘，任何人不得以任何理由停止操作。 第 8 条 企业将对各生产现场的防尘情况进行不定期的检查与定期评比，按照相关的规定进行奖励与处罚。 **第 3 章 防毒管理** 第 9 条 对于生产现场的机械设备，应尽量进行密封，通过改造使其尽量实现自动化，减少人工操作，减少中毒的可能。 第 10 条 在有毒作业环境中，作业人员必须严格按照操作规程进行作业，防止中毒事件发生。确实需要使用有毒原料时，作业人员应采取升华法减少原料毒性伤害。 第 11 条 生产人员在毒物浓度较高或中毒可能性较大的生产平台工作时，必须带好防护用具并遵守限时规定。 第 12 条 在有毒生产现场的毒物存放处或易中毒处，必须设置明显的标识与防护措施，防止因情况不明而意外中毒。 **第 4 章 噪声管理** 第 13 条 在生产作业中，生产部要配合工艺技术部门注意改进工艺流程和工作程序，防止设备因长时间运转而产生噪声。 第 14 条 企业在选购新设备时，必须对设备的噪声环节进行评估，选购设备的噪声排放应符合国家相关的排放标准，在同等条件下应选购噪声排放小的设备。 第 15 条 具有生产性噪声的车间应尽量远离其他非噪声作业车间、行政区和生活区。 第 16 条 噪声较大的设备应尽量将噪声源与作业人员隔开，生产工艺允许远距离控制的可设置隔声操作室。 第 17 条 为减轻噪声的产生和传播，企业应设置隔声室，以阻断噪声的传播。隔声室的天棚、墙体、门窗均应符合隔声、吸声的要求。

（续）

第 5 章　振动管理
第 18 条　将振动强度较大的生产设备安装在单层厂房或多层厂房的底层，对振幅、功率大的设备应设计减振措施。
第 19 条　相关人员需对工艺设备和方法进行修改，以达到减振的目的。
第 20 条　生产现场可采取自动化、半自动化控制装置，以减少振动。
第 21 条　生产现场需改进振动设备与工具，以降低振动强度。
第 22 条　生产现场可在地板及设备地基上采取隔振措施。
第 6 章　温湿度管理
第 23 条　生产人员在进行轻体力劳动作业时，可将温度控制在 15~18℃，相对湿度控制在 70% 以下。
第 24 条　生产人员在进行重体力劳动作业时，可将温度控制在 7~17℃，相对湿度控制在 70% 以下。
第 25 条　生产人员在进行脑力劳动作业时，可将温度控制在 10~17℃，相对湿度控制在 70% 以下。
第 7 章　附则
第 26 条　本制度由生产部负责编制、解释与修订。
第 27 条　本制度自 ×××× 年 ×× 月 ×× 日起生效。

6.1.3　现场 9S 管理

现场 9S 管理是指整理（Seiri）、整顿（Seiton）、清扫（Seiso）、清洁（Seiketsu）、节约（Saving）、安全（Safety）、服务（Service）、满意（Satisfaction）和素养（Shitsuke）共九个方面的管理。

1. 现场 9S 管理各要素含义及说明

现场 9S 管理各要素含义及说明如图 6-1 所示。

表 6-1　现场 9S 管理各要素含义及说明

要素名称	含义	说明
整理	区分必需品与非必需品，在操作岗位上只放必需物品	整理活动推行程序 ◆ 现场检查 ◆ 进行定点摄影 ◆ 区分必需品和非必需品 ◆ 清理非必需品 ◆ 处理必需品 ◆ 每天循环整理
整顿	将必需品放置在任何人都能方便拿取的位置，最大限度地缩短寻找和放回的时间	整顿活动推行程序 ◆ 分析生产现状中存在的问题 ◆ 按照物品特征、性质和类别对物品进行分类 ◆ 确定物品储存的方法 ◆ 对工作场所、生产现场设备、工序、工位和机台、仓库和检查现场进行定制

（续表）

要素名称	含义	说明
清扫	规范生产现场的清扫工作，保证设备干净、环境整洁	清扫活动实施程序 ◆ 确定清扫的对象 ◆ 确定清扫承担者和清扫办法 ◆ 建立清扫标准和制度 ◆ 准备清扫用具 ◆ 实施清扫工作
清洁	生产现场清洁活动的推行	清洁活动实施程序 ◆ 确定清洁标准 ◆ 进行员工教育 ◆ 进行整理 ◆ 进行清洁并明确负责人 ◆ 定期检查
节约	合理利用时间、空间、能源等，并发挥其最大效能	生产现场经常存在的七大浪费现象：等待的浪费、搬运的浪费、修理的浪费、动作的浪费、过多处理的浪费、库存的浪费和过量生产的浪费
安全	生产现场操作人员及现场管理人员的操作符合企业各项安全制度和标准，保证员工在生产作业过程中的安全与健康，避免人身与财产受到侵害，确保无意外事故发生	◆ 符合政府下发的有关安全作业的标准 ◆ 遵循本行业的安全要求标准 ◆ 各企业实施安全生产教育，做好各类安全标识和定期巡视工作，消除安全隐患
服务	制定部门工作的优先顺序并营造和谐的人际关系，妥善处理生产现场后道工序的投诉，及时确定责任人并采取措施	投诉处理程序 ◆ 明确前后工序之间具体的投诉途径 ◆ 排除潜在的投诉 ◆ 将投诉内容进行分析和统计，找出原因并研究对策 ◆ 确定责任范围 ◆ 及时处理投诉，制定防止投诉再次发生的对策
满意	及时诊断现存问题，发掘潜在问题，了解生产人员的需求，营造良好的沟通气氛	员工年度满意度调查程序 ◆ 发放调查问卷 ◆ 收集调查问卷 ◆ 处理调查结果 ◆ 提出提高生产人员满意度的意见及建议 ◆ 留档备查
素养	将员工培养成为遵纪守法、牢记 9S 管理规范的人，并加强企业内部的素养活动管理	素养活动推行程序 ◆ 明确素养的目的 ◆ 制定相关的规章制度 ◆ 实施员工培训 ◆ 检查素养效果

2. 现场 9S 管理实施

（1）成立 9S 推行委员会，并明确委员会的职责。

（2）拟定推行方针及目标，作为检查的依据。

（3）确立规章制度和相关标准并在企业网站和宣传栏内公布，对9S管理内容进行广泛宣传。

（4）由管理者动员全体人员积极学习9S管理的相关知识，并对实施的方法进行培训。

（5）调动全员参与，在企业中推广9S管理。

（6）定期对9S管理的实施情况进行检查，并开展评比活动。

（7）总结前期活动的结果，制定改善措施，并持续、深入地进行9S管理的实施工作。

6.1.4 现场看板管理

为了加强对生产现场的管理，随时了解现场的生产信息，掌握作业任务，避免信息传递的遗漏，企业需要使用看板对现场进行管理。下面是现场看板管理实施方案示例，仅供参考。

现场看板管理实施方案

一、实施目的

为了规范现场看板管理，及时传递作业指令和生产信息，提高生产效率，特制定本方案。

二、看板管理分工

生产部经理负责组建看板管理小组。

（一）小组人员构成

看板管理小组成员由生产现场各部门人员构成，至少应包括五类人员：生产经理、生产主管或车间主任、物料管理人员、生产作业人员及其他相关人员，小组成员人数应为5~8人。

（二）小组的主要职责

1. 召开看板管理项目会议。

2. 制订并实施看板管理计划。

3. 监督并向上级汇报看板管理实施进展情况。

三、制定看板管理实施的日程

1. 看板设计与制作时间。

2. 安装看板所需时间。

3. 看板管理实施时间。

4. 相关培训实施时间。

（续）

四、编制与审批看板管理预算

看板管理小组负责编制看板管理预算，交总经理及财务部进行审批。看板管理预算主要包含下列四项费用。

1. 制作看板的费用。

2. 安装看板的费用。

3. 其他相关硬件投入的费用。

4. 看板投入使用后的维护费用。

五、开展看板管理培训

（一）培训目的

1. 使现场生产人员了解看板管理的运行与预期效果。

2. 介绍相关人员在看板管理中承担的职责。

3. 使生产人员掌握现场看板的使用方法。

（二）培训步骤

1. 沙盘演练，展示各类看板的设置位置与特殊看板的运行情况。

2. 详细列举看板管理中的各种状况与应对措施。

3. 进行实战演练。

六、实施看板管理

1. 培训结束后，看板管理小组负责确认现场看板制作、安装是否完成，并进行看板测试。

2. 预估看板实施中可能出现的错误和失误，制定处理预案。

3. 规定相关部门及人员在看板管理实施各阶段的相应职责。

4. 实施看板管理，并监督跟进看板管理的实施情况。

七、看板管理改进

1. 看板管理实施后，看板管理小组组织看板管理评价，并检验看板管理的实施情况。

2. 根据看板管理的不合格项与现场生产人员的反馈信息，制定看板管理的改进措施。

3. 看板管理小组负责组织执行改进措施，并修改相应的操作规范与制度。

生产现场安全管控制度和生产现场人员管控制度示例，扫描下方二维码即可查看。

生产现场安全管控制度　　　　生产现场人员管控制度

6.2 生产作业管控

6.2.1 班组作业计划

当企业将生产任务下发到车间后，各班组长需根据车间的生产任务编制各个员工的具体作业计划，将生产任务落到实处。下面是班组作业计划示例，仅供参考。

班组作业计划

一、目的

保证生产计划的正常运行，将生产计划细化到车间和班组、分配到作业人员身上，确定生产任务的责任人，确保生产订单的交期。

二、作业人员安排

1. 生产部经理：负责指导与监督班组作业计划的编制、执行和调整工作，并初步审核班组作业计划。

2. 生产计划人员：负责执行班组作业计划的编制、分解与调整工作。

3. 班组长：负责落实班组作业计划，指导作业人员完成生产任务。

4. 作业人员：负责按班组作业计划实施生产。

三、班组作业计划安排

（一）周计划

各班组长根据生产订单为作业人员规划好每天的工作任务，要求其按时、保质、保量完成，对于未完成的作业要问清原因，总结问题的根源，以及时调整作业任务安排。

（二）月计划

1. 每月班组长对作业人员的工作情况进行总结分析，针对生产过程中出现的问题，提出改善措施。

2. 各班组长在每月的最后一天或者下个月的第一天向生产部经理汇报当月或上月的生产情况，生产部经理根据班组反馈的数据，结合生产订单实际情况对班组作业计划进行适当调整。

（续）

（三）季度计划

1. 生产计划专员对年度班组作业计划的内容进行合理分解，并据此编制季度班组作业计划。季度班组作业计划的主要内容包括下一季度的生产目标、产品类型、质量要求、交期等。

2. 班组长执行季度计划时，要提前安排好人力物力。

（四）年度计划

1. 生产部经理指导生产计划人员编制年度班组作业计划。年度班组作业计划的编制依据如下。

（1）上一年度班组生产任务的完成情况。

（2）未完成合同订单情况。

（3）潜在的订单预测情况。

（4）班组生产产能状况及企业发展的总体要求。

2. 生产部应于___月___日前完成年度班组作业计划草案，并上报生产部经理审批。生产部按生产部经理批复结果进行调整、完善，并形成正式的年度班组作业计划。

四、作业计划执行

（一）生产计划执行监督

生产计划主管、班组长监督班组作业计划的完成情况，定期向生产部经理报告，并根据生产部经理的批示调整生产计划。

（二）生产计划调整

1. 生产计划开始执行前，生产部相关人员应对班组作业计划进行讨论，找出计划中存在的风险及问题，并加以调整，确保计划的可行性与科学性。

2. 在生产过程中，如出现以下意外情况，生产部可临时调整班组作业计划。这里要注意调整后的计划须经生产经理审批后才能下发班组。

（1）生产合同变更。

（2）生产设备故障或生产事故导致生产中断。

（3）物料供应不足。

（4）其他不可抗力因素。

五、作业计划总结

1. 班组长根据班组作业计划完成情况，比较计划与实际情况的差距并进行分

（续）

析，进而提出改进意见。

2. 班组长对班组作业计划各项指标进行分析，每月一小结，查找班组作业计划未达成的原因，将突出的重点问题上报生产部经理，同时对存在的问题予以改善，并检查改善效果，以不断提高班组作业计划达成率。

6.2.2 生产作业调度

为了保证生产人员按时到位，生产原料及设备及时供应，生产车间保质、保量地在交货期内按时交货，企业需要做好生产作业调度工作。生产作业调度的实施步骤如图 6-1 所示。

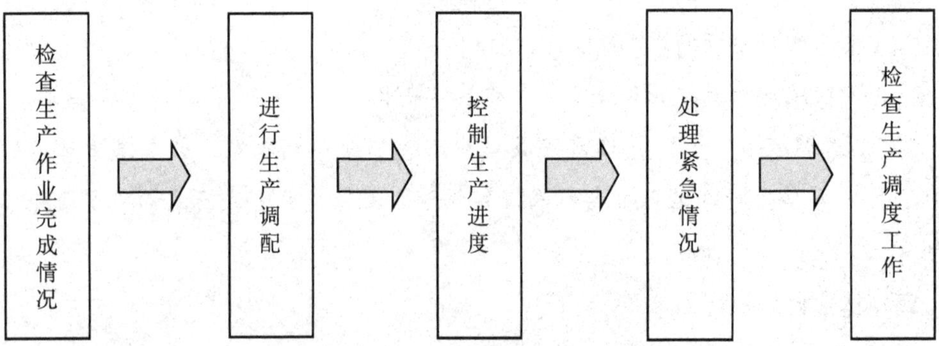

图 6-1 生产作业调度的实施步骤

1. 检查生产作业完成情况

生产部相关人员需对生产过程的各个环节包括原材料、零件、部件、半成品的投入和出产情况进行全面掌握，及时发现生产作业计划执行中的各种问题，并采取有效措施进行解决。

2. 进行生产调配

根据生产需要，从现有人力资源的实际出发，合理配置各车间各岗位的人员，对生产设备、工装用具、生产工具的使用进行统一安排，对车间内部的供应和运输工作实行统一指挥。

3. 控制生产进度

掌握各工序的工作状况和进度，使工序间、班组间、车间之间在制品的流动衔接正常，保证生产的连续性。

负责协调各个生产环节，确保设备正常，原材料、能源供应符合生产要求。组织好班组间的交接班工作，每天上岗时巡视整个作业区，了解生产、设备状况，查阅交接班记录。

4. 处理紧急情况

对生产过程中出现的突发问题进行有效的控制。及时启动应急预案，将突发事件对生产的影响降到最小。

5. 检查生产调度工作

根据生产调度运行报表，检查生产调度工作。根据生产车间的实际生产情况，按照调度统计范围所要求的内容，汇总生产经营活动项目数据。

生产作业安排管理办法示例，扫描下方二维码即可查看。

6. 2. 3　生产作业控制

为了避免交货不及时而影响企业的口碑和信誉，企业需要加强对生产作业进度的管理。下面是生产作业控制制度示例，仅供参考。

生产作业控制制度

第 1 章　总则

第 1 条　目的

为了加强对生产作业的管理，保证完成生产作业计划所规定的产品数量和交货期限指标，结合企业的实际情况，特制定本制度。

第 2 条　适用范围

本制度适用于生产现场作业控制相关工作的管理。

第 2 章　任务分配管理

第 3 条　进度控制的任务分配

1. 生产计划管理人员负责制订产品及主要部件的生产进度计划和投入进度计划。

2. 车间计划人员需要做进一步细化，编制产品的投入产出进度计划。

3. 车间一般需制订工序进度计划。若车间规模大，产品结构复杂，品种多，工序进度计划可由班组编制。

第 4 条　测量比较的任务分配

1. 每个班组设统计员，负责统计每日的生产成果，包括进度计划执行情况、设备的生产作业完工量及每个操作人员的作业完成量和劳动工时。班组统计于每班结束前进行，将统计结果上交车间，有些关键数据可以同时报车间生产统计员。

2. 车间设专职生产统计员，负责汇总处理班组上报的统计资料，统计全车间的生产进度计划执行情况。

第 5 条　措施制定与实施的任务分配

1. 生产调度主管负责企业的生产进度、进度措施的制定和调度指令的发布。

（续）

2. 车间生产调度会议每周至少要召开一次，由车间主任或生产调度组长主持，车间有关人员和班组长参加，研究讨论生产进度和存在的问题，制定控制措施，落实措施负责人及完工日期。

3. 企业生产调度会议每周召开一次，由生产部经理组织，生产总监出席，各车间主任、调度员及企业有关职能部门负责人参加。

第6条 相关职能部门的任务分配

1. 采购部负责原材料和外购件的采购工作，确保投入进度计划的准时执行。

2. 设备管理部负责保证设备的开动率和生产能源供应。

3. 人力资源部负责培训和提供符合要求的生产人员。

4. 质量管理部负责生产过程中的相关检验工作，严格控制不良品率。

第3章 工序进度控制

第7条 按加工路线单的工序顺序进行控制

车间、班组将加工路线单进行登记后，按加工路线单的工序进度及时派工，遇到某工序加工迟缓时要立即查明原因，并采取措施，以保证按时、按工序加工。

第8条 按工序票进行控制

将加工顺序的每一工序开票交给操作人员进行加工，完成后将工序票交回，再派工时重新开一张工序票进行加工。

第9条 跨车间工序进度控制

对于产品跨车间加工时，需加强跨车间工序的进度控制。控制的主要方法是明确协作车间分工及交付时间，由产品加工主要车间负责。

1. 车间要及时登记进账，按加工顺序派工生产。

2. 协作车间要认真填写协作单，并将协作单号及加工工序、送出时间一一标注在加工路线单上。当外协加工完毕、协作单连同产品送回时，主要车间要在协作单上签字，并与协作车间各留一联作为记账的原始凭证。

第4章 投入与出产进度控制

第10条 投入进度管理

1. 对于大量生产投入进度可根据投产指令、投料单、投料进度表和投产日报等进行控制。

2. 既要控制投入的品种、批量和成套性，又要控制投入提前期，所利用的工具有投产计划表、配套计划表、加工线路单等。

第11条 大量生产出产进度控制

1. 主要比较生产日报与出产日期进度计划表，控制每日出产进度、累计出产进度和一定时间内生产均衡程度。

2. 在大量生产的条件下，投入和出产的控制分不开，计划与实际、投入与出产均反映在同一张投入、出产日历进度表上，其既是计划表，又是核算表和投入、出产进度控制表。

3. 对于生产均衡程度，主要利用年均衡率、旬均衡率和月均衡率等指标进行控制。

第12条 成批生产出产进度控制

1. 主要根据产品标准生产计划、出产提前期、产品日期进度表、产品成套进度表和成批出产日期装配进度表等进行控制。

2. 对产品成批出产日期和出产前期的控制，可直接利用月度生产作业计划表。只要在月度作业计划的实际栏中逐日填写完成的数量，即可清楚地了解实际产量与计划产量及计划进度情况。

3. 在成批生产条件下，对产品出产成套性的控制，可直接利用月度生产作业计划，对产品的出产日期和出产提前期进行控制。

第13条 单件小批生产进度控制

根据各项订货合同规定的交货期进行控制，通常直接利用作业计划图表，在计划进度线下用不同颜色的笔画上实际的进度线即可。

（续）

第 5 章　附则
第 14 条　编制单位 本制度由生产部负责编制、解释与修订。 第 15 条　生效日期 本制度自 ×××× 年 ×× 月 ×× 日起生效。

6. 2. 4　生产作业安全

为了避免生产现场发生安全生产事故，阻碍生产计划，影响企业的生产经营活动，企业需要加强生产作业安全的管理。下面是生产作业安全管理制度示例，仅供参考。

生产作业安全管理制度
第 1 章　总则 第 1 条　目的 为了做好生产作业安全管理，保证作业人员的人身安全和企业的财产安全，确保生产目标顺利实现，结合企业实际情况，特制定本制度。 第 2 条　适用范围 本制度适用于生产作业安全方面的管理工作。 第 2 章　作业安全培训管理 第 3 条　安全生产培训内容 1．安全生产意识。 2．安全生产相关法律法规及各项规章制度。 3．安全生产技术，如安全技术知识、卫生知识、消防知识、危险地点与设备的安全防护、电气安全技术和触电预防内容等。 第 4 条　安全生产培训方式 1．相关安全知识讲解。 2．现场安全技术演示。 3．事故案例分析讨论。 4．现场作业情景演练。 第 5 条　安全生产培训考核 培训结束后，人力资源部应及时组织考试，向考试通过者颁发证书。考试未通过者应继续参加下次培训，直至培训考试合格为止。 第 3 章　作业安全检查管理 第 6 条　检查思想 1．检查现场人员对安全生产的认识与责任心。 2．检查现场人员能否从存在安全隐患的问题及安全事故中吸取教训。 第 7 条　检查管理 1．检查现场管理人员是否正确处理安全与生产的关系。 2．检查员工的安全生产教育执行情况，管理人员能否严肃处理安全生产问题，并落实整改措施。 第 8 条　检查执行 1．检查各项安全生产制度的执行情况，有无违章指挥、违章作业的现象。 2．检查各车间、班组是否制定相应的安全操作规程并严格遵照执行。

（续）

第9条　检查记录

1．检查各项工序操作是否按时记录。

2．检查各项原始记录凭证是否如实、准确。

第10条　检查环境

1．检查机械、仪表、厂房、通道、安全装置和消防器材等安全状况是否良好。

2．检查工位、器具堆放是否整齐。

3．检查员工劳保用品穿戴、保管是否良好，消防通道是否畅通。

第4章　作业人员安全管理

第11条　作业安全防护管理

1．生产人员在进行生产作业前，要做好头部的防护工作，佩戴安全帽、头盔、护目镜、口罩等防护用具，防止坠落物造成的砸伤与机器部件对头部的碰撞，避免生产现场中粉尘碎屑的吸入。

2．生产人员进入工作现场要穿工作服。工作服一般采用耐火、抗拉的材料，以保护生产人员。

3．在特殊的生产现场，生产人员要佩戴防毒面具，以有效保护生产人员的呼吸系统。

4．在高温的生产现场，生产人员要穿戴隔热服。

5．在有辐射的生产现场，生产人员要身穿防护服，佩戴防护眼镜，最大限度地保护人体不受辐射的影响。

第12条　生产作业安全要求

1．在作业前详细了解作业内容、作业部位及周围情况，参与作业风险分析、安全措施的制定和落实。

2．明确作业任务和作业安全注意事项。

3．作业完成后，组织检查现场，确认无遗留隐患。

第13条　作业人员要求

1．作业人员必须持有上岗证，特殊作业还应持有相应的作业许可证方能上岗作业。

2．作业人员必须随身携带安全作业许可证，严禁无证作业及审批手续不完备的作业。

3．作业人员应在实施作业前主动向作业点所在部门当班领导交验安全作业许可证，经其签字验证后方可进行作业。

4．作业人员接到安全作业证后，应核对证上各项内容是否落实，审批手续是否完备，若发现不具备条件时，有权拒绝作业。

5．在作业过程中，作业人员必须遵照“安全作业规程”进行作业，不得随意更改操作流程及作业进度。

第5章　作业安全事故处理程序

第14条　及时报告上级

事故发生后，现场人员不要惊慌失措，应立即抢救伤员并报告上级领导，防止事态进一步扩大。

第15条　保护现场和重要证据

1．现场人员应保护好现场和重要证据，任何人不得破坏事故现场、毁坏有关证据。

2．因事故抢救、防止事故扩大而需要移动事故现场物件时，应当做出标志并拍照记录。

第16条　安全事故初步分析

安全管理部对于现场事故进行初步分析，根据人员伤亡情况确定事故级别。

第17条　调查事故现场

1．事故上报后，根据总经理批示，由安全管理部进行事故调查。

2．安全管理部应通过现场勘查、调查询问、查阅记录等方式收集事故有关材料。

第18条　分析事故原因及责任

1．分析事故的直接原因、间接原因和主要原因。

2．分析事故的直接责任者、领导责任者和主要责任者。

第19条　实施处理方案及整改措施

安全事故处理方案及整改措施经总经理审批通过后，由安全管理部组织生产部相关人员配合执行。

（续）

第 6 章　附则
第 20 条　编制单位 本制度由安全管理部负责编制、解释与修订。 第 21 条　生效日期 本制度自 ×××× 年 ×× 月 ×× 日起生效。

6. 2. 5　生产成果管理

为了保证企业生产的产品能够满足市场需求，规范生产制造过程，确保产品质量稳定且处于受控状态，企业需要对生产成果进行以下七个方面的管理，具体内容如表 6-2 所示。

表 6-2　生产成果管理内容

管理内容	说明
现场管理	通过对生产现场的各项作业进行优化和改进，达到持续提高管理水平，提升生产效率和降低生产成本的目的
成本管理	◆ 明确划分质量成本管理权责，提高员工的质量成本意识 ◆ 建立质量成本的指标体系，具体指标包括预防成本率、鉴定成本率、内部故障成本率、外部故障成本率、质量成本率、产值收入质量成本率等 ◆ 明确质量成本的薄弱环节，提高对薄弱环节的检测频率，分析薄弱原因，执行薄弱环节改进措施 ◆ 加强对不合格品的管理，降低不合格品率
品质管理	◆ 建立规范的产品质量标准体系，及时进行相关质量体系认证 ◆ 通过不断改进产品品质的统计技术，及时发现与产品品质相关的问题，从而提出有效的产品品质改进措施 ◆ 加强对原料供应的检验，确保每次购进的原料均符合品质要求
设备管理	◆ 严格按照设备使用说明书和操作规程进行操作 ◆ 根据设备的性能和保养要求，定期对设备进行保养 ◆ 定期进行设备点检，及时发现设备可能存在的问题，消除隐患
物料管理	◆ 根据生产现场对物料的使用频率存放物料，及时清理不再使用或使用频率很低的物料 ◆ 根据搬运物料的特点，采用多种物料搬运方法，以降低物料搬运对体力的消耗和对搬运工具的损耗
安全管理	◆ 增强现场人员的安全意识，制定安全管理制度和规范 ◆ 开展设备安全操作培训，严格按照操作规程进行操作
人员管理	◆ 现场作业人员应熟练掌握工序操作知识、基本的设备保养知识及其他知识 ◆ 现场管理人员应熟悉管理范围的工序、设备等，并掌握基本的管理知识

生产标准化作业考核方案示例，扫描下方二维码即可查看。

6. 2. 6 异常信息管理

生产异常信息是指生产车间停工或生产进度延迟等情形的数据或资料。为了规范管理企业生产过程中的异常信息，首先要识别生产中都有哪些异常信息，然后制定解决办法。

1. 异常信息分类

（1）计划异常信息。生产计划临时变更或安排失误等异常信息。

（2）物料异常信息。物料供应不及时（断料）、物料质量有问题等异常信息。

（3）设备异常信息。设备、工装不足或有故障等异常信息。

（4）质量异常信息。生产产品出现的质量问题等异常信息。

（5）产品异常信息。产品设计或其他技术问题等异常信息。

（6）水电异常信息。水、气、电系统出现的异常信息。

（7）工时异常信息。因上述异常导致的待工、返工、加班等异常信息。

2. 异常信息处理

企业可参照以下七点内容，处理生产作业过程中存在的异常信息。

（1）当出现上述异常信息时，班组长应立即通知生产技术部或相关责任部门前来研拟对策加以处理，并报告直属上级。

（2）生产车间会同生产技术部、班组采取临时应急对策并加以执行，以降低异常的影响。

（3）异常排除后，生产车间填写生产异常报告单，并交班组长确认。

（4）班组长制定异常处理的对策，以防止异常重复发生，并自留生产异常报告单的第一联，将其余三联退还生产车间。

（5）生产车间接到班组的生产异常报告单后，自留第二联，将第三联交给生产管理部，将第四联交给财务部。

（6）财务部保存生产异常报告单，作为向供应商索赔的依据及制造费用统计的凭证。

（7）生产管理部保存生产异常报告单，作为生产进度管制控制点，并为生产计划的调度提供参考。

6. 2. 7　非计划下的生产作业管理

为了满足非计划的生产需求，避免延误计划下的生产作业，企业需要合理安排非计划下的生产作业。管理非计划下的生产作业时需要遵循一定的步骤，具体如图 6-2 所示。

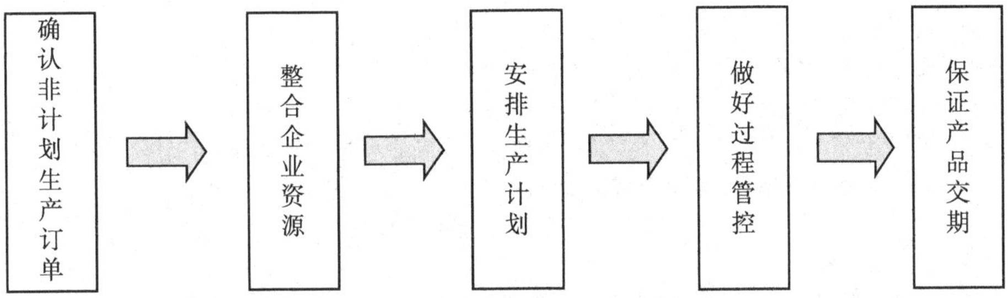

图 6-2　非计划下的生产作业管理实施步骤

1. 确认非计划生产订单

当非计划下的生产订单下达后，生产部要确认生产订单中的内容、规格、数量、交期等，确认企业是否有能力进行生产，以及是否能为非计划下的生产订单安排相应的生产人员。企业有能力进行生产的，可接受非计划下的生产订单。

2. 整合企业资源

确定生产订单可以按期进行生产后，生产部要整合企业的所有资源，保证生产作业按期完成。

3. 安排生产计划

合理安排计划下和非计划下的生产作业，以及生产部各岗位的生产任务，使工作人员各尽其责，分工明确，保证工作流程畅通。根据生产订单的交期，安排生产的先后顺序，分清主次，及时应对突发的订单。

4. 做好过程管控

在生产的过程中，要做好过程管控，既要保证正常的生产作业，还要按期完成非计划下的生产作业，若遇到突发问题，要及时上报，并及时解决，避免延误订单的交付。

5. 保证产品交期

在生产的过程中，要做好交期管理，可通过加班、调岗或者招聘临时作业人员来保证产品的按时交付。

6. 2. 8　现场不良品管理

不良品是指由于设计、加工、总装配、测量器具、检查方法、规格设定等方面的失误，导致在制造过程中产生的不良产品。下面是现场不良品管理办法示例，仅供参考。

现场不良品管理办法
第1章 总则 第1条 目的 为了防止生产现场由于疏忽而使用或发运不良品，规范不良品的管理工作，争取处理时效，提升产品质量，根据企业的实际情况，特制定本办法。 第2条 适用范围 本办法适用于生产现场不良品（半成品和成品）的控制与处理工作。 第3条 职责权限 1. 质量管理部负责不良品控制程序的实施，并监督不良品的筛选、标识和隔离工作。 2. 生产部负责不良品的筛选、标识和隔离工作。 **第2章 不良品的鉴别、标识** 第4条 不良品的种类 根据不良品的性质，不良品主要可分为性能不良品、机能不良品、外观不良品和包装不良品四大类。 第5条 不良品判断 1. 产品质量级别如下。 （1）A级。产品特性完全符合质量规格要求。 （2）B级。产品部分特性偏离质量标准规格要求，但目前使用上无问题，鉴于成本、交货期等方面的考虑，暂时维持现状，视时机进行改善。 （3）C级。产品特性完全不符合品质规格的要求，需要立即改善。 2. 运用恰当的检测手段进行判定，区分不良品。 3. 判定时要具体注明不良品的比率、发现经过等。 第6条 不良品标识方法 1. 对于返工、返修、让步品，用记号笔或标签等直接在产品上做标记或置于不良品箱中，对于大件不良品要标记黄色单独存放。 2. 对于降级成品，用记号笔或标签等直接在产品上或包装箱上做标记。 3. 对于废品要标记红色或挂标签置于废品箱中。 **第3章 不良品的处理** 第7条 不良品让步接收处理 不良品做让步接收处理的，由责任者在不良品处理单上提出不良品的处理建议和申请。 第8条 不良品返工、返修处理 不良品做返工、返修处理的，按下述步骤进行。 1. 质检人员开具不良品处理单，送交车间主任。 2. 车间主任安排返工、返修人员，并要求在不良品处理单送达___周内完成返工、返修工作。 3. 返工、返修人员做好返工、返修品不同时间的隔离和标识工作。 4. 返工、返修品处理后须经质检人员复检合格后放行，并做好复检记录。 第9条 不良品降级处理 不良品做降级处理的，由质检人员直接在不良品处理单上注明。降级成品可以在固定的配件市场上销售。 第10条 不良品报废处理 不良品做报废处理的，由质检人员直接开具不良品报废申请单，上报审批，并做好不良品的标识和隔离工作。 **第4章 附则** 第11条 编制单位 本办法由质检部负责编制、解释与修订。 第12条 生效日期 本办法自××××年××月××日起生效。

第 7 章 生产能耗与环保管理

7.1 生产能耗管理

7.1.1 生产能耗的计算管理

生产能耗是指企业总能耗与生产总值之比，即每生产万元生产总值所需消耗的能源数量。它是衡量能源利用水平与效率的综合性指标，反映企业经济结构与能源利用效率的变化。企业应合理计算生产能耗，实现节能减排。

1. 生产能耗的计算范围

计算生产能耗可采用的原始数据来源于能源计量器具读数记录、能耗在线检测系统数据记录、能源统计报表等。生产能耗的计算范围应包括以下内容。

（1）生产能耗的计算范围包括生产中实际消耗的一次能源及二次能源等各种能源，也包括用作原材料的能源。

（2）耗能工质消耗的能源也应纳入生产能耗计算，主要包括新水、软化水、压缩空气、氮气等。

（3）能源及耗能工质在用能单位内部储存、转换及分配供应（包括外销）过程中的损耗，也应计入生产能耗。

2. 生产能耗的计算边界

企业在计算生产能耗时，应根据计算目的与实际情况确定合适的计算边界。计算边界一经确定，在后续生产能耗的计算中就不能改变。常见的生产能耗计算边界划分如图 7-1 所示。

- 依据生产系统划分 → 边界内包括主要生产系统、辅助生产系统及附属生产系统
- 依据地理位置划分 → 边界内包括企业内所有建筑物内的用能系统、设施及设备
- 依据组织结构划分 → 边界内包括企业内所有组织结构隶属部门内的用能系统

图 7-1 生产能耗计算边界划分

3. 生产能耗的计算原则

企业在计算生产能耗时，应遵循以下原则，具体内容如图 7-2 所示。

- 合规性 → 生产能耗计算的能源种类必须符合国家能源统计等要求
- 完整性 → 生产能耗的计算应包括生产过程中实际消耗的全部能源与耗能工质，不得遗漏、重复
- 准确性 → 生产能耗的计算应准确反映企业真实的、可计量的、可核查的能源消耗量
- 一致性 → 计算生产能耗时，计算边界、计算方法及计算范围应前后保持一致

图 7-2 生产能耗的计算原则

4. 生产能耗计算的影响因素

为了使计算结果更加准确、合理地反映企业生产能源的使用情况，企业在计算生产能耗时，应排除干扰因素。经常会影响生产能耗计算结果的因素有以下几种。

（1）能源属性差异。由于各种能源属性不同，其利用程度也不同，所以能够生产的产品数量也会有所差异，最终会影响生产能耗计算结果。例如，用原煤与天然气来发电，在产出相同价值的电的情况下，因原煤的产出率较低、损耗较高，所以用原煤发电的能源量远高于天然气，这就会影响最终能耗的计算结果。

（2）企业生产要素占比。企业的生产要素所占比例，也影响企业生产能耗的计算结果，如果企业在生产中的科技占比较小，劳动力占比较大，能源要素占比较大，那么生产能耗计算结果就会相对较高。如果企业在生产中的科技占比较大，能源要素占比较小，高科技人才占比较大，那么生产能耗计算结果就会相对较低。

（3）企业技术水平。生产能耗的计算结果与企业的设备技术装备水平、能源利用技术水平和能源生产水平等息息相关。设备技术装备、能源利用技术及能源生产技术等水平越高，所消耗的能源就会越少，生产能耗也会越少。

7. 1. 2　生产能耗的控制方案

为了降低生产成本，实现生产规模的进一步扩张与企业的进一步发展，获取更高的经济效益与社会效益，增强企业竞争力与可持续发展能力，企业必须对生产能耗进行控制。下面是生产能耗控制方案示例，仅供参考。

生产能耗控制方案

一、目的

为了增强企业的盈利能力，降低经营成本，控制生产能源消耗指标，提高企业的经济效益，巩固企业现有经营成绩，增强企业持续发展动力，特制定本方案。

二、执行时间

××××年××月至××××年××月。

三、生产能耗控制内容

生产能耗控制内容主要包括水电、设备、人员及能源等。

四、生产能耗控制措施

（一）水电控制措施

1. 尽量避免长明灯与白昼灯现象。各车间、仓库、厂房要做到光线好时不开灯，人走时随手关灯，不必要时不开灯。

2. 生产岗位增加电机变频器的使用时间，降低用电率。

3. 根据实际情况设置生产用电负荷，一旦遇到超负荷情况，就采取断电措施，以保证变压器安全。

4. 车间内所有用电设备由专人管理，每日不定期巡检，杜绝设备空载运行，一旦发现违规情况，就立刻采取相应措施。

5. 车间内应有专人定期巡查，杜绝长流水与漏水现象的发生。

6. 防止机封水等循序用水漏水，禁止非生产用水干扰生产进程。

7. 未经允许，禁止向地面、路面及非生产区域直接排水。

（二）物料管控措施

1. 制订合理的物料供应计划，并按计划要求及时供应物料，实现生产工序的有序衔接，避免停工、怠工现象出现。

（续）

2. 规范车间物料领用流程，所有物料使用人员应凭有效领料单领取物料。

3. 物料由专人统一管理，严格把控物料领取数量、质量，对不符合物料领取的人员，不向其发放物料。

4. 生产岗位要做好所有物料的周转、防护工作，杜绝人为原因造成生产浪费。

5. 合理使用各种检修物料，做到不浪费、不乱丢。

6. 对于可重复使用或者可回收利用的物料采取以旧换新原则，对运维原因加强力度考核。

7. 严格把控生产辅料的使用，做到物尽其用，避免浪费。

8. 建立专人负责制，将物料管理落实到人，并严格执行物料控制奖惩制度。

（三）设备优化措施

1. 生产车间应加强巡检，坚决杜绝设备超载、空载运行，杜绝跑、冒、滴、漏现象的发生。

2. 针对设备具体运行情况，对设备的控制责任到人、责任到岗，根据生产实际情况限时开启和关闭，并且加强巡检频率。

3. 根据车间生产情况需要，不断对设备进行改进与完善，使设备效率达到最大限值，提升设备利用率。

4. 对生产车间设备不断进行优化，淘汰生产效率低、维修养护成本高的设备，避免不必要的设备支出。

5. 制定并执行设备使用规范，规范生产设备操作，定期对生产设备进行维护，及时处理设备故障，以保证设备的正常运行，从而防止因设备原因引起的物料浪费。

（四）人员优化措施

1. 根据生产情况，合理控制出勤与调配人员，以充分利用人员。

2. 加强员工操作技能培训，提升产品质量，减少次品与废品的产生。

3. 加强生产环节进程控制，合理组织、优化和缩短生产流程时间。

4. 定期对员工进行培训，提高员工节能降耗意识，发挥员工主观能动性，从人员方面减少浪费。

5. 建立健全监督机制，对在生产过程中发生的各种行为进行监督，并根据监督结果做出相应处理。

（五）能源控制措施

1. 完善能源管理制度，在制度中明确能源管理责任人、标准耗用指标、考核方

（续）

法及控制目标等。

2. 根据生产作业时间做好生产用气供应工作，做好各类气阀、电源开关分控与总控的开关工作，减少管道内的余气无功消耗。

3. 根据生产需要做好月度用油计划，控制当月生产用油耗用量，避免浪费，若当月生产用油有结余，可放入下月计划继续使用。

4. 做好煤炭管理工作，制定煤炭管理制度，对不同用处的煤炭数量明确消耗指标。

五、其他

1. 本方案主要由生产部制定并执行，其他相关部门予以协助。

2. 对于在能耗控制过程中提出合理意见并被采纳的员工给予物质奖励，对于在能耗控制过程中未尽职尽责或者起到相反作用的员工给予一定处罚，若情节严重，企业有权追究其责任。

7.1.3　生产能耗的分析与改善

为了降低生产成本，节约生产资源，提高资源利用率，企业应对生产能耗的计算结果与控制结果进行分析并据此做出改善。在此过程中，企业应使用正确的分析方法，并制定相应的改善措施。

1. 生产能耗分析内容

企业应对电、水、煤、油等生产能耗内容进行分析，具体说明如图 7-3 所示。

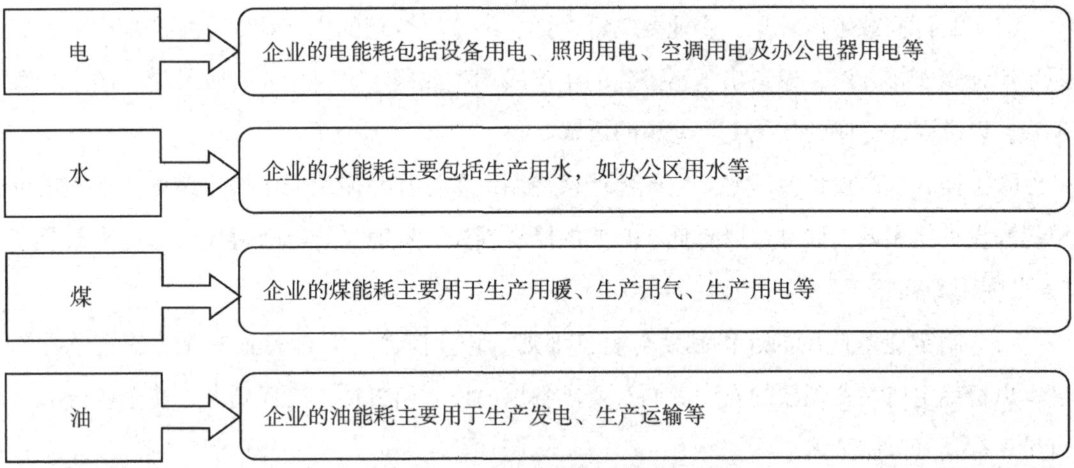

图 7-3　生产能耗分析内容

2. 生产能耗分析方法

企业在生产过程中常用的能耗分析方法有节点分析法、调查分析法和对比分析法，具体内容如表 7-1 所示。

表 7-1 生产能耗分析方法

方法名称	具体解释	应用举例
节点分析法	将生产过程中的各个环节依次转换为多个节点，然后对节点上的能耗合理性进行分析与计算，找出节点中的突出问题及低效点，并针对此制定相应的改进措施	以生产传送系统为例，生产传送系统分为人力传送系统与设备传送系统。设备传送系统包括电机、传送带及分拣装置等，通过对每一个传送设备进行状态运行监测，收集数据并进行计算与处理，分别算出每个节点上的系统能耗，然后进行分析与优化，找出不合理的点，制定改进措施并实施
调查分析法	按照调查时间可以分为定期调查法与不定期调查法。按照调查对象又可以分为专项调查法与全面调查法。这种方法主要适用于对能耗统计报表进行调查分析	以定期调查法与不定期调查法为例，定期调查法主要是对生产部提交的能耗月度报表、半年度报表及年度报表进行调查分析，这样能够形成较为全面的统计分析报告。不定期调查分析法是企业在生产过程中对某一专项项目展开深入了解时的调查活动，如生产部不定期组织的低效高能耗设备的统计分析、重点用能设备的效率统计等
对比分析法	在前期开展各项统计数据的基础上，采用图表、数据对比等手段，对统计结果进行定量与定性分析。对数据进行统计对比分析是能耗分析工作的重要组成部分	以生产设备为例，对重点监控设备过去半年的生产效率数据进行采集与处理，生成最终分析报告，确定设备管理挖潜点与技术挖潜点，对设备的工作参数进行合理匹配与优化，使得设备利用率提升，能耗降低

3. 生产能耗改善措施

企业在生产过程中可采用以下措施进行生产能耗的改善工作。

（1）制订高效生产计划。企业要制订严谨、高效、合理的生产计划。生产部应严格按照生产计划安排生产，避免出现不必要的生产线调整或因生产时间安排较长导致的生产线停线，以及因此造成的相关生产能源的浪费。

（2）提高生产设备使用率。生产部严格遵循设备操作与使用要求操作设备，这不仅可以提高设备使用率，而且可以降低不必要的能源损失，同时又能有效避免设备的空载及带“病”使用等问题。

（3）制定能源使用的巡检制度与监督细则。企业应制定合理有效的能源使用巡检制度，以避免生产浪费现象的发生。同时要求各部门设立监督员，责任到人，使企业内的所有员工都具有节能意识。

（4）采用先进的生产工艺。在生产过程中，选用先进的、适合的、合理的生产方法及生产工艺，优化项目开工时序，统筹处理临时与长期项目的关系，可以实现有效节能。

7．2　节能环保

7．2．1　节能环保投入计划

为了进一步推进企业能耗与环保管理，促进企业的转型，降低能耗的排放，企业需要加强对节能环保的投入管理。下面是节能环保投入计划示例，仅供参考。

节能环保投入计划

一、目的

为了保证企业在生产运行过程中节能环保投入的顺利实施，改善企业的生产环境，促进企业的生产转型工作，根据企业的实际情况，特制订本计划。

二、计划制订内容

1．绿色生产方面

开展节能降耗工作，提高资源利用效率，进行绿色生产管理，保证生产过程的可持续性。

2．节能减排方面

落实节水、节电、节能，采用先进的污染治理技术，治理生产过程排放的污染物，全面完成节能减排管理。采用先进的工艺技术与设备，改进管理，提高综合利用率，降低消耗和排放，提高效率，实现企业的可持续发展。

3．工作环境方面

营造良好的工作环境，做好企业的环境保护工作，持续改进企业的环境管理体系。

三、计划实施

（一）人员安排

1．生产部

（1）生产部经理的职责如下。

①负责根据企业的生产经营目标，制订生产节能环保投入计划。根据计划的实施环节，编制计划的预算，报财务部审核、总经理审批。

②安排各生产车间的绿色生产任务和节能环保的各项指标，下达工作指令等。

（2）作业人员。作业人员负责实施生产活动，执行节能环保的各项工作要求，进行绿色生产，将节能降耗工作落实到实处。

2．采购部

采购部负责安排采购专员采购绿色、低能耗的物料，采购精密的、精细的生产

（续）

设备；确定符合企业要求的供应商。

3．财务部

财务部负责节能环保投入计划预算的审核工作，判断该费用是否符合要求，给出审批意见。

（二）节能环保投入力度

本次节能环保投入内容主要包括物料投入、设备投入、技术投入、人才投入等，根据财务总估算，该计划总投入___万元，其中物料投入___万元，占总投入的___%；设备投入___万元，占总投入的___%；技术投入___万元，占总投入的___%；人才投入___万元，占总投入的___%。

（三）节能环保各项投入

1．物料投入

企业计划购买绿色的物料作为原材料，所以其需要加大对绿色原料供应商的寻找和关系的维护，保证物料的及时供应和长久支持。

2．设备投入

企业购买低能耗、精密的仪器来保证产品的绿色生产，降低能耗、物料的浪费现象，保证产品的质量，确保企业的经济效益正常实现。

3．技术投入

企业需要引入新兴的技术或者外来技术，利用新技术进行生产或者改善，达到节能环保的要求。对于引入的新技术，要不断地进行测试，保证新技术与企业的发展相适应，达到节能环保的目标要求。

4．人才投入

企业需要引进相关的人才或者培养企业内部人员。

（四）节能环保考核指标

1．经济效益指标

（1）营业收入___万元。

（2）综合总成本费用___万元。

（3）净利润___万元。

2．环保效益指标

（1）废气废水排放量___吨。

（2）违法行为0次。

（续）

> （五）计划实施时间
>
> 本计划于 ×××× 年 ×× 月 ×× 日开始实施。
>
> **四、补充说明**
>
> 1. 建立节能工作机制
>
> 企业要重视节能环保工作，并将其纳入企业的工作目标中，成立节能环保工作小组，对各项任务指标进行细致分工，责任到人。小组负责人全面组织协调各项节能工作的实施，并在年底组织考核，对工作人员节能环保工作的情况进行总结，据此进行奖惩，保证节能工作的顺利实施。
>
> 2. 加大内部宣传力度
>
> 企业要开展多种注重实效的节能环保宣传活动，深入宣传节能环保的重要意义，以提升企业内部员工的节能环保意识。
>
> 3. 落实节能环保举措
>
> 企业要加快节能环保的步伐，积极开展研发工作，提升企业的自主研发能力。要购买仪器设备及新产品、新工艺开发的研究设备，配备相关的研发人员，逐步形成完善的节能环保工作的平台。

7.2.2　节能环保的数据管理

在节能环保投入计划实施过程中，企业要定期对节能环保的数据进行统计分析，以发现节能环保投入计划出现的问题。

1. 数据的统计

节能环保计划在实施过程中会涉及诸多数据，如节能环保投资数据、费用支出数据、流动资金数据、银行贷款数据、利润总额、净利润、所得税、污水排放量、废气排放量等，应将这些数据进行统计，以便企业做进一步分析。

2. 数据的分析

（1）判断数据是否达到预期

分析节能环保数据是否达到了预期要求，是否偏离了计划要求。

（2）进行数据对比分析

将不同阶段的数据进行对比分析，判断数据变动幅度，如排放量是否减少、利润总额是否持续稳定增加、费用支出是否控制在合理的范围之内。

（3）分析存在的问题

从节能环保数据分析节能环保投入计划存在的问题，如是否造成了成本的增加及利润的下降，是否真正发挥了作用，是否能进行可持续的发展，企业是否能够继续支持节能环保投入计划。

7.2.3 低能耗生产计划

为了建设资源节约与环境友好型企业，控制企业生产能耗，打造低能耗高效率企业，让有限的资金发挥最大的效益，减少浪费与消耗，切实保障生产供给，推进低能耗生产工作，企业应制订低能耗生产计划。下面是某企业的低能耗生产计划，仅供参考。

低能耗生产计划

一、目的

为了更好地落实低能耗生产计划，贯彻能源管理方针，使全体员工树立资源节约与环保意识，特制订本计划。

二、人员安排

为推进低能耗生产计划有效落实，企业成立了以总经理为组长、副总经理为副组长、各部门主管为成员的专项小组。

三、时间安排

1. 本年度1～4月为计划初步进行阶段。

2. 本年度5～8月为计划深入执行阶段。

3. 本年度9～12月为成果巩固阶段。

四、低能耗生产目标

1. 结合本企业的实际情况，计划本年度生产能耗总值相较上年度而言，总体降低____。

2. 初步建立低能耗长期管理有效机制。

五、低能耗生产具体措施

（一）强化低能耗目标责任管理

1. 全面评估企业生产能源利用现状，认真分解落实低能耗指标任务，将低能耗生产目标落实到各个部门，并加强督促检查与目标考核。

2. 加大对重点耗能部门的低能耗生产管理，建立健全生产能源审计和能源利用状况报告机制，加快推动各部门低能耗生产管理。

（续）

（二）建立生产能耗动态监管体系

1. 全面开展生产能耗计量统计工作，进一步加强和改善生产能耗统计管理，落实生产能耗计量统计专门人员，保证生产能耗计量统计的准确完善，定期对其进行分析并提出可行性意见。

2. 逐步开展生产能源审计工作，对本企业内生产耗能设备进行全面检查，分析生产耗能设备的节能潜力；对本企业用能系统、设备的运行及使用能源状况进行审计，根据审计结果采取提高能源利用效率的措施。

（三）推广低能耗生产技术

1. 对于高能耗的生产设备，采用先进的生产科学技术，对其进行节能改造，使其能够满足低能耗生产要求。若改造成本高于更新成本，可直接淘汰。

2. 开展绿色生产活动，应用节能新生产设备，降低生产能耗。

（四）强化节能宣传和示范推广

1. 定期进行低能耗生产培训工作，并对培训结果进行考核，对未通过考核的员工给予一定处罚。

2. 充分利用现有资源，开展宣传与示范推广工作，进行低能耗生产宣传，提升全体员工低能耗生产意识。

（五）制定低能耗生产制度

1. 制定生产能耗统计和报告制度，按照既定要求记录生产能耗数据，建立统计台账，并及时做好数据上报与分析工作。

2. 建立低能耗生产工作激励和约束机制，实行奖优罚劣，强化全体员工低能耗生产意识。

（六）健全低能耗生产工作管理体系

1. 明确节能绩效考核评估方法，将年度低能耗生产目标纳入绩效考核评估体系，实行量化考核评分，并将考核结果作为年度绩效考核的参考依据之一。

2. 建立企业低能耗生产工作小组，明确工作职责，以切实加强对低能耗生产工作的管理，责任到人。

（七）完善生产工艺与生产流程

加强对生产过程的管理，通过完善生产工艺与生产流程，以此减少生产过程中产生的不必要的能源浪费现象。

（续）

六、总结

在企业生产中，低能耗生产不仅要依靠企业的管理，还要动员企业全体员工积极参与，让员工充分意识到低能耗生产的意义所在，让低能耗生产成为企业全员的自觉行动，只有这样低能耗生产计划活动才能得以迅速高效开展。

7.2.4 绿色生产方案

绿色生产是指以节能、降耗、减污为目标，以管理和技术为手段，对生产过程进行控制，使得污染物减少的一种综合措施。绿色生产对于企业来说具有降低生产能耗、节约生产成本、提升经济效益与社会效益的重要作用，因此企业要制定合理的绿色生产方案。下面是绿色生产方案示例，仅供参考。

绿色生产方案

一、目的

为了进一步规范绿色生产进程，有效落实绿色生产过程中的各项措施，规范企业环保、节能、降耗、减排的行为，从而进一步提高企业的管理水平与市场竞争能力，为绿色生产做出贡献，特制定本方案。

二、人员安排

1. 为快速、有效推进与实施绿色生产工作，特成立绿色生产领导小组，小组构成如下。

组长：××。

副组长：××。

组员：××、××、××等。

2. 绿色生产领导小组负责对各部门及人员的生产经营活动进行监督检查。

3. 各部门要做好绿色生产工作，并配合绿色生产领导小组工作。

三、绿色生产措施

（一）粉尘控制

1. 清洁人员定期对车间内外区域进行洒水，避免扬尘。

2. 运送粉尘类物料时，绿色生产领导小组应派遣专人进行现场监督，监督内容如下。

（1）监督运送泵道是否扣紧，避免粉尘外冒。

（续）

（2）监督区域内是否设置专用吸尘器。

（3）监督料位计情况，避免过度传送粉尘类物资引起粉尘爆炸。

3. 清洁人员定期对车间内外区域进行清扫，并对植被进行洒水维护。

（二）噪声控制

1. 设备部要选用低噪声、低能耗、低排放的生产设备，但不能使用国家与地方明令禁止的生产设备。

2. 生产部要合理组织安排作业时间，规定物料进出时间，避免机械设备夜间作业而产生噪声。

3. 设备部要加强对设备的维修保养，降低设备运行过程中产生的噪声。

4. 绿色生产领导小组要不定期进行噪声检测工作，一旦发现噪声超标现象就立即采取整改措施。

5. 仓储部要选用适当方式装卸物料，以降低噪声。

（三）物料运输控制

1. 绿色生产领导小组要不定期抽查物料运输车辆尾气是否达到排放标准。

2. 物流部要采用全封闭车辆运输易流洒物料。

3. 完成物料运输工作后，相关人员应将物料运输车清洁干净。

（四）水电控制

1. 绿色生产领导小组要在用水用电开关处张贴节水节电标志。

2. 绿色生产领导小组要制定水电节约制度，明确奖惩机制。

3. 设备部定期对车间内水电管道进行检查，杜绝跑、冒、滴、漏现象的发生。

4. 在白天，车间要充分利用自然光照，尽量减少照明设备使用时间。离开车间时，相关人员要做到随手关掉电源开关。

5. 减少设备待机时间和待机消耗，若设备长时间不使用，应及时将其电源关闭。车间工作结束后，要及时关闭所有设备电源。

6. 提倡节约生产用水、杜绝生产长流水现象出现，根据实际情况，对生产用水多次利用（经沉淀池沉淀后的水可以用来泼洒生产现场粉尘较大的区域，以达到降尘的目的）。

7. 生产废水若不能重复利用，一定要进行处理，达到排放标准后方可排出，避免对周围水源造成污染。

（续）

（五）固体废弃物处理

1．生产部将不能利用的固体废弃物放在既定堆放点，由具有相关资质的单位定期集中处理。

2．废弃油料、有毒有害物品、化学物品应统一安排、统一处理，禁止随意丢弃，防止对环境或者人员产生危害。

（六）能源利用

1．采用绿色生产能源，包括天然气、太阳能、风能，减少生产能源对环境的污染。

2．清洁利用矿物燃料，加速以绿色生产为重点的技术改造与升级，提高能源利用效率，尽量减少矿物燃料产生的污染。

3．采取绿色生产技术，强化能源利用过程的管理，减少能源浪费，杜绝能源流失与泄漏事故的发生。

四、绿色生产注意事项

1．在绿色生产过程中要加强对资源的二次利用。

2．要对生产工艺及生产流程进行更新和改进，以便更好地实现绿色生产。

3．不断对产品结构进行调整，利用和发展绿色生产技术，做好污染防范及末端处理。

第 8 章 生产质量与检验管理

8．1 质量管理

8．1．1 质量体系设计

为建立和强化企业的质量管理工作，加强产品质量管理，企业需要设计质量体系来保证产品的质量。企业在设计质量体系时需要遵循一定的步骤，具体如图 8-1 所示。

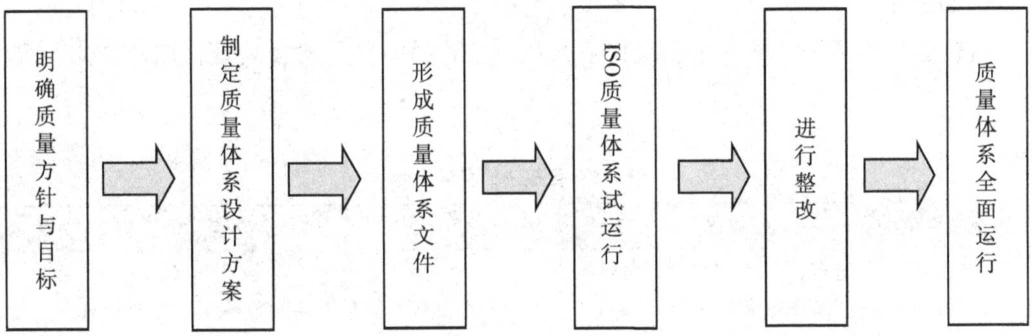

图 8-1 质量体系设计步骤

1. 明确质量方针与目标

质量管理部按要求制定质量方针与目标，质量方针与目标应和企业总方针相协调，并包含具体的质量目标，且充分结合组织的特点，以确保各级人员都能理解和执行。

2. 制定质量体系设计方案

质量管理部结合企业的实际情况，根据企业的经营范围，制定质量管理体系设计方案，明确质量管理部各岗位的职责和权限。

3. 形成质量体系文件

质量管理部编写质量手册和程序文件，形成质量体系文件，明确相关部门和人员的质量管理职责，规定各项质量活动的目的、要求、内容、方法和途径，记录物料设备采购、验收、存储、使用，以及质量处理等各个环节的信息。

4. ISO 质量体系试运行

质量体系文件编制完成后，企业要进行质量体系试运行，以检验质量体系文件的有效性和协调性。在试运行过程中，质量体系专员应随时监督执行效果，对发现的问题进行纠正。

5. 进行整改

质量管理部将质量体系文件补充完善，以便质量体系有效实施。对于质量体系文件补充完善的部分，需交质量总监、总经理审核审批，审批通过后再运行。

6. 质量体系全面运行

试运行结束后，由质量管理部组织对质量体系执行效果进行评价，并编制运行报告，交质量管理部经理、总经理审核审批，审批通过后全面实施。

8.1.2 质量控制方法

科学、合理的质量控制方法不仅能帮助企业做好质量控制工作，还能保证企业的生产经营活动顺利进行。质量控制方法主要有以下两种。

1. 自控法

自控法分为两种，一种是生产作业人员自控，另一种是机械装置自控，具体内容如表 8-1 所示。

表 8-1 自控法的具体内容

方法名称	概述	适用范围	优点	缺点
生产作业人员自控	通过自检得到数据后，将数据与产品图纸和技术要求参数相对比，据此做出是否进行生产调整的判断	适用于小批量、简单的生产控制工作	及时发现异常信息和异常情况	工作量大，耗时长
机械装置自控	通过机械装置自动进行检测、比较，然后发出指令，操作装置按照指令进行自动调整。此过程全部由机械装置自动完成	适用于大批量、复杂烦琐的生产控制工作	结果正确且稳定，能及时排除故障	投入费用多，机械成本高

2. 工序诊断调节法

工序诊断调节法是指在工序上按照一定时间间隔检验产品，并通过分析、判断检测值，尽快发现异常，找出原因，采取措施，使工序质量恢复正常的一种质量控制方法。其控制步骤如下。

（1）实际检测。检测员采用必要的检测工具和手段，对抽出的工序样品进行质量检验。

（2）检验分析。对检验所得的数据通过直方图法、排列图法或控制图法等进行分析，了解这些数据所遵循的规律。

（3）质量判断。根据对数据分布规律分析的结果，对整个工序的质量予以判断，若出现异常情况，即可寻找原因，采取对策和措施加以预防。

8. 1. 3　质量管理工具

企业可运用表 8-2 所示的六种工具对质量检验结果进行分析，监控生产质量。

表 8-2　质量管理工具表

管理工具	概念	适用范围
KJ 法（亲和图）	针对某一问题广泛收集资料，根据资料近似程度和内在联系，进行分类管理，抓住事物的本质，找出结论性的解决办法	KJ 法能从杂乱的数据中汲取信息，掌握各种问题重点，提出改善对策，适用于全面质量管理的推行以及企业方针、目标的判定，还可用于市场调查和预测
系统图	将要实现的目的、需要采取的措施，系统地展开分析，并绘制成图，以明确问题的重点，并寻找最佳措施	系统图适用于企业有关质量、成本、交货期等问题的解决，用于目标方针、实施事项的展开
箭线图	为要执行工作的计划，用箭线和节点表示出必要作业顺序关系的图形	箭线图适用于质量管理的计划的制订、时间进度安排、改善计划方案等工作
关联图	将现象与问题有关系的各种因素串联起来的图形	关联图能厘清复杂因素间的关系，掌握现场问题，适用于目标方针管理的展开
矩阵图	运用二维或多维矩阵表格，用两组或多组因素构成的二维或多维因素空间的点表示对应因素关系，用点的数值定义因素之间的关联关系强度	矩阵图从二元性关系中，获得解决问题的思路，适用于新产品研发、促销方案设计、市场拓展计划制订和项目分析决策等工作
矩阵数据解析法	在矩阵图的基础上，将各因素分别放在行和列中，在行和列交叉点中用数量来描述因素间的对比，再进行数量计算和定量分析，确定哪些因素相对比较重要	矩阵数据解析法能对多个变动且复杂的质量因素进行解析，选出主要因素，适用于复杂因素交织在一起的工作

生产质量绩效考核方案示例，扫描下方二维码即可查看。

8.1.4 质量统计分析

为了分析质量数据中存在的问题，确定改进措施，企业需要对产品质量数据进行统计分析。

1. 质量数据来源

质量数据来源如表 8-3 所示。

表 8-3 质量数据来源

数据来源	具体内容
外部来源	◆ 政府、法规、标准等 ◆ 地方政府机构检查的结果及反馈 ◆ 市场、新产品、新技术发展方向 ◆ 客户、供应商反馈及投诉等
内部来源	◆ 日常工作，如质量目标完成情况、检验试验记录、内部质量审核与管理评审报告及体系正常运行的其他记录 ◆ 存在的或潜在的不合格情况，如质量问题统计分析结果、纠正预防措施处理结果等 ◆ 紧急信息，如出现突发事故等 ◆ 其他信息，如员工建议等

2. 质量数据分析

通过质量数据企业可以分析产品的合格率是否达到了预期，是否与生产计划的要求相符合；对比国家质量相关的法律法规，可以分析企业生产的产品是否在规定的质量范围之内，质量数据是否合规。

企业可以根据市场销售数据、客户反馈数据等分析产品在销售和生产过程中存在的问题，根据客户的意见和建议分析产品在工序、加工、检验等方面的问题，并制定相应的解决措施。

8.1.5 质量管理案例

为了持续推进产品质量，提高企业的经济利润，企业需要加大对质量的管理力度。下面是一则质量管理案例，仅供参考。

质量管理案例

一、背景

PL 钢铁企业的核心业务之一是生产高速线材，20×× 年以前生产的产品质量达到了较高的质量标准，且产量逐年上升，市场前景良好。然而，自 20×× 年以来，高速线材品种钢的订货量增长缓慢，客户对产品质量异议量有所增加。为此，该企

（续）

业决定采用六西格玛管理法改善现状，提高高速线材产品质量，提升客户满意度。

二、组建六西格玛项目组

PL 钢铁企业总经理委任质量管理部经理为六西格玛管理项目的总负责人，负责项目的计划、领导和控制工作，并从企业内部选拔 3 名黑带人员和 9 名绿带人员，由外部咨询企业为项目组成员提供六西格玛管理知识的相关培训。

三、制定 DMAIC 方法

项目组按照六西格玛管理的五步循环改进法，开展质量改进工作。

（一）定义客户需求

六西格玛管理质量改善项目的目标是：降低中间轧废率，提高正品率和成材率，快速向客户交付产品，提升客户满意度，目标值为：正品率由目前低于 93% 提高到高于 96%。

（二）评估当前绩效

PL 钢铁企业先通过抽样调查收集了 20×× 年高速线材轧钢废钢支数的数据，并针对工艺废钢和设备废钢进行了分类统计。经过抽样得到样本总数为 416 680 件，其中正品数为 401 721 件，正品率为 92.48%，每百万次产品缺陷次数为 35 930 次，合格率为 96.41%，σ 绩效值为 3.30σ。

由样本数据可知，高速线材一级合格率的 σ 绩效值为 3.30σ，属于中间层次的 σ 绩效值，亦说明在高速线材提高成材率上还有上升的空间，客户满意度可以进一步提高。同时，项目组成员在分析样本中轧废钢出现原因时发现，设备因素造成的废钢是次要的，占 25%，主要的是工艺因素废钢，占 75%。为此，该钢铁企业应用六西格玛管理确定：通过降低工艺因素的中间轧废率，提高一级正品率和成材率，目标值为正品率由目前低于 93% 提高到高于 96%（合格率提升到高于 99.45% 的水平）。

（三）原因分析

六西格玛管理项目小组针对工艺因素导致轧废率较高的情况进行分析，认为原因主要包括以下几点。

1. 由于操作人员经常变动，操作水平参差不齐，加上工作态度不认真，责任心不强，是造成堆钢的根本原因。

2. 操作人员导卫安装方法不当，造成导卫磨损严重或搭铁，而又不能及时发现处理，是造成堆钢的又一问题。

（续）

3. 操作人员设置的辊缝不合理，导致的后果有两方面：一方面是辊缝大，轧件尺寸大，进口导卫损坏，堆钢；另一方面是辊缝小，轧件尺寸偏小，下一机架进口导卫不能有效夹持倒坯堆钢。

4. 轧件变形量增大，变形阻抗力随之增大，造成辊环局部温度快速增高而爆裂堆钢。

5. 由于辊环的安装不正确，错辊，或者在轧制过程中卸压，也是导致堆钢的原因，冷却水中的夹杂，堵塞冷却水管，致使冷却强度降低导致辊环爆裂而堆钢。

6. 由于设备问题导致堆钢。例如，立式活套机构故障。侧活套进入口导轮的调整，油气润滑及活套扫描仪不正常也会导致堆钢。

（四）改进措施

针对上述问题，六西格玛管理项目组成员通过讨论后决定采取如下改善措施。

1. 实行竞争上岗制度，对岗位实施兼并和优化组合。

2. 严格实行经济责任制考核，落实分解责任到岗位和个人。

3. 推行和全面实施标准化作业，制定和完善工艺调整办法。

4. 在全线岗位推行生产过程控制，落实企业工序控制点的检查。加强轧线各机架间变形量的控制，防止轧件变形阻力过大而堆钢。

5. 落实全面设备点检制度。正确安装辊环、导位及冷却水管，并在停机时着重检查。

6. 制订长期性培训计划，锻炼大工种作业能力，配合机动。电气人员对立式活套等设备进行检查，确保其工作状态完好。

（五）控制措施

1. 成立以车间主任为组长的培训小组，制订详细的培训计划，提高轧钢人员的技术水平。

2. 车间技术人员要加大对工作岗位的工艺纪律检查力度，保证生产过程的有效控制。

3. 落实上线的备品件的装配到位，导位、水管、辊环质量符合轧线要求，完善统计台账。

4. 辊缝设置纳入综合管理，对生产数据整理归档，以方便查找记录。

5. 加强控制和抽检，保证活套工作正常。

6. 安装全线生产过程控制系统，保证轧件走向顺畅。

（续）

四、项目实施结果 确定六西格玛改善方案后，PL 钢铁企业严格按照既定方案实施改善措施，在 20×× 年年底再次进行产品质量抽样检验，共抽样 106 046 件，正品数为 105 770 件，正品率为 96.33%，每百万次产品缺陷次数为 2 555 次，合格率为 99.74%，σ 绩效值为 4.30σ。由于六西格玛的成功实施，高速线材轧钢的正品率由 92.48% 上升到 96.33%，工艺废钢比率由 75% 下降到 61%，达到了最初设定的项目目标。 通过六西格玛持续改善项目的实施，高速线材产品质量得到进一步提高，生产成本降低，在增强产品市场竞争力的同时，提高了客户满意度，高速线材产品的订货量持续增长。该项目为 PL 钢铁企业创造效益近 2 000 万元。

8．2　质量检验

8．2．1　物料检验

采购回来的物料要经过质量管理部的检验方可入库或进入生产车间，主要检验方式包括两个方面，具体内容如表 8-4 所示。

表 8-4　物料检验内容

检验方式		具体内容
数量检验	计件	对于计件物料应全部逐一点清。对于固定包装物的小件物料，如果包装完好，打开包装对保管不利，可抽样进行计件检验
	检斤	◆ 检斤适用于检验按重量供货或以重量为计量单位的物料 ◆ 金属货物、某些化工产品多半是检斤验收
	检尺求积	检尺求积是对以体积为计量单位的物料的检验，即先检尺，后求体积所做的数量验收
质量检验	外观检验	◆ 外观检验是指通过人的感觉器官，检验物料的包装外形或装饰有无缺陷、物料包装的牢固程度、物料有无损伤等 ◆ 凡经过外观检验的物料，都应该填写检验记录单
	尺寸检验	进行尺寸检验的物料，主要是金属物料中的型材、部分机电产品和少数建筑货物
	理化检验	◆ 理化检验即对物料内在质量和物理化学性质进行的检验，主要适用于对进口物料的检验 ◆ 对物料内在质量进行检验时，要具有一定的技术知识和检验手段，一般由专门的技术检验部门进行
	性能检验	测试物料的性能，主要是测试物料是否能正产运行，各功能是否正常使用，是否能达到预期效果

8.2.2 半成品检验

为了及时、有效地对生产过程的各个环节实施监控，防止批量不合格的产品产生和流转，避免造成更多的损失，企业需要对半成品进行检验。

（1）半成品检验流程如图8-2所示。

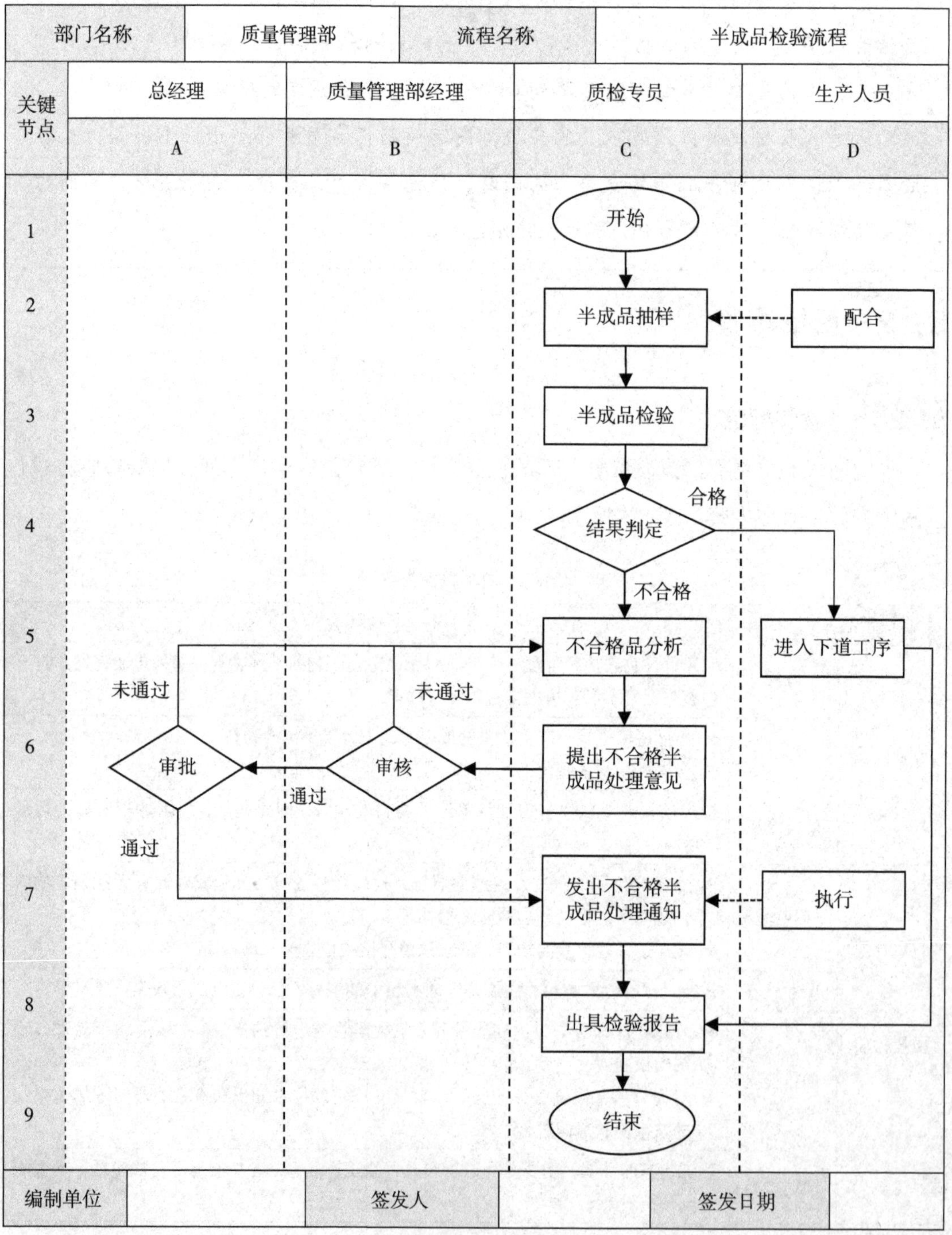

图8-2 半成品检验流程

（2）根据图 8-2，半成品检验流程关键节点细化执行内容如表 8-5 所示。

表 8-5　半成品检验流程关键节点细化执行内容

关键节点	细化执行内容
C3	质检专员选择抽样的办法进行半成品检验，随时记录检验数据，并进行存档保存，以便后续查看
C5	质检专员对检验出来的不合格品进行分析，并提出相应的解决措施
C6	质检专员提出不合格半成品处理意见，并上报质量管理部经理审核、总经理审批
C7	处理意见经总经理审批通过之后，质检专员向生产部发出不合格半成品处理通知，生产人员根据处理意见处理不合格的半成品
C8	质检专员根据半成品的检验结果，出具检验报告，报告中主要包括不合格品检验数量、不合格品产生原因及应对措施等

8. 2. 3　成品检验

为了严格进行成品检验，确保产品质量，提高产品的品牌效益，质量管理部需要遵循一定的步骤开展检验工作，具体如图 8-3 所示。

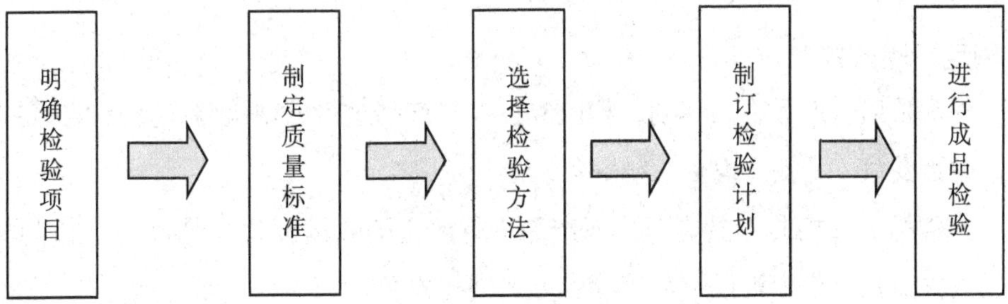

图 8-3　成品检验步骤

1. 明确检验项目

质检专员在实施检验之前，应将需要检验的成品项目逐一列出，防止在检验过程中漏检、错检。

2. 制定质量标准

质检主管应在实施检验之前明确规定成品检验的质量标准，作为检验时的判断依据。如质量标准无法用文字进行说明，则可用限度样本来表示。

3. 选择检验方法

质检主管在进行成品检验前，应使用某种检验仪器量规或以感官检查的方式来检验。如果企业不具备某些项目检验的能力，则必须委托其他机构代为检验的，应在成品检验前进行说明。

4. 制订检验计划

质检专员应根据所检验产品的特性，在成品检验前确定检验计划。

5. 进行成品检验

根据检验计划，执行成品检验计划。在检验过程中要注意按照产品质量要求进行检验。成品检验完成后，要出具成品检验报告。对于不合格的成品，要进行重新加工或者降级处理。

成品检验管理制度示例，扫描下方二维码即可查看。

8. 2. 4　出库检验

产品在出库前，质量检验人员需对产品进行出库检验，并对出库产品进行标识，区分出合格产品和不合格产品。出库检验程序如下。

1. 确定检验方式

（1）外观检验。产品在出库前，检验专员应对产品进行外观检验，查看产品的包装是否完好，是否受潮、霉变、腐蚀、破裂等。

（2）大件检验。检验专员应对出库产品进行严格的数量检验，遇到大件包装的产品，可以采用逐件点数、集中堆码点数等检验方式进行检验。

（3）细数检验。对于零星包装或者体积较大的产品，要开箱、开包核点产品细数。

2. 做好检验准备

质量检验人员收到检验通知后应做好检验准备，如检查器具是否齐全、运转是否正常等。

3. 进行出库检验

检验专员对产品外观、数量等检验完毕后，由质量管理部质检员对产品质量进行化验和技术测定。

（1）物料检验专员对待出货产品应按照产品质量检验标准实施质量抽检工作，提早发现异常，并及时处理。

（2）质量管理部质检员对产品进行化验或者技术测定后，若发现产品存在质量问题，应立上报，并做好记录。对于检验合格的产品，质检部应发放合格证书，并附于产品上。

（3）出库检验工作结束后，要将产品检验结果汇总，交质量管理部存档，以备检查核实。

4. 检验结果处理

（1）数量不符处理。当产品出现数量多余或短缺的情况时，经复核确认后，检验专员应立即在产品出货记录单上加以备注，并交由库存管理人员和送货方共同签章后按实数签收。

（2）产品包装问题处理。当产品包装出现异状时，检验专员在查明情况后及时填写出库产品异状记录，并通知库存管理人员另行存放，等待处理。

（3）质量问题处理。当产品出现质量问题时，库存管理人员应将问题产品单独存放，使好坏产品分开，以备检查处理，具体处理方法如下。

①合格产品的处理。对于经检验合格的产品，仓储部应根据客户意见或市场需求，以及配送计划进行出货配送。

②不合格产品的处理。对于经检验不合格的产品，产品检验人员须检查产品存储记录，找出不合格原因，提出处理建议，并及时上报总经理。

8.2.5　第三方质量检验

企业可聘请第三方质量检验机构来检验产品的质量，判断质量是否与合同上的要求一致。聘请第三方质量检验机构实施检验的步骤如图 8-4 所示。

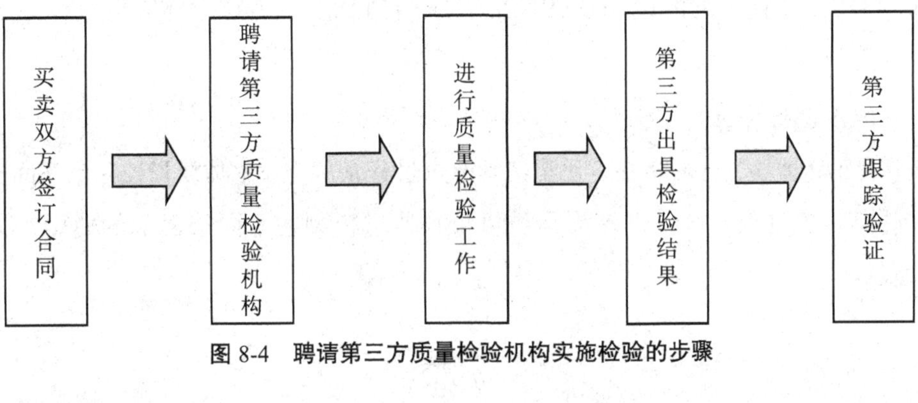

图 8-4　聘请第三方质量检验机构实施检验的步骤

1. 买卖双方签订合同

企业与客户签订合同后，按照合同规定的任务，划分生产任务，按期进行交付。

2. 聘请第三方质量检验机构

产品生产出来之后，企业可聘请第三方质量检验机构对产品进行检验。选择第三方质量检验机构时，要选择有资质的机构作为第三方。

3. 进行质量检验工作

对合同约定的产品进行检验，根据产品数量，选定检验方法，如是全部检验还是抽样检验。

4. 第三方出具检验结果

第三方质量检验机构完成检验之后，要出具质量检验报告，报告内容要包括产品合格件数、不合格件数及不合格的原因。

5. 第三方跟踪验证

对于企业重新进行生产或改进的产品，第三方质量检验机构需重新进行检验。

8.3 质量改善

8.3.1 PDCA 循环

PDCA 是由英文单词 plan（计划）、do（实施执行）、check（检查）、action（纠正处理）的第一个字母组合成的。PDCA 循环就是按照这样的顺序进行质量改善管理，并且不停循环的科学程序。

1. PDCA 循环的特点

（1）PDCA 循环不是一个静止的环，而是一个不断推进和提高的动态过程。

（2）PDCA 是一个大环套小环、小环推动大环不断上升的管理过程。

（3）PDCA 具有广泛的应用群体，可以应用到个人、团队、部门、组织的工作管理中。

2. PDCA 循环模型

（1）大环套小环，环环相扣。质量持续改进过程是从企业整体质量控制到车间操作人员的质量控制的过程，可以理解为是质量持续改进模型在不同层面上的使用，具体如图 8-5 所示。

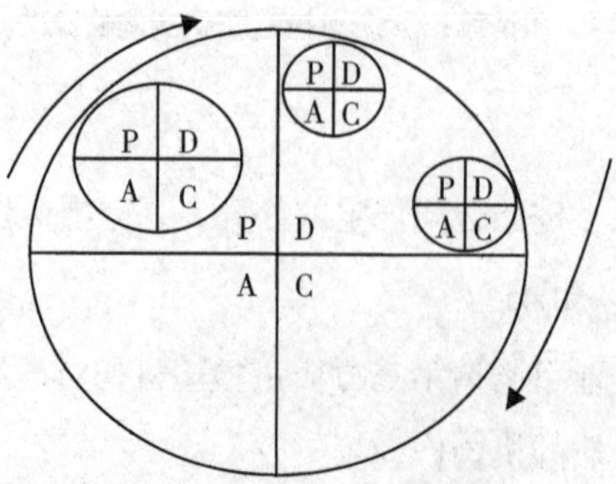

图 8-5 大环套小环

（2）阶梯式上升。PDCA 循环不是在同一水平上循环，而是阶梯式上升，每循环一次，就解决一部分问题，从而使得质量得以改进和提升，具体如图 8-6 所示。

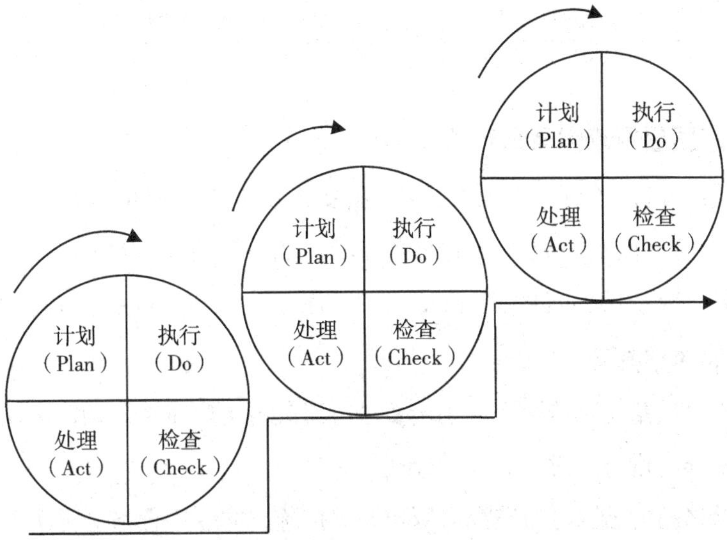

图 8-6　阶梯式上升

3. PDCA 循环运用关键事项

企业在运用 PDCA 循环时要注意对以下关键事项的把控。

（1）确保绩效计划顺利实施。

（2）要及时进行绩效总结和绩效反馈，以使绩效管理进入下一个循环，且使 PDCA 循环有一个良好的衔接。

（3）要注意保持 PDCA 循环的动态性，实际应用中更要加强对各项工作的动态管理。

（4）要注意对循环周期的控制。绩效管理循环周期要根据企业的特点和员工工作内容而定。

4. PDCA 循环执行步骤

PDCA 循环在具体的实施过程中共包括八个步骤，具体如表 8-6 所示。

表 8-6　PDCA 循环执行步骤

阶段	执行步骤
P 阶段	1. 分析现状，找出企业生产过程中存在的质量问题 2. 利用因果图分析各种影响因素 3. 利用排列图找出影响质量的主要因素 4. 根据“5W1H”，针对主要原因，制订质量改善措施和计划
D 阶段	5. 在执行质量改善措施和计划时，要根据企业实际情况进行调整，并进行有效改善
C 阶段	6. 检查计划执行结果并进行全面反馈，检查计划执行结果的关键点是质量检验

（续表）

阶段	执行步骤
A 阶段	7. 总结质量改善的成功经验，制定相关标准 8. 将未解决的或者新出现的质量问题归入下一个 PDCA 循环

8. 3. 2 工序质量影响因素分析法

工序质量影响因素分析法即 4M1E，是指找出影响工序质量异常波动的主导因素进而采取相应的措施，使工序处于稳定的受控状态的一种方法。4M1E 指的是 Man（人）、Machine（机器）、Material（物料）、Method（方法）和 Environment（环境）。

1. 4M1E 的适用条件

（1）判断工序质量是否符合企业规定要求，以改善工序质量，预防出现次品。

（2）对品质异常进行及时、有效的处理。

（3）对不合格品的原因进行查究，制定改善措施，防止不合格品再次出现。

（4）分析能力不足的工序，找出提高工序质量的措施。

2. 4M1E 的应用要点

（1）完整的工序质量记录数据能够为分析工序质量影响因素提供依据。

（2）运用 4M1E 制定并实施质量改善对策后，需进行工序质量改善效果的确认，肯定改善效果并进行标准化，同时存档备案。

（3）4M1E 的控制措施如下。

①人的方面的控制措施。

a. 生产人员要符合岗位技能要求，经过相关培训考核。

b. 对特殊工序应明确规定特殊工序操作人员、检验人员应具备的专业知识和操作技能，并经考核合格后持证上岗。

c. 操作人员能严格遵守企业制度并严格按工艺文件操作，对工作和质量认真负责。

②机器方面的控制措施。

a. 有完整的设备管理办法，包括设备的购置、流转、维护、保养、检定等均有明确规定。

b. 设备管理办法各项规定均有效实施，有设备台账、设备技能档案、维修检定计划、相关记录。相关记录要确保内容完整准确。

c. 生产设备、检验设备、工装工具、计量器具等处于完好状态和受控状态。

③材料方面的控制措施。

a. 有明确可行的物料采购、仓储、运输、质检等方面的管理制度，并严格执行。

b. 建立进料检验、入库、保管、标识、发放制度，并认真执行，严格控制质量。

c. 能对不合格品有效隔离、标识、记录和处理。

④方法方面的控制措施。

a. 有正规有效的生产管理办法、质量控制办法和工艺操作文件。

b. 对每个质量控制点规定检查要点、检查方法和接收准则，并规定相关处理办法。

⑤环境方面的控制措施。

a. 有生产现场环境卫生方面的管理制度。

b. 环境因素如温度、湿度、光线等符合生产技术文件要求。

c. 有相关安全环保设备和措施，职工健康安全符合法律法规要求。

8.3.3 六西格玛管理法

六西格玛即 6σ，σ 代表标准差。标准差用于描述各种可能的结果相对于期望值的波动程度。六西格玛管理法是一种基于统计评估的管理方法，它的核心目标是追求零缺陷生产，防范相关产品责任风险，降低企业成本，提升产品生产率和市场占有率，提高客户的满意度和忠诚度。

1. 六西格玛管理法的特征

（1）注重客户。

（2）预防为主。

（3）以数据和客观事实为依据。

（4）注重流程。

（5）全员参与。

（6）持续和突破性改进。

2. 六西格玛管理法应用的关键事项

企业采用六西格玛管理法实施绩效管理时需要注意以下关键事项，以提高绩效管理的效果。

（1）将六西格玛管理法与流程管理对接，使管理层能够据此得出分析问题的框架。

（2）正确认识六西格玛管理法在绩效管理中的本质，即它是一个循序渐进、永不停息的过程。

（3）不能忽视对六西格玛管理法实施团队的建设，组建六西格玛管理团队是项目取得成功的关键。

（4）六西格玛管理法不是企业的灵丹妙药，企业应根据实际情况有选择地应用。

3. 六西格玛管理法运用程序

六西格玛管理法在运用过程中主要分为五个阶段，包括定义、评估、分析、改进和控制。

（1）定义。在这个阶段，企业需要回答以下问题：六西格玛管理法应该重点关注哪些问题或机会，应该达到什么结果，何时达到这一结果。

（2）评估。在评估阶段主要是分析绩效问题的焦点，即借助关键绩效数据缩小问题的范围，找出导致问题产生的关键原因，明确绩效问题的核心所在。

（3）分析。采用逻辑分析法、观察法、访谈法等方法对已评估出来的导致绩效问题产生的原因进行进一步分析，确认它们之间是否存在因果关系。

（4）改进。拟定几个可供选择的绩效改进方案，讨论并多方面征求意见，从中挑选出最理想的改进方案并付诸实施。

（5）控制。根据改进方案中预先确定的控制标准，在改进过程中及时解决出现的各种问题，使改进绩效过程不至于偏离预先确定的轨道。

8.3.4 全面质量管理

全面质量管理（Total Quality Management，TQM）涉及组织内容的全部职能范围，强调使用持续改进的方法和工具达到使客户满意的目的。

1. TQM 方法

TQM 方法可以概况为四个方面的内容，具体如表 8-7 所示。

表 8-7　TQM 方法说明

方法	具体说明
一个过程	一个过程，即企业管理是一个过程。企业在不同时间内，应完成不同的工作任务。每项生产经营活动，都有一个产生、形成、实施和验证的过程
四个阶段	计划（Plan）—执行（Do）—检查（Check）—处理（Action）四阶段的循环方式，简称 PDCA 循环
八个步骤	1. 分析现状，找出企业生产过程中存在的质量问题 2. 利用因果图分析各种影响因素 3. 利用排列图找出影响质量的主要因素 4. 根据“5W1H”，针对主要原因，制订质量改善措施和计划 5. 在执行质量改善措施和计划时，要根据企业实际情况进行调整，进行有效改善 6. 检查计划执行结果并进行全面反馈，检查计划执行结果的关键点是质量检验 7. 总结质量改善的成功经验，制定相关标准 8. 将未解决的或者新出现的质量问题归入下一个 PDCA 循环
数理统计方法	常用的统计方法有排列图法、因果图法、直方图法、分层法、相关图法、控制图法及统计分析表法七种。这套方法是以数理统计为理论基础，不仅科学可靠，而且比较直观

2. TQM 推进实施阶段

（1）准备及导入阶段

①总经理进行 TQM 导入决议宣言。

②成立 TQM 委员会与 TQM 事务局。

③确定 TQM 推进的方针和目标。

④建立 TQM 各级推进小组。

⑤制订 TQM 推进计划。

⑥进行 TQM 的宣传与培训。

（2）实施阶段

①制定 TQM 相关执行标准。

②正式启动 TQM 项目。

③各级 TQM 小组按计划开展推进工作，动员全员参与质量管理。

④组织质量检验工作。

⑤核查不符合 TQM 相关标准的项目。

⑥纠正不合格项目。

⑦全面推行。

（3）TQM 改进阶段

①组织领导层进行 TQM 核查。

② TQM 的持续改进。

8.3.5　过程能力指数

过程能力指数也称工序能力指数，是指工序在一定时间里，处于控制状态下的实际加工能力。它是工序固有的能力，或者说是工序保证质量的能力。

过程能力指数的值越大，表明产品的离散程度相对于技术标准的公差范围越小，因而过程能力就越高，反之则过程能力就越低。

通过过程能力指数的数值大小可判断过程能力的高低，从经济和质量两方面的要求来看，过程能力指数并非越大越好，而应在一个适当的范围内取值。

1. 过程能力指数使用注意事项

过程能力指数是判断过程能力是否满足企业生产质量要求的一个重要工具，在使用时，应注意以下三个方面的问题。

（1）在计算过程能力指数时，首先要明确本企业的过程能力和质量标准，这是计算过程能力指数的基础。

（2）在计算过程能力指数时，生产过程必须是处于稳定状态的情况。

（3）在计算过程能力指数时，抽取的样本数量要足够大，且要验证样本数据是否服从正态分布。

2. 过程能力指数实施步骤

（1）确定过程能力状态。计算过程能力指数前要保证过程能力处于受控状态，如果过程能力处于失控状态，过程能力指数不能正确反映过程能力状态。

（2）确定生产过程是否服从正态分布。在分析生产过程是否服从正态分布时，通常采用正态概率图或是直方图来确定。

（3）计算生产过程均值。在计算生产过程均值时，一般先对生产过程进行随机抽样，然后根据实际需要，计算样本的某一质量特性值的均值。

（4）计算抽取样本的标准差。该标准差是由全部样本数据计算得到的标准差，而不是某个子组样本标准差。

（5）确定生产过程控制上下限。一般有两种方法：一是固有的标准，如某钢板的厚度；二是以往经验的总结。

（6）计算过程能力指数。质量管理人员在计算过程能力指数时，要根据实际情况选择合适的过程能力指数计算公式进行计算。

（7）判断过程能力水平。根据过程能力指数等级表，判断企业的过程能力等级是否符合企业规定的质量要求。

（8）采取措施。质量管理人员要根据企业过程能力等级，制定相应的措施，使过程能力达到企业的要求，从而保证产品质量。

8. 3. 6 质量控制管理

质量控制（Quality Control，QC）小组是指在生产或工作岗位上从事各种劳动的员工，围绕企业的经营战略、方针目标和现场存在的问题，以改进质量、降低消耗、提高人员素质和经济效益为目的组织起来的，运用质量管理理论和方法开展活动的组织。

1. QC 小组的类型

（1）现场型：由班组人员、工序人员、服务现场人员组成，以稳定工序、改进产品质量、降低物料消耗、提高服务质量为目的。

（2）攻关型：一般由主管、工程技术人员和作业人员组成，以解决有一定难度的质量问题为目的。

（3）管理型：由管理人员组成，以提高工作质量、改善并解决管理中的问题、提高管理水平为目的。

（4）服务型：由从事服务性工作的人员组成，以提高服务质量，推动服务工作的标准化、程序化、科学化，提高经济效益和社会效益为目的。

2. QC 小组活动程序

（1）选题。QC 小组活动的课题根据企业的方针目标和中心工作、现场存在的薄弱环节及用户的需要进行选择。

（2）确定目标值。课题选定以后，要确定合理的目标值。确定目标值时，要注重目标值的定量化，使小组成员有一个明确的努力方向，使活动成果便于评价。同时要注重实现目标值的可能性，既要防止目标值定得太低，使小组活动缺乏意义，又要防止目标值定得太高，久攻不克，使小组成员失去信心。

（3）调查现状。为了了解课题目前的状况，必须认真做好现状调查。在进行现状调查时，应根据实际情况运用不同的 QC 工具进行数据的收集、整理工作。

（4）分析原因。针对调查得到的情况，发动全体组员集思广益，依靠掌握的数据，选用适当的 QC 工具进行分析，找出问题的原因。

（5）找出主要原因。通过分析，将多种原因根据关键、少数和次要、多数的原则进行排列，从中找出主要原因。在寻找主要原因时，可根据实际需要应用不同的分析方法。

（6）制定措施。主要原因确定后，要制订相应的计划，以明确各项问题的具体措施，如要达到的目的、由谁来负责、何时完成及检查人是谁等。

（7）实施措施。小组长要组织成员定期或不定期地研究实施情况，随时了解课题进展，发现新问题时，要及时研究、调查，制定解决措施，以达到活动目标。

（8）检查效果。要将措施实施前后的情况进行对比，检查其实施后的效果是否达到了预定的目标。如果达到了预定的目标，小组就可以进行下一步工作。如果没有达到预定目标，就应对计划的执行情况及其可行性进行分析，找出原因，并在第二次循环中加以改进。

（9）制定巩固措施。达到了预定的目标值，该课题就完成了。为了保证成果得到巩固，小组必须将一些行之有效的措施和方法纳入工作标准、工艺规程或管理标准中，经总经理及相关人员审定后纳入企业的有关标准或文件中。如果课题的内容只涉及本班组，则可以通过班组守则、岗位责任制等形式加以巩固。

（10）分析遗留问题。小组通过活动取得了一定的成果，也就是经过了一个 PDCA 循环，此时，应对遗留问题进行分析，并将其作为下一次活动的课题，进入新的循环。

（11）总结成果资料。小组对活动的成果进行总结，这一阶段是自我提高的重要环节，也是成果发表的必要准备阶段，同时还是总结经验、找出问题、进行下一个 PDCA 循环的开始。

第9章 生产成本与费用管理

9.1 生产成本预算

9.1.1 生产成本预算编制

生产成本预算涉及企业生产经营过程中的各个方面，是企业组织生产、控制生产和生产资金占用、考核生产部工作业绩的主要依据。下面是生产成本预算编制制度示例，仅供参考。

生产成本预算编制制度
第1章　总则 第1条　目的 为了加强企业对生产成本的控制管理，掌握生产成本状况，构建生产成本预算体系，提高企业的经济效益，根据企业的实际情况，特制定本制度。 第2条　适用范围 本制度适用于生产成本预算编制工作的管理。 第3条　职责权限 1. 生产部负责生产成本预测、决策与预算管理工作。 2. 财务部负责生产成本预测、决策与预算的制定、分解及监督管理工作。 **第2章　生产成本预算编制管理** 第4条　生产成本预算编制依据 生产成本预算是一项综合性预算，编制时应以生产目标为依据，并与预算年度内其他事项紧密衔接，与成本计算、控制、考核和分析相一致。其主要依据如下。 1. 企业的生产经营目标、生产经营预算、成本降低率，以及产品质量、品种。 2. 年度生产预算是编制生产成本预算的基本依据。 3. 人工预算和技术组织措施预算等资料是编制成本预算的重要依据。

（续）

4．先进、合理的消耗定额是编制成本预算的重要基础。

第5条　确定生产成本预算的方法

在编制生产成本预算时，一般应参照标准成本，按照“量价分离”的原则，采用滚动预算、零基预算等方法进行编制。

1．在各项消耗定额费用预算和资料齐全的情况下，可按成本计算的方法，采用直接计算法编制。

2．在各项消耗定额、费用预算和有关资料不很齐全的情况下，以增产节约措施预算作为调整计算的依据，采用因素测算法编制。

3．实行一级成本核算的，由成本预算部门按一级核算的要求直接编制企业的成本预算。

4．实行分级成本核算、分车间计算成本的，可分两级编制成本预算，车间、部门分别编制成本预算后，由财务部汇总编制企业的成本预算。

第3章　生产成本预算编制程序

第6条　明确生产成本预算的目标

1．财务部根据上一年度生产经营情况及本年度市场环境发展趋势，确定本年度的生产经营战略和经营目标，将财务预算目标及成本预算编制的政策下达到各部门。

2．降低生产成本是编制生产成本预算的基本目标。

第7条　确定生产成本预算内容

生产成本预算的内容包括生产成本计划、制造费用预算、销售费用预算、管理费用预算等。

第8条　编制生产成本预算方案

1．生产部按照财务部下达的财务预算目标和政策，结合自身特点及预测的执行条件，编制本部门详细的成本预算方案，并在规定时间内上报财务部。

2．在生产部编制自身的成本预算方案的过程中，财务部要予以指导。

第9条　试算平衡

财务部对生产部上报的成本预算方案进行审查、汇总和试算平衡。在审查过程中，财务部应当进行充分协调，对发现的问题提出调整意见，并反馈给生产部予以修改。

第10条　审议批准

1．财务部在生产部修正调整的基础上重新汇总，编制企业的生产成本预算方案，上报总经理审核，并根据审核意见进一步修订、调整。

2．财务部根据审批意见调整生产成本预算，编制正式的生产成本预算草案，提交总经理审议批准。

第11条　下发执行

财务部将经过批准的生产成本预算下发到生产部，由其执行。

第4章　附则

第12条　编制单位

本制度由财务部负责编制、解释与修订。

第13条　生效日期

本制度自××××年××月××日起生效。

9.1.2 生产成本预算评估

生产成本预算编制完成后，企业要组织相关部门评估成本预算，判断每个项目是否超出预期。对生产成本预算主要从以下五个方面进行评估，具体如表9-1所示。

表 9-1　生产成本预算评估内容

成本分类	评估标准
材料成本	◆ 评估生产成本是否包括材料的购买费、运杂费、装卸费、定额内的合理损耗及入库前的加工、整理与挑选费用 ◆ 是否采用实际成本核算，并依照加权平均法计算出库成本 ◆ 直接认定运用生产的材料，是否计入各产品成本，不能直接认定的，是否依照产值合理分配
配套件	◆ 各月变动较大、数量较多或生产周期较长时，是否将其成本计入产品原材料成本中 ◆ 各月变动不大、数量较少或生产周期较短，是否计入产品成本
半成品	◆ 各月变动较大、半成品数量较多或生产周期较长时，是否将其成本计入半成品的原材料成本中 ◆ 各月变动不大、半成品数量较少或生产周期较短，是否计入半成品成本
工装夹具	◆ 工装夹具是否依照实际成本计入产品成本 ◆ 可直接认定用于生产的，是否直接计入各产品成本，不能认定的，是否依照产值进行合理分配
直接人工成本	◆ 直接从事产品生产的人员的薪酬成本，是否直接计入成品成本 ◆ 不能直接认定从事产品生产的人员的成本，是否依照产值进行合理分配

9.1.3　生产成本预算调整

由于经济、政策、市场环境等因素引起生产成本发生变化的，财务部可根据有关程序调整生产成本预算。下面是生产成本预算调整制度示例，仅供参考。

生产成本预算调整制度

第 1 章　总则

第 1 条　目的

为了严格规范预算调整的环节，使预算调整依据充分、方案合理、程序合规，根据企业的实际情况，特制定本制度。

第 2 条　适用范围

本制度适用于企业生产成本预算调整的相关事项。

第 3 条　职责权限

财务部负责生产成本预算调整工作，相关调整事项经总经理审批后，生产部方可执行调整后的预算。

第 4 条　生产预算调整的原则

1．生产预算的调整必须符合企业的发展战略和年度生产经营目标。

2．生产预算的调整必须客观、可行，即在经济上能够实现最优化。

3．生产预算的调整重点应放在生产预算执行过程中出现的重要的、非正常的、不符合常规的关键性差异方面。

第 2 章　预算调整管理

第 5 条　生产预算调整前提

生产成本预算调整分为生产预算目标调整和生产预算内容调整。企业出现下列情况之一的，可调整生产成本预算。

（续）

1．生产预算执行过程中，国家相关政策发生重大变化，导致无法执行现行预算时。

2．国内外市场环境发生重大变化，企业必须调整生产结构、营销策略时。

3．出现不可抗力的重大自然灾害、公共紧急事件等致使预算的编制基础不成立，或者将导致预算执行结果产生重大差异时。

4．当企业的生产经营做出重大调整，致使现行预算与实际差距较大时。

第6条　预算调整的时间

1．企业于每年___月___日对生产成本预算进行一次调整。

2．每季度分析生产成本预算执行情况，并可通过相关审批程序，对不合理的生产预算内容进行调整。

第3章　预算调整程序

第7条　提出生产预算调整

调整生产预算时，生产部须向财务部提出书面报告，阐述生产预算执行的具体情况、客观因素变化情况及其对生产预算执行造成的影响程度，并提出生产预算的调整幅度。

第8条　审核生产预算调整

财务部经理审核预算调整申请报告，并根据对以下相关内容的分析，提出预算调整幅度。

1．预算中未规定的事项。

2．超过预算限额的事项。

3．执行预算差异较大的事项。

4．客观因素变化情况及其对预算执行造成的影响程度等情况。

第9条　提出预算调整总方案

1．财务部审查分析经过生产部经理签字的生产预算调整申请表，汇总生产预算调整申请，提出生产预算调整总方案，报总经理审批。

2．对于不符合要求或不切实际的生产预算调整申请，财务部应予以否决。

第10条　审议预算调整方案

总经理组织财务部经理、生产部经理等对生产预算调整方案进行审议。

第11条　下达与执行新生产预算

1．财务部根据审议结果修改生产预算调整方案，报总经理审批后下达新的预算。

2．生产部严格执行新的生产预算指标。

第4章　附则

第12条　编制单位

本制度由财务部负责编制、解释与修订。

第13条　生效日期

本制度自××××年××月××日起生效。

9．2　生产成本控制

企业需选择合适的办法对生产成本进行控制，以提高竞争力，实现经济利润最大化。下面是生产成本控制办法示例，仅供参考。

生产成本控制办法

第 1 章　总则

第 1 条　目的

为了加强企业生产过程中的生产成本控制，确保企业成本控制在合理范围内，并对生产成本控制的过程进行规范化管理，特制定本办法。

第 2 条　适用范围

本办法适用于企业生产成本控制的所有相关工作。

第 2 章　管理职责

第 3 条　生产部职责

1．负责制定生产成本控制制度。

2．负责依据相关制度制订生产成本控制计划，上报批准后实施。

3．负责对生产成本核算结果进行分析，制定改进措施并上报批准后实施。

4．负责根据生产成本年终核算结果进行分析、总结，并进行生产成本控制相关文件、资料的存档。

第 4 条　财务部职责

1．负责制定生产成本控制标准。

2．负责对生产成本进行定期核算。

3．负责对生产成本进行年终核算，并提交核算报告。

第 3 章　生产成本控制

第 5 条　制定生产成本控制标准

财务部制定生产成本费用分摊的相关规范和制度，并据此制定生产成本控制标准，上报总经理审批通过后颁布执行。

第 6 条　制订生产成本控制计划

1．生产成本控制计划制订角度

生产部在了解生产项目、年度实践等内容的情况下，寻找适合生产成本控制的角度制订计划。

2．生产成本控制计划内容

（1）生产成本控制计划的主要内容包括生产过程中出现的原材料成本控制、人工成本控制、能源成本控制、辅料消耗成本控制、工序间物料运输成本控制、生产部管理成本控制等方面。

（2）生产成本控制计划的内容应尽可能详尽、可行，包括生产成本控制活动方案、生产成本优化方案等。

（3）生产成本控制计划内容中还应包含应急成本控制方案，在投产前将可能出现的生产成本控制问题进行各种设想，并对生产成本控制计划的实施效果进行预测，最终完成生产成本应急控制方案的制定，以应对生产成本重大问题的出现，避免给企业带来经济损失。

第 7 条　组织实施生产成本控制计划

1．生产过程成本控制

生产部根据生产过程中的工序、能力、效率等因素，对生产过程中出现的成本实施有效控制，如因特殊情况需变更生产成本控制计划时，生产部应会同财务部对生产成本控制计划进行修订，并上报总经理审批，待审批通过后方可执行。

2．以组织为单位进行微观控制

生产部应以车间、下属组织为单位细分生产成本控制计划，尽量分配到每班每人，严抓成本微观控制，最终获得生产成本的总体控制。

3．定期总结

生产部应组织车间、下属单位进行生产成本控制的定期总结，及时发现问题和排除隐患，并制定相应的对策方案，确保生产成本控制计划的严格执行。

（续）

4．日常监督检查

生产部成立生产成本监督检查小组，负责对生产成本的支付、管理、使用情况进行日常监督检查，及时发现违规行为，制定整改措施，以消除隐患和避免生产成本控制问题的发生。

第8条　财务部依据生产部的生产成本控制计划制定生产成本核算制度，定期对生产成本进行核算，生产部配合完成，并呈报总经理审批后发布。

第9条　生产成本核算后分析

1．分析方法

生产部依据财务部的定期核算结果，采用比较分析法、比率分析法、因素分析法、趋势分析法等对生产成本控制计划进行分析。

2．分析形式

生产部应组织车间、下属单位负责人举行生产成本定期核算分析说明会，以会议讨论的形式完成对定期核算结果的分析。

3．分析内容

（1）根据生产成本控制计划检查和评估实际生产成本的执行情况，分析差异及根源。

（2）分析生产成本控制指标的完成情况和变动情况，明确生产成本控制中存在的问题，寻求降低成本费用的措施。

4．分析结果

生产部将分析结果汇总后，编制生产成本定期核算分析报告。

第10条　制定生产成本控制改进措施

1．生产部根据生产成本定期核算分析报告，要求各车间、下属单位组织进行生产成本控制计划的修订和改进措施的制定。

2．生产部汇总改进措施后，组织讨论确定生产成本控制改进措施范围和内容。

3．生产部完成生产成本控制改进措施实施方案，呈报总经理审批。

第11条　实施改进措施

生产部依据总经理审批通过的生产成本控制改进措施实施方案进行改进，以完善生产成本控制计划和确保达到控制目标。

第12条　财务部依据生产部的生产成本控制计划对生产成本进行年终核算，由生产部配合完成，并呈报总经理审批后发布。

第13条　生产部召开部门生产成本年终总结会，公布核算结果，并完成生产部生产成本年终总结报告，呈报总经理审批。

第4章　附则

第14条　编制单位

本办法由××部负责编制、解释与修订。

第15条　生效日期

本办法自××××年××月××日起生效。

9.2.1　采购成本控制方案

为了加强对采购成本的控制力度，规范采购人员的采购活动，企业需针对采购成本控制工作制定相应的方案。下面是采购成本控制方案示例，仅供参考。

采购成本控制方案

一、目的

为了确保采购物资的质量、价格和交货期限等符合要求，在保证质量的前提下，达到降低采购成本的目的，结合企业实际情况，特制定本方案。

二、分析采购成本

（一）采购成本分析项目

采购部对供应商提供的报价进行成本分析，逐项审查、评估，求证成本的合理性。成本分析的内容包括直接材料成本、工艺方法、所需设备及工具、直接及间接人工成本、供应商行业利润等。

（二）采购成本分析步骤

1. 确认设计是否超过规格要求。
2. 分析使用材料的特性与必要性。
3. 计算各方案的使用材料成本。
4. 提出改善建议并分析。
5. 分析加工方法及工程。
6. 选定最合适的设备、工具。
7. 分析作业条件。
8. 评估加工工时。
9. 对制造费用、营销费用进行控制，以提升利润空间。

（三）采购成本分析注意事项

1. 积极借鉴自己或者他人的经验。
2. 合理应用会计核查手段。
3. 有效利用技术分析方法。
4. 向同类制造商学习。
5. 建立成本计算经验公式。
6. 提高议价能力。

三、采购成本控制措施

（一）进行物资分类，把握主要的控制方向

采购部对物资进行分类，确定重要材料，并对询价、比价、谈判、验货等各个环节进行控制，将物资的采购价格降到最低。

（续）

（二）选择合适的采购方式

采购部根据采购物资的种类及采购量，结合市场供应情况选择合适的采购方式，能集中采购的不分散采购，尽量发挥联合采购的优势。

（三）公开采购，引入竞争机制

采购部要公开采购清单，广泛接触各供应商，使供应商之间形成竞争关系，促使采购价格的降低。

（四）加强采购管理

1. 企业内部应加强对采购的监督，向供应商详细说明企业的采购政策和供应商的管理政策。

2. 企业应对采购人员进行职业道德教育，防止采购人员为了私利而损害企业利益。

四、采购成本控制注意事项

在控制采购成本的过程中，不能只注重采购成本的降低而忽视采购物料的质量，要采购物美价廉的物料。

9.2.2 原材料成本控制方案

为了降低企业的总成本，避免企业利润的流失，企业要加强对原材料成本的控制。下面是原材料成本控制方案示例，仅供参考。

原材料成本控制方案

一、目的

为了贯彻落实企业的生产经营战略，精确核算生产成本，控制原材料消耗，提高企业经济效益，特制定本方案。

二、原材料成本控制职责

（一）生产部经理

1. 组织生产车间贯彻执行原材料消耗定额文件。

2. 每月在对___月份车间原材料进出清单中的数据进行总结分析的基础上，及时填报___月份车间原材料利用率统计表，并将结论及时汇报给总经理。

（二）车间主任

1. 在产品生产加工过程中对原材料进行有效控制。

（续）

2. 每月组织做好现场原材料的盘点工作，及时填报___月份车间原材料进出清单。

（三）采购部经理

在保证原材料采购质量的情况下，慎选原材料供应商，并报总经理审批，以有效控制原材料的采购价格。

三、原材料消耗数据的统计与反馈

1. 定期盘点原材料

车间主任每月须认真对车间的原材料进行盘点，及时记录当月原材料领用数量和剩余数量，并填报___月份车间原材料进出清单。

2. 计算实际原材料利用率

生产部经理依据车间主任当月填报的___月份车间原材料进出清单，填写___月份车间原材料利用率统计表中“实际用量”一栏，并计算当月原材料的利用率。

3. 比较分析总结

（1）生产部经理根据当月销售部开出的生产订单，按产品型号、数量计算原材料的计划用量。

（2）根据每月车间原材料进出清单和车间原材料利用率统计表，生产部经理对原材料消耗数据进行统计分析，并将结论及时汇报给总经理。

四、原材料成本控制措施

（一）合理控制原材料的使用

1. 限额领料

根据生产计划和原材料消耗定额计算原材料消耗总量，按总量限额领发材料。

2. 合理加工

使用原材料时须遵循“科学排料、量体裁衣、正确划线”的原则，尽量减少边角料的出现。

3. 边角料的回用

对在原材料加工过程中产生的边角料，若能拼接的，在确保产品质量的前提下，尽量与原材料拼接使用。若不能拼接的，须对这些边角料进行整理再加工，留作他用，尽量做到材尽其用。

4. 废料的回收与核算

对于可回收的废料，应与完工产品同时入库。

（续）

（二）降低原材料采购成本

1. 选择合适的供应商

选择多家供应商进行询价、比价工作，然后从中选择三家或三家以上的供应商。

2. 进行价格谈判

与供应商分别进行谈判，确定合理的原材料采购价格。

五、考核和奖励

1. 考核依据。以生产文件中原材料计划用量为标准，按月通过对实际消耗用量的统计，与原材料计划用量进行比对，测算出当月的原材料利用率。

2. 企业将严惩在生产过程中因制造失误造成原材料损失的责任人。

3. 根据___月份车间原材料利用率统计表反映出的原材料利用率数据，企业将核定一个原材料利用率的基准线。

（1）若原材料利用率高于企业核定的基准线，企业进行数据核实后，将视利用率差额的大小，以相应的权重比例给予车间及班组负责人和相关人员物质奖励。

（2）若原材料利用率低于企业核定的基准线，企业将要求车间及班组责任人说明原因，如情节严重的，企业将对其处以重罚。

4. 产品生产加工流程各环节所产生的损失由生产主管直接领导承担。

9.2.3 直接燃料动力成本控制方案

为了最大限度地降低直接燃料动力费在生产成本中所占的比例，提高企业整体经济效益，企业需要加强对直接燃料动力成本的控制。下面是直接燃料动力成本控制方案示例，仅供参考。

直接燃料动力成本控制方案

一、目的

为了更有效地开展直接燃料动力成本的控制工作，推进节能降耗管理工作，降低企业总的生产成本，保证企业的经营利润，根据企业的实际情况，特制定本方案。

二、成本控制职责

（一）生产部经理

1. 组织各车间严格执行直接燃料动力的消耗定额文件和节能降耗作业指导书。

2. 负责所辖车间班组的节能降耗工作。

（续）

（二）车间主任

1. 在生产部经理的领导下，负责所辖班组的节能降耗工作。

2. 根据车间、所辖班组在节能降耗方面存在的问题，提出节能降耗意见或建议。

三、直接燃料动力成本控制措施

直接燃料动力成本控制的执行工作重点在于贯彻执行企业节能降耗工作方针、制度，将各种节能措施落实到生产过程的各个环节中。

（一）建立、健全节能降耗管理制度

根据企业的生产经营现状，进一步完善生产节能降耗管理办法，使各项节能降耗措施符合企业的生产实际，将节能降耗工作真正落到实处。

（二）规划好节能降耗工作

1. 按生活、生产分开计量的原则，对生产区水、电、汽、煤等能源进行管理。

2. 做好能耗统计工作，对能源消耗情况进行准确计量，为建立生产用直接燃料动力的消耗账目提供准确的数据。

3. 生产部每___个月要组织对生产区的直接燃料动力消耗进行一次综合性分析，并针对节能降耗工作制定改进措施。

（三）做好工艺技术及设备选择

1. 在进行工艺技术和设备选择时，须考虑节约能源，优先采用节能技术成熟、能耗低的工艺技术和设备。

2. 逐渐取消能耗较大的工艺技术及设备。

3. 生产车间及班组应优化工艺线路，尽量减少车间、班组所辖设备的低负荷运转时间。

（四）培养作业人员的节约意识

在各生产区要做好节能降耗的宣传和教育工作，培养作业人员的节约意识，具体措施如下。

1. 积极开展形式多样的宣传活动，广泛宣传关于节能的法律政策，分享节约能源的好经验、好做法，普及节能知识。

2. 推广节能技术，制作节能降耗宣传标语、横幅，并张贴、悬挂在生产区域，带动作业人员加入节能降耗活动中来，努力营造节能降耗的浓厚氛围。

3. 对平时在节能降耗方面有突出贡献的员工、项目，以及节能降耗工作较突出

（续）

的事迹，在企业内进行宣传、奖励。

4. 班组长应经常组织本班组人员学习节能降耗知识，鼓励作业人员对节能降耗工作提出合理化建议。

四、加强直接燃料动力节约使用的考核与奖惩

（一）对直接燃料动力节约情况的考核

生产部每半年组织对各级能耗单位消耗直接燃料动力的情况进行统计、分析，并将直接燃料动力的消耗定额与实际消耗量进行比较，当发现实际消耗量高于或低于考核指标___%时，判定为能源使用异常。此时，应组织调查原因，对异常情况进行分析，并采取相应的预防与纠正措施。

（二）对直接燃料动力节约情况的奖惩

根据考核结果和奖惩措施，对各级能耗单位实施奖惩。

1. 对严格贯彻节能降耗措施且取得一定经济成果的单位和个人，给予表彰奖励。

2. 对现场管理不善且不按节能降耗规范操作的人员，给予惩罚。

五、直接燃料动力成本控制注意事项

为了确保方案的顺利实施，需要做好各项节能工作的监督和检查，降低直接燃料动力成本在生产成本中所占的比例，提高企业整体的经济效益。

9. 2. 4 质量成本控制方案

为了严格控制质量成本，使企业获得较好的经济效益，企业需要做好质量成本控制工作。下面是质量成本控制方案示例，仅供参考。

质量成本控制方案

一、目的

为了进一步推行质量成本控制办法，更好地实施质量成本控制，以达到不断降低质量成本、提高企业的经济效益的目的，结合企业实际情况，特制定本方案。

二、质量成本的构成

1. 预防成本，包括质量培训费、质量管理活动费、质量改进措施费、质量评审费、工资及福利费。

2. 鉴定成本，包括检测实验费、质量检测费、工资及福利费、检测设备费。

（续）

3. 内部损失成本，包括废品损失费、返工损失费、停工损失费、质量事故处理费。

4. 外部损失成本，包括索赔费、退换货损失费。

三、质量成本控制职责

（一）质量管理部

1. 组织落实、监督、考核质量成本计划。

2. 根据质量成本综合分析结果，制订相应的质量成本改进措施及改进计划。

（二）财务部

1. 参与制定质量成本管理制度，提出质量成本核算程序。

2. 组织有关人员收集、核算质量成本数据，并进行汇总统计、核算。

3. 编制并提供质量成本数据的收集、核算及经济分析所需的报表。

四、质量成本控制措施

（一）做好各种定额管理工作

1. 做好产品的材料消耗定额管理工作。

2. 做好产品的外购配套件消耗定额管理工作。

3. 做好设备的配件消耗定额管理工作。

4. 做好工具消耗定额管理工作。

5. 做好劳动工时定额管理工作。

6. 做好质量成本费用定额管理工作。

（二）制定合理稳定的价格

1. 制定合理的材料物资价格。

2. 制定合理的工具价格。

3. 制定合理的备品备件价格。

（三）做好计量装置的配备工作

1. 管理材料物资的计量装置。

2. 管理气、水、电的流量仪表。

3. 校正、维修所有计量装置。

（四）建立质量成本管理责任制度

1. 企业的质量成本管理工作在总经理的领导下，由质量管理部负责组织，以财务部为主，其他有关部门参加，对企业质量成本进行预测、计划、核算和经济分析。

（续）

2. 由质量管理部对企业的质量成本进行控制和考核。

（五）建立目标质量成本管理制度

1. 目标质量成本管理要从产品设计入手，事先控制产品质量成本水平，使产品既保持其应有的功能，又有最低的质量成本。

2. 企业实行目标质量成本管理，将目标质量成本层层分解，据此制定企业、部门、车间、班组、各岗位、各工序的目标责任质量成本表。

3. 质量目标成本管理的程序如下。

（1）依据市场调查、经济预测及企业的利润目标，提出产品的目标质量成本，以此作为设计产品耗用材料与工费的限额。

（2）评价产品的设计方案，进行经营决策，指导产品生产，不断降低产品质量成本，从而提高经济效益。

五、质量成本控制注意事项

为做好质量成本控制工作，各部门要协助质量管理部做好质量控制，以及监督和检查工作，保证方案的顺利实施。

9.2.5 直接人工成本控制方案

为了严格执行企业制定的工时定额管理规定，控制人工成本，企业需要加强对直接人工成本的控制与管理。下面是直接人工成本控制方案示例，仅供参考。

直接人工成本控制方案

一、目的

为了降低企业总生产成本，节省直接人工成本，根据企业的实际情况，特制定本方案。

二、制定直接人工标准成本

制定直接人工标准成本的步骤如下。

1. 区分各种直接作业的种类。

2. 确定生产产品所需要的工时定额和单位工时的工资，将二者相乘即得到直接人工标准成本。

三、执行直接人工标准成本

执行直接人工标准成本就是根据该标准，从人员数量、产品工时消耗和工资水

（续）

平三个方面控制人工成本的支出，保证成本控制的实现。

1. 控制人员数量，正确制定和执行定员管理。

2. 控制产品工时消耗，采取技术措施，提高劳动生产率，降低产品工时消耗。

3. 控制工资水平，严格执行中华人民共和国人力资源和社会保障部关于职工工资、劳保福利费用的规定，认真控制企业职工工资水平，正确计算职工工资，合理控制加班加点津贴的发放。

四、降低直接人工成本的措施

1. 经过系统性分析，从产品设计阶段直至生产作业过程，每一环节都应考虑降低直接人工成本的可能性和办法，具体措施如下。

（1）在设计阶段达成加工方法的标准化与通用化。

（2）在生产计划阶段，谋求加工方法的不断改善。

（3）在生产计划阶段，研究如何缩短生产所需要的时间与每一生产过程的期间。

（4）通过作业分配及作业过程的控制来提高作业效率。

（5）通过厂房布置等减少工时与生产停滞状态。

（6）防止出现作业等待与操作停滞等情况。

（7）通过产量的提高、不良品的减少来降低单位生产成本。

（8）通过提升员工的工作意愿来提高生产效率，通过提高员工的正确操作率来降低成本。

2. 科学、合理地分配生产作业，充分发挥作业人员的优势。

3. 购进机械设备，提高车间机械化作业程度，以降低直接人工成本。

4. 建立机器预防保养制度，不断推进技术改造，提高现有设备的工艺状态。

五、直接人工成本控制注意事项

机械设备虽可节省大量的人工费用，但要考虑设备投资所增加的折旧费、占用资金的成本及大量生产引起的价格下降等因素，所以企业在引进机械设备时，需要做投资分析，衡量设备的投资效率。

生产成本考核实施细则示例，扫描下方二维码即可查看。

9．3　设备与生产费用控制

9．3．1　设备备品备件费用控制

为了规范设备备品备件的购置、使用、维修等工作，控制企业生产经营成本，企业需要加强对设备备品备件费用控制的管理。下面是设备备品备件费用控制制度示例，仅供参考。

设备备品备件费用控制制度

第1章　总则

第1条　目的

为了确保设备的正常运行，降低备品备件的成本，减少企业流动资金占用，加快企业资金周转，根据企业的实际情况，特制定本制度。

第2条　适用范围

本制度适用于企业设备备品备件费用控制工作。

第2章　制定设备备品备件费用控制标准

第3条　制定备品备件费用控制标准

设备主管在财务部相关负责人的协助下，经过充分的调查、研究和科学的计算后，制定出各备品备件的成本控制标准。

第4条　进行综合平衡

在制定备品备件费用控制标准时，设备主管需要正确处理成本指标与其他技术经济指标的关系，从完成企业的总体目标出发，进行综合平衡，防止出现片面性的情况。

第5条　确定备品备件费用控制标准

进行综合平衡后，设备主管要确定各备品备件的成本控制标准，并报财务部经理、设备部经理审核，报总经理审批。

第3章　控制设备备品备件费用

第6条　备品备件采购成本的控制

1．采购部应建立一个长期稳定的备品备件供应网络，减少备品备件采购的中间环节，降低备品备件采购成本。

2．采购部相关负责人可通过商务谈判和技术谈判，来达到购置质优价廉的备品备件的目的。

第7条　备品备件机会成本的控制

1．设备部应加强对备品备件采购的前期管理，做好备品备件的调研、选型工作，确保其与设备的整体性相融，避免其因与设备不匹配而积压在仓库中，最大限度地实现设备备品备件的零库存管理。

2．设备部应根据备品备件的使用寿命编制各备品备件的更新及采购计划，提高库存的准确性和适时性。

3．设备部应加强对设备的检查管理，尽早发现设备的异常状态，及时排除事故隐患，减少计划外备件的使用。

（续）

第 8 条　备品备件使用成本控制

1．加强对维修人员领件的控制。维修人员领件时，须经备件发放员按规定的规格和标准核实比对后方可提取。

2．加强对维修作业品质的控制。提高维修作业品质，减少因作业品质造成的损失，降低备品备件损坏率，延长备品备件使用寿命。

第 9 条　备品备件维修成本的控制

1．设备部管理人员应加大对机密度、精密度较高的备品备件的修复力度，降低维修成本。

2．备品备件维修人员应敢于利用新技术，自主创新，掌握核心技术，自主修复备件，使其恢复原有效用功能，从而降低备品备件的维修费用。

3．设备部管理人员应建立激励机制，鼓励维修人员进行技术攻关，并为之提供必要的资金支持和技术支持。

第 4 章　评估备品备件费用控制

第 10 条　备品备件费用的核算

财务部相关负责人应根据备品备件的相关资料统计，核算备品备件的成本实际发生额，并将其告知设备部。

第 11 条　偏差的纠正

1．设备部将备品备件的成本实际发生额与制定的备品备件费用标准进行比较，发现差异并进行分析，提出改进措施，加以贯彻执行。

2．对于存在重大差异的，设备部相关人员应成立专案小组进行纠正。

第 12 条　相关人员的责任考核

设备管理人员应定期对有关备品备件费用控制的责任部门及个人进行考核，考核其实际用件量与备件消耗定额的差异。

第 5 章　附则

第 13 条　编制单位

本制度由设备部负责编制、解释与修订。

第 14 条　生效日期

本制度自 ×××× 年 ×× 月 ×× 日起生效。

9.3.2　设备维修与保养费用控制方案

设备维修与保养费用是企业成本的重要组成部分，企业需要做好这一费用的控制工作。下面是设备维修与保养费用控制方案示例，仅供参考。

设备维修与保养费用控制方案

一、目的

为了加强对设备维修与保养费用的控制和管理，最大限度地降低生产成本，结合企业的实际情况，特制定本方案。

（续）

二、设备维修与保养费用管控职责

（一）设备管理经理

根据各车间平均计划月产值及设备构成特点，结合设备利用率等因素，参照历年统计资料进行指标分解，于每年___月将设备维修与保养费用指标下达到生产车间。

（二）设备管理专员

负责车间的生产设备安全运行，做到有计划地限额使用费用，并逐月进行设备维修与保养费用核算。

三、设备维修与保养费用控制措施

（一）确定设备维修与保养费用限额

1．生产车间所负责的维修与保养任务，主要包括日常维护、定期维护和检查、定期精度调整、小修和故障修理等工作。设备专员负责做好上述维修保养记录和维修保养费用的统计核算工作。

2．结合设备技术状况，经过科学的分析，设备管理经理确定设备维修保养工作的工时、停机时间及费用定额。

3．根据上述各项定额和企业规定的定期维护、检查、精度调整及预防性试验的周期，再加上故障修理的统计资料，核算设备维修与保养费用限额。

（二）控制维修与保养费用

设备维修与保养费用应实行限额控制使用和节约奖励的办法，企业可运用费用限额卡进行控制。

1．月初，设备管理专员会同财务部人员向维修与保养费用小组签发费用限额卡，当发生维修与保养费用时，在该卡上逐项登记，随时结算出余额。

2．月末，财务部人员对领料单和劳务结算单进行审核，并计算超支或节约额，按规定予以奖惩。

（三）设备维修与保养费用的统计核算

设备维修与保养费用的统计核算工作，由设备管理专员会同财务部人员完成。统计核算的依据主要包括以下五个方面的内容。

1．设备故障修理记录。

2．设备定期维护记录。

3．设备定期检查记录。

（续）

4．设备定期精度调整、定期预防性试验竣工报告单。

5．设备小修竣工报告单。

四、设备维修与保养费用的考核和奖惩

根据考核期内设备维修与保养费用的实际发生额是否超出费用限额、超支或节约的额度，按企业规定的考核制度和经济奖惩办法，执行考核与奖惩。

五、设备维修与保养费用控制注意事项

1．做好预防措施。采取早期预防和及时维修的处理对策，尽量减少损失和浪费。

2．做好维修与保养人员的培训工作。

9．3．3　安全生产用品购置费用控制方案

为了降低生产成本，控制企业费用支出，保证企业的经营利润，企业需要适当控制安全生产用品购置费用。下面是安全生产用品购置费用控制方案示例，仅供参考。

安全生产用品购置费用控制方案

一、目的

为了使企业的安全生产用品购置费用得到合理使用，严格控制不合理支出，特制定本方案。

二、安全生产用品购置费用界定

安全生产用品购置费用主要是指企业按照国家有关部门规定，向生产车间的作业人员发放劳动保护服装及用品、安全防护用品、防暑降温用品、值班用床及被褥，以及不划为固定资产的安全设备等发生的支出费用。

三、安全生产用品购置费用的定额管理

对于安全生产用品购置费用的开支，财务部应按国家规定的标准执行，实行定额控制。其重点是确定合理的安全生产用品购置费用的定额，具体如下。

（一）确定安全生产用品购置费用的定额

生产部根据上一年度安全生产用品购置费用开支项目及金额，结合国家规定的标准和企业本年度的实际情况，确定本年度安全生产用品购置费用的定额。

（二）审核安全生产用品购置费用定额

确定后的安全生产用品购置费用定额需报财务部审核，经财务部经理确认符合

（续）

国家规定和企业的实际情况后，方可在企业范围内实施。

四、安全生产用品购置费用控制措施

（一）确立归口管理部门

安全生产用品购置费用的定额确定后，具体使用由生产部统一归口管理，其使用情况由财务部根据国家规定和企业的实际情况进行监督。

（二）控制安全生产用品购置费用支出

1. 生产部根据生产车间的实际需求情况，提出安全生产用品购置费用支出申请。

2. 安全生产用品购置费用支出申请需经财务部或主管的成本会计审核，确保符合安全生产用品购置费用的支出范围和支出标准。安全生产用品购置费用支出申请经审批后方可支付或发放。

五、安全生产用品购置费用控制注意事项

在控制安全生产用品购置费用的时候，不仅要在价格上进行控制，还要注意安全生产用品的使用管理。

9.4 外协外包生产费用控制方案

9.4.1 外协加工生产费用控制方案

为了加强生产成本控制，保证企业的经济利润，企业需要对外协加工生产费用进行控制。下面是外协加工生产费用控制方案示例，仅供参考。

外协加工生产费用控制方案

一、目的

为了加强对外协加工生产费用的控制与管理，科学、合理地控制外协加工生产费用的支出，最大限度地降低企业的生产成本，根据企业的实际情况，特制定本方案。

二、选择外协加工生产的原因

企业因设备或技术上的不足，难以独立完成某项产品加工生产任务，或者达到相同质量要求但需要花费较高的费用，所以为确保按时完成任务、降低成本、充分

（续）

利用社会资源，可委托外协单位定做部分零部件或半成品。

三、职责权限

（一）总经办

1. 负责确定外协加工生产费用的定额。

2. 负责审批采购部确定的外协单位。

3. 监督外协加工生产费用的支出情况。

（二）生产外包管理部

1. 选择合适的外协单位。

2. 控制外协加工生产费用的支出情况。

四、外协加工生产费用控制

（一）选择合适的外协单位

通过对多家外协单位的报价进行比较，选取报价较为低廉、符合企业生产质量要求、具有良好口碑、能保持长期合作的外协方，以减少外协加工生产费用的支出。

（二）进行价格谈判

企业选择外协加工生产时，应与外协单位进行价格谈判，尽量降低外协生产加工费用。

（三）确定合理的外协材料消耗定额

1. 根据产品的特点及相关历史记录确定产品材料消耗的定额。

2. 结合产品的特点、材料的消耗定额及外协单位的生产状况等，与外协方进行协商，确定外协加工生产作业中的材料消耗定额。

3. 确定外协材料消耗定额时应考虑材料的成本，材料成本与材料定额消耗成反比。

4. 外协品材料消耗定额不得超过企业所定同类产品的材料消耗定额的___%。

（四）严格执行外协材料消耗定额

1. 外协单位在进行外协作业时所消耗的材料应达到企业所制定的定额消耗指标，否则应赔偿给企业一定额度的经济损失。

2. 必要时，企业可派专业的工艺技术人员协助外协单位改善生产工艺流程，减少材料的消耗，达成外协材料消耗定额。

五、外协加工生产费用控制注意事项

在选择外协单位的时候，不能只关注费用的低廉，还要重点查看外协单位的生产能力、信用、交货期、口碑、财务能力、管理能力等。

9.4.2 包工包料费用控制方案

为了降低生产成本，企业需要加强对包工包料费用的控制。下面是包工包料费用控制方案示例，仅供参考。

包工包料费用控制方案

一、目的

为了加强对包工包料费用的支出控制，降低企业的生产成本，根据企业的实际情况，特制定本方案。

二、选择包工包料方式的原因

1. 基于成本降低的原因，选择包工包料生产的成本费用比自身生产的成本费用低。

2. 基于技术或设备水平原因，企业某些零部件或产品的生产能力不足或生产难度大。

3. 基于生产产品结构调整、经营策略调整或风险转移等。

三、职责权限

（一）总经办

1. 负责确定包工包料费用的定额。

2. 负责审批采购部确定的外包商。

3. 监督包工包料费用的支出情况。

（二）生产外包管理部

1. 选择合适的外包商。

2. 控制包工包料费用的支出情况。

四、包工包料费用的定额管理

采购部要合理规划包工包料费用的使用，经财务部及总经理审批通过之后，确定包工包料费用的定额。

五、包工包料费用控制

（一）选择合适的外包商

通过对多家外包商的报价进行比较，选取报价较为低廉、符合企业生产需要的外包商，以减少包工包料费用的支出。

1. 采购部在日常工作中需积极收集与企业有关的外包商的相关信息，并将外包商的基本资料按照外包品种的不同进行编号存档。

2. 企业的产品需要包工包料生产时，采购部应在生产计划编制后，根据现有的

（续）

资料，向相关的外包商发送询价单。

3. 收到外包商的询价回单后，采购部应从外包商的报价中选取报价较低的至少三家外包商。

（二）进行价格谈判

企业选择包工包料生产时，应与外包商进行价格谈判，尽量降低包工包料费用。

1. 采购部根据当期生产计划和下期生产计划与生产部进行协商，尽量合理地扩大外协品的单次加工数量，方便在与外协方谈判时讨价还价。

2. 采购部在与选定的外协单位进行包工包料费用谈判时，要根据企业较大的订单量，尽量将加工生产费用确定到一个比较低的水平，以减少包工包料费用的支出。

（三）选择成本低的支付方式

对包工包料费用，企业可根据实际情况，选择一次性支付或者分期支付的方式。

六、包工包料费用控制注意事项

不能只追求包工包料费用的降低，而忽视对外包商的审核及产品的检验，要在追求质量的基础上控制费用的支出。

第 10 章 智能制造环境下的生产管理

10．1 智能生产技术

10．1．1 大数据技术

大数据是指体量特别大、数据类别特别多，无法在一定时间内用常规技术或者软件对其内容进行抓取及处理的数据集。大数据技术在生产过程中的关键技术与主要应用如下。

1. 关键技术

（1）大数据集成与清洗技术。大数据集成是指将不同来源、格式、特点的数据进行集中处理。大数据清洗是将集成在一起的数据进行重新审查与检验，及时发现其中存在的问题，并处理掉无效数据，从而得到最终数据。

（2）大数据存储与管理技术。大数据存储与管理技术是指采用不同存储技术将集成数据进行安全、经济、有效管理的技术。

（3）大数据分析与挖掘技术。大数据分析与挖掘技术是指能够从大量的、不同来源的、信息模糊不清的数据中分析与挖掘到有价值的、潜在的、有效的信息的技术。

（4）大数据标准与质量体系技术。大数据标准与质量体系技术包括了生产大数据通用技术、平台、产品、行业等方面的标准与规范。

（5）大数据可视化技术。大数据可视化技术是指利用虚拟现实技术、计算机图像处理技术等，将数据转换成图像或者图形显示在屏幕上的技术。

2. 技术应用

（1）生产工艺改进。在生产过程中使用大数据技术，可以分析整个生产流程，具体了解每个生产步骤如何执行，一旦有某个步骤偏离标准生产工艺，就会产生警报信号，从而快速发现问题所在，更轻松地解决问题。

（2）生产流程优化。利用大数据技术在生产过程中建立虚拟模型，可以实时监控生产过程、把控生产进度、监测生产质量，这样就可以更加有效地控制与优化生产流程。

（3）生产能耗降低。利用大数据技术监控设备生产过程中的能耗情况，能够及时发现能耗的异常或者峰值，并可以对所有生产流程进行分析，根据实际情况制定相应的决策，降低生产过程中的能源消耗。

10. 1. 2 云计算技术

云计算是一种无处不在、便捷且按需对一个共享的可配置计算资源进行网络访问的模式。它能够通过最少量的管理及与服务提供者的互动实现计算资源的迅速供给与释放。云计算技术在生产中的关键技术与主要应用如下。

1. 关键技术

云计算技术中较为关键的技术是并行计算。并行计算是指同时使用多种计算资源解决计算问题，提高计算机系统处理能力与计算能力的一种技术手段。

并行计算的核心思想是用多个处理器来解决同一个问题，也可以说是将待解决的问题分成不同的部分，由不同的计算机独立处理。

2. 技术应用

（1）优化网络架构。企业利用云计算技术可以使信息管理更加自主化、智能化、灵活化。在传统生产中，企业要想得到更好的信息管理结果，就需要花费大量的人力物力搭建信息网络架构，而云计算的出现，使得低效的网络架构向高效的网络架构转变。

（2）监控生产设备。通过采用云计算技术，可以实现生产设备的实时监控，更好地把握生产设备的运行状态。

（3）提供即时报价。企业可利用云计算技术为客户提供关于产品的即时报价。这不仅使工作流程得到优化、生产效率得到提高、资源得到最佳分配，而且使制作生产工作模型或者工程图所花费的时间更少。

10. 1. 3 物联网技术

物联网是指通过信息传感设备，按照约定的协议将物品与互联网相连接，进行信息交换和通信，以实现智能化识别、定位、跟踪、监控和管理等功能的一种网络。物联网技术在生产中的关键技术与主要应用如下。

1. 关键技术

（1）射频识别技术。射频识别技术是一项利用射频信号通过空间耦合实现无接触信息传递并通过所传递的信息达到识别目的的技术。其是物联网技术中的重要组成部分。

（2）传感器技术。传感器技术借助于各种传感器实现对外界信息与数据的获取、处理及存储，从而有效提高物联网技术的智能化与可靠性水平。

（3）近距离通信技术。近距离通信是指通信双方通过无线电波在较短距离内传输信息的技术。它支持各种高速率的多媒体应用、高质量声像配送、多图像文档传送等，对物联网技术起着支撑作用。

2. 技术应用

（1）生产设备互联。利用物联网技术将各生产设备连接成一个网络，可以实现生产员工、生产过程、生产设备、生产数量之间的完整融合，从而实现数据的进一步可视化，协助进行生产。

（2）物料识别。物联网技术可以对生产过程中使用的原材料、半成品及成品等进行标识，并录入计算机系统，完成对原材料、半成品及成品的数量、位置、状态的数字化管理。

（3）能耗数据管理。在完成对电能、水能、热能的数据采集后，可以将这些数据介入物联网，利用物联网技术提供的支持完成对生产能耗的数据管理。

（4）生产设备监测。将生产设备的内部参数与运行参数，传输进物联网中，并利用物联网将人与设备连接起来，就可以实时获取生产设备的当前状态，及时发现设备问题，并做出相应处理。

10. 1. 4　人工智能技术

人工智能是人类设计与操作相应的程序，从而使计算机可以对人类的思维过程与智能行为进行模拟的一项技术。随着人工智能的发展及生产制造业的转型升级，人工智能在自动化与简化整个生产系统方面发挥了巨大的作用。人工智能在生产中的关键技术与主要应用如下。

1. 关键技术

（1）机器学习。机器学习是一门涉及诸多领域的交叉学科，专门研究计算机怎么模拟或实现人类的学习行为，以及获取新的知识或者技能，重新组织已有的知识结构使之不断改进自身性能。在生产中，机器学习可以通过经验数据判断现有生产模型，并根据模型提供相应信息，辅助企业做出决策。

（2）知识图谱。知识图谱是一种结构化的语义知识库，用于以符号的形式描述物理世界中的概念及相互关系。在生产中的知识图谱主要是将所有的信息连接在一起从而得到一个密切的信息网络，这样企业就可以从“关系网”的角度来分析和解决问题。

（3）语言处理。语言处理是计算机科学领域与人工智能领域发展的一个重要方向，是计算机理解人类语言并从中获得意义的一种方式。生产中的语言处理多用于客户对于产品的反馈，计算机可以从客户的语言中提取最为重要的信息与深入的需求，并据此给出合理答复，这样企业就无须花费大量的人力、物力去研究客户的不同语言代表的含义。

（4）计算机视觉。计算机视觉是使用计算机模仿人类视觉的科学，让计算机拥有类似人类提取、处理、理解和分析图像及图像序列的能力。计算机视觉识别检测过程包括图像预处理、图像分割、特征提取及判断匹配。自动驾驶汽车、机器人、智能医疗的生产都离不开计算机视觉技术。

（5）生物特征识别。生物特征识别是指通过个体生理特征及行为特征对个体身份进行识别认证的技术，其经常与计算机视觉技术一起应用。在生产过程中，生物特征识别既可以用来识别进入企业的员工身份，也可以用来生产相关产品，如监控设备、社区门禁等。

2. 技术应用

（1）在生产设备管理中的应用。在生产设备管理中引入人工智能技术，代替传统的人工管理，可以更好地保证设备运行，提高工作准确性与工作效率。除此之外，人工智能技术还可以对生产设备进行监控，关注其生产参数，在生产设备发生故障时，准确判断故障类型，提供一定的解决依据。

（2）在生产现场中的应用。人工智能技术可以将其高效迅速的优势运用到生产现场，促成机器的自动运转，随时对生产现场状况进行监测，并对生产现场中出现的异常现象及时进行反馈，从而预防生产进程的中断。

10.1.5 5G技术

5G技术是指第五代移动通信技术，相较于传统的移动通信技术来说，5G技术不仅数据传输速度更快，而且通信范围更广、错误率更低、时延更是可以达到毫秒量级。为了促进生产制造业的转型升级，5G技术的应用必不可少，5G技术在生产中的关键技术与主要应用如下。

1. 关键技术

（1）高频段传输。5G技术采用高频段传输，能有效丰富频谱资源，缓解频谱资源紧张现状，同时可以实现高速短距离通信，提高信息传输速率。

（2）新型网络架构。新型网络架构主要利用高速传输网络，直接在远端天线和集中化的中心节点之间传送无线信号，用来搭建覆盖范围较广的无线接入系统。

（3）同时同频全双工技术。通信的收发双方利用同时同频全双工技术，可以实现在相同的频道上同时发射与接收信号，较之于传统双工方式，空口频谱效率得到了提高。

（4）超密集组网技术。超密集网络能够改善网络覆盖情况，大幅提升系统容量，并且对业务进行分流，具有更灵活的网络部署与更高效的频率复用。

2. 技术应用

（1）自动化控制。传统的自动化控制都是通过自动化生产线来控制的，但是这种控制模式容易导致传输距离有限，无法满足远距离操作控制需要。而 5G 技术可提供范围广、时延低、错误率低的控制技术，远距离操作设备成为可能。

（2）端到端集成。由于数字化与智能化转型盛行，业务范畴从制造端扩大到服务端是大势所趋，这就要求企业具有低功耗、低成本和广覆盖的网络，企业内部各个部门与企业之间的横向集成也需要网络传输数据，而 5G 技术正好满足此类需求。

（3）云化机器人。在智能生产中，对机器人的使用必不可少。为满足日常生产经营需求，就需要机器人有自组织与协同的能力来满足柔性生产，这就带来了对机器人云化的需求。5G 技术是满足云化机器人的理想通信网络，是实现云化机器人的关键。

（4）质量控制。基于传统移动通信技术的产品质量检测由于缺乏一定的学习能力与检测弹性，导致检测精度和效率较低。而且由于计算能力较弱、4G 时延过高、带宽较低、数据无法系统联动，从而导致整个产品质量检测过程会耗费大量的人力、物力成本。

5G 技术下的产品质量检测，能够观测到微米级的目标，且获得的信息是全面可追溯的，相关信息可以方便集成与留存，从而优化整个质量检测过程。

（5）物流管理。物流管理是生产企业绕不开的问题，智能物流的发展正在逐步改善现有物流体系的弊端，但现有智能物流往往采用 Wi-Fi 通信技术，这种技术存在的弊端显而易见，如易受到干扰、覆盖能力不足等。而 5G 技术网络延时低的特点可以使得企业更容易、直接、快速、准确地获取物流中各个环节的数据，从而更加有效控制物流。

10. 1. 6　AR、VR、MR 技术

增强现实技术（AR）、虚拟现实技术（VR）、混合现实技术（MR）在生产过程中有着不同的功能与应用，具体内容如下。

1. AR 技术

AR 技术是一种将虚拟信息与真实世界巧妙结合的技术，其中广泛应用了多媒体、三

维建模、智能交互等技术手段，将计算机生成的文字、图像、视频等虚拟技术模拟仿真后应用到现实世界。

在一些流程式生产企业中，需要人员到现场进行巡检、监控设备，这样不仅增加了成本，还可能会产生一定的风险。为了规避这种风险，企业可利用 AR 技术远程支持生产人员工作，以促进工作安全有效地开展。

2. VR 技术

VR 技术利用计算机技术、三维图形技术、仿真技术、显示技术、多媒体技术等，产生一个逼真的三维视觉、触觉、嗅觉等多种感官体验的虚拟世界，从而使处于虚拟世界中的人产生一种身临其境的感觉。

企业可将 VR 技术应用于制造设施布局规划、员工培训及操作考核，借此达到提高工作场所安全性的目的。企业可以在 VR 技术支持的布局规划基础上，使用生产设备的虚拟模型运行假设场景，借此评估设计决策的影响并灵活改变计划，以建立更加安全的工作场所。

3. MR 技术

MR 技术是虚拟现实技术的进一步发展，通过在现实场景中模拟虚拟场景信息，在现实世界、虚拟世界、客户之间建立一个信息交互反馈的信息渠道，以增强客户的真实体验。

当企业的生产设备发生故障时，专家或者维修人员可利用 MR 技术智能获取设备现场故障信息，进行缺陷检测和虚实叠加，引导现场人员解决故障问题，从而实时降低设备停机时间，提高任务完成效率，进而达到降低成本、提高效率的目的。

10.2 智能生产系统

10.2.1 制造执行系统

制造执行系统（Manufacturing Execution System，MES）主要负责车间中间生产过程中的数字化管理，实现信息与设备的深度融合，为企业资源计划（Enterprise Resource Planning，ERP）系统提供完整、及时、准确的生产执行数据。

1. MES 的功能

MES 主要实现生产过程管控、防错防呆、产品质量追溯、设备运行等目标，具体功能如下。

（1）规范生产管理平台。MES 可以通过其全面集成、承上启下的作用，完成企业所有与其相关的信息化系统、自动化控制系统和设备的无缝链接，从而实现上下游信息整合、建立规范数据的生产管理平台的目的。

（2）加强生产资源的控制。MES 与 ERP 系统的结合可以推动企业建立先进的计划体系，制订在产能与物资等资源约束条件下的详细安排计划，从而实现对物资、人员、流程及设备等生产资源的统一控制。

（3）物流和物料自动化管理。MES 可以与自动化物流系统协同对生产物流进行管理，通过自动化仓库与 AGV 小车等，在智慧工厂内实现无人化自动物料流转。MES 可以通过指挥和跟踪物资流动、管理物资消耗、编制物资投放计划等，实现对物资的跟踪和回馈。

（4）质量管理。以生产过程中的质量信息汇总与控制为核心，MES 通过高效、快速、全过程的管理，实现质量反馈、质量处理、质量跟踪控制，并自动生成各类质量报告和出厂试验报告等资料。

（5）设备管理。MES 可以通过对生产车间主要设备的使用频率、运行状况、工时、定额、能耗、产能等有关信息进行采集和分析，对设备进行全面的运筹管理，以达到保持设备完好率、充分发挥其效能的目的。

2. MES 的特点

MES 可对物资进行来料质量控制，对接受入库的物资进行明确的标识，当有生产任务时，MES 可按照标识对产品进行追踪，从而对生产全过程进行管理。MES 具有五个特点，具体如图 10-1 所示。

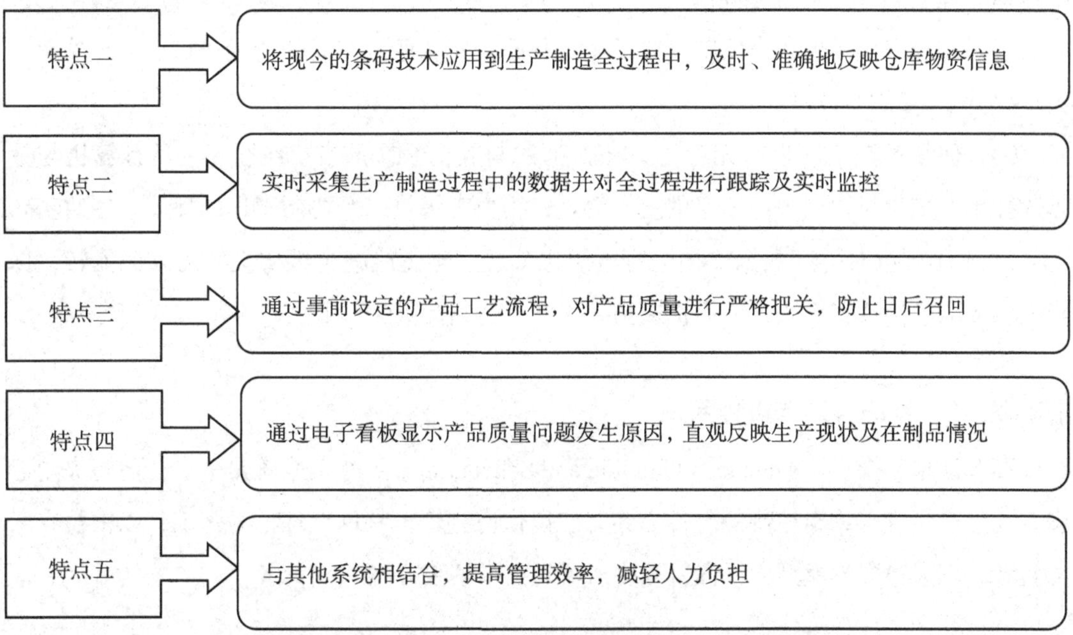

图 10-1　MES 的特点

3. MES 的作用

随着信息技术的不断发展，MES 在企业中的应用也越来越广泛。MES 的作用具体如表 10-1 所示。

表 10-1 MES 的作用

项目	效益	
缩短产品制造周期	平均缩短：____%	缩短幅度：____% 至____%
减少资料录入时间	平均减少：____%	减少幅度：____% 至____%
减少文件转换工作	平均减少：____%	减少幅度：____% 至____%
减少在制品	平均减少：____%	减少幅度：____% 至____%
降低库存积压	平均降低：____%	降低幅度：____% 至____%

4. MES 在智慧工厂中发挥的作用

MES 对工厂的各个环节进行生产数据的采集，并对数据进行跟踪、管理及统计分析，从而进一步协助企业建设智慧工厂，促使智慧工厂生产网络化、可视化、无纸化。

（1）促使智慧工厂生产网络化。MES 通过集成车间设备，可以实现对车间设备的集中管理及生产设备与计算机之间的信息交换，形成具有快速响应机制的网络化制造模式，借此改变传统的单机管理生产设备的模式，协助企业建设智慧工厂，并对生产设备进行优化配置和重组，极大程度地提高设备的利用率。

（2）促使智慧工厂生产可视化。为实时了解车间的设备状态及运行状况，企业应及时打通管理层与车间基层之间的无形壁垒。MES 可实时监控与反馈车间设备的运行状况，并通过报告与报表的形式来反映当前的生产状态，使企业对车间的情况一目了然，从而极大地提升了车间的可视化能力。

（3）促使智慧工厂生产无纸化。MES 通过与其他系统的有机结合，利用计算机与数据库技术，实现对智慧工厂信息的统一管理，为员工提供一个协同工作的环境。在此基础上，MES 还可以对生产数据文档进行电子化管理，避免或减少纸质文档的人工流转，保障文档的准确性及安全性，从而快速指导生产，达到标准化作业。

10.2.2 高级计划与排程系统

高级计划与排程（Advanced Planning and Scheduling，APS）系统是一个全面解决制造型企业生产管理与物料控制的软件方案，它以供应链管理和约束理论为基础，以精益生产为目标，以大量数学模型为手段，为生产活动提供解决方案。

1. APS 系统的功能

APS 系统主要解决准确预测交期日期、生产排序、物料供应最优计划等问题。APS 系统常见的功能如表 10-2 所示。

表 10-2 APS 系统常见的功能

分类	功能	具体解释
产品工艺	产品管理	原材料、半成品、中间品、产品等管理
	工艺管理	生产工艺管理，如生产步骤、生产顺序等
	生产管理	精细化的生产管理，融合了生产工艺及生产工艺路线
	工艺路线管理	与产品或者订单有关的参数化工艺路线管理
设备管理	设备管理	工作中心的设备管理
	副资源管理	如刀具、模具、人员等
	换线切换矩阵管理	以矩阵形式维护换线时间，包括规格切换、数字规格切换、品目切换、副资源切换等
计划可视化	资源甘特图	从资源、时间维度展示计划结果，可视化每台设备的任务安排
	订单甘特图	从订单、时间维度展示计划结果，可视化订单内每道工序的开工、完工时间
	资源甘特图	从资源、时间维度展示计划结果，可视化每台设备的任务负荷情况
	物料库存图	从品目、时间维度展示计划结果，可视化产品、物料的库存变化
核心算法	有限产能计划	考虑工艺、设备、物料、人员班组等个性约束的有限产能计划
	无限产能计划	与物资需求计划相似的无限产能计划
	高级排程	分步排程与一键排程
	启发式排程算法	基于规则的启发式排程算法

2. APS 系统的特点

APS 系统具有以下特点。

（1）生产排程可视化。生产排程是指按照一定的规则对产品的生产进行先后排序。例如，在产品供不应求时，系统就会按照利润的高低对产品生产进行排序，利润越高的优先度越高，反之亦然。APS 系统就是按照设定的规则程序排列产品生产顺序，并以图表的方式呈现，同时可以随时修改及紧急插单，做到可视可控的管理。

（2）精确精细化管理。APS 系统会根据企业自身设定的规则，生成产品生产的工序、所需物料、成员、时间等，时间甚至可以精确到毫秒，物料的多少、工序的进展能够随时进行调整，这极大地改变了传统的生产管理系统只在生产之前说明原料的弊端，使得生产管理更为精细精确。

（3）大量缩减生产周期。如何在确保产品质量的前提下缩短生产周期，是生产制造业努力发展的方向。企业可利用 APS 系统缩短任务的交接时间及对生产任务进行明确划分，以达到缩短生产周期的目的。

3. APS 系统的作用

APS 系统在生产过程中发挥着诸多作用，主要作用如表 10-3 所示。

表 10-3　APS 系统的作用

作用	具体描述
可执行的工序计划结果	APS 系统的排程功能可以精细到车间具体的工序计划，且排程结果准确性可达到 95%，不需要人为调整或者花费较少的人工就可指导生产
资源均衡与优化分派	企业不同车间的资源利用目标是不一样的，APS 系统可以根据实际情况对资源进行最优化排程，满足企业的多目标组合利用资源的优化需求
根据订单排程	企业可能会根据客户的需求与产品的利润生成不同订单，虽然对应同一类产品，但需要使用不同的工艺路线进行生产，APS 系统排程时，能根据订单对应的工艺路线进行排程，也能指定其中一种工艺路线排程
模拟预排程	通过模拟预排程，完成中长期的预测需求的管理及企业产能规划
订单交期承诺	在考虑企业生产能力与现有产能负荷的基础上，进行订单的评审和交期评估，能够快速恢复客户交期，提供订单交期评估接口
物料约束	通过智能的计划排程得出中长期的计划，从而指导物料采购计划的制订、物料准备及物流配送
智能一键排程	全自动智能排程，在较短时间内完成优化的可执行的计划结果，从根本上减少计划时间，减轻工作负荷，提高工作效率，同时避免人工计算失误
瓶颈分析	识别企业生产瓶颈，并辅助分析决策完成瓶颈优化工作
订单优先级	灵活根据订单重要性、订单数量、接单时间、订单紧迫程度及模糊条件等自定义判断属性来定义订单的优先级，从而确定订单的先后顺序

10. 2. 3　统计过程控制系统

统计过程控制（Statistical Process Control，SPC）系统主要是应用统计分析技术对生产过程进行实时监控，科学地区分出生产过程中产品质量的随机波动与异常波动，从而对生产过程的异常趋势提出预警，以便生产管理人员及时采取措施，消除异常，提高和控制产品质量。

1. SPC 系统的功能

SPC 系统的功能如图 10-2 所示。

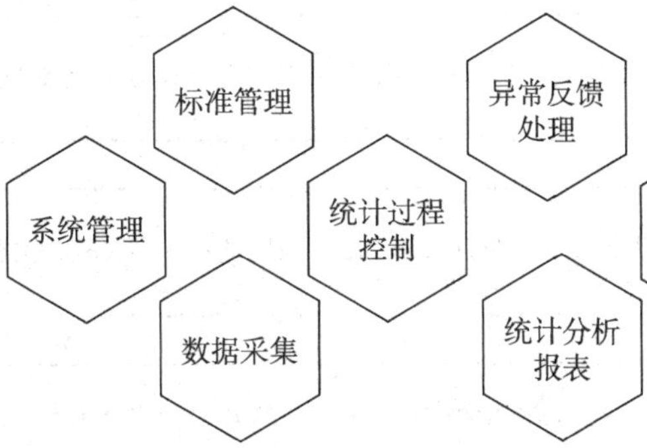

图 10-2　SPC 系统的功能

2. SPC 系统的特点

SPC 系统能够及时发现生产过程的异常波动并及时提出警示消息，以便企业能够及时采取措施消除异常。SPC 系统的特点如图 10-3 所示。

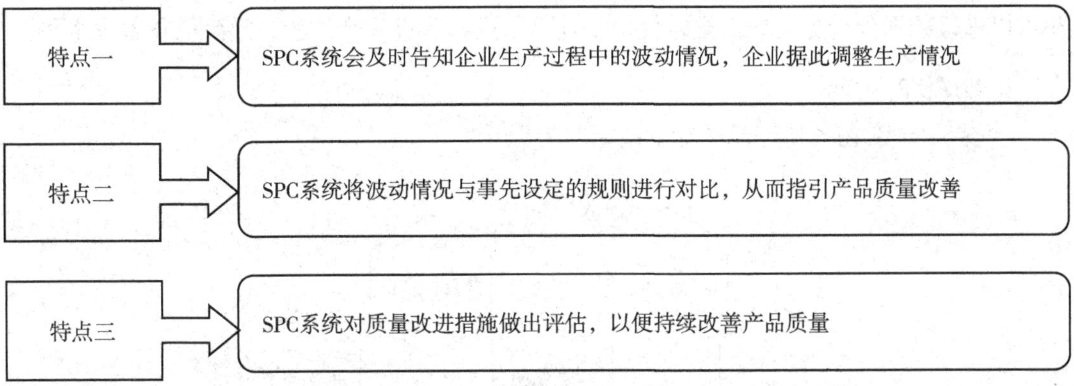

图 10-3　SPC 系统的特点

3. SPC 系统的作用

SPC 系统强调生产全过程的监控与预防，不仅适用于产品质量控制，更适用于一切生产管理过程。SPC 系统对企业来说最主要的作用体现在以下四个方面，如图 10-4 所示。

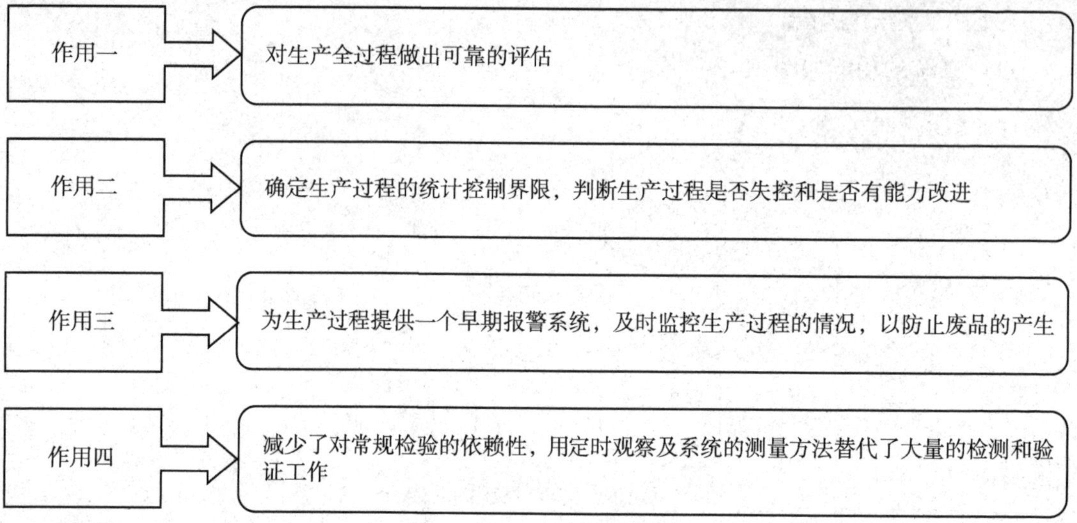

图 10-4　SPC 系统的作用

10. 2. 4　质量管理系统

质量管理系统（Quality Management System，QMS）不仅可以实现相关文档电子化，还可以进行数据分析与需求挖掘，使得企业可以据此改进生产过程，提高质量管理水平。

1. QMS 的功能

QMS 具有图 10-5 所示的功能。

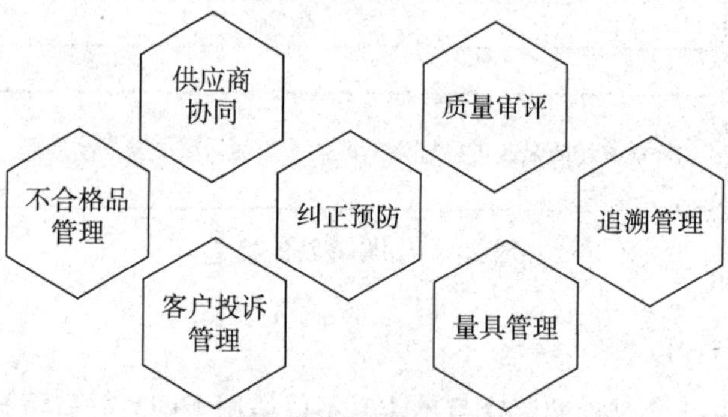

图 10-5　QMS 的功能

2. QMS 的特点

相较于传统的质量管理体系，QMS 具有图 10-6 所示的特点。

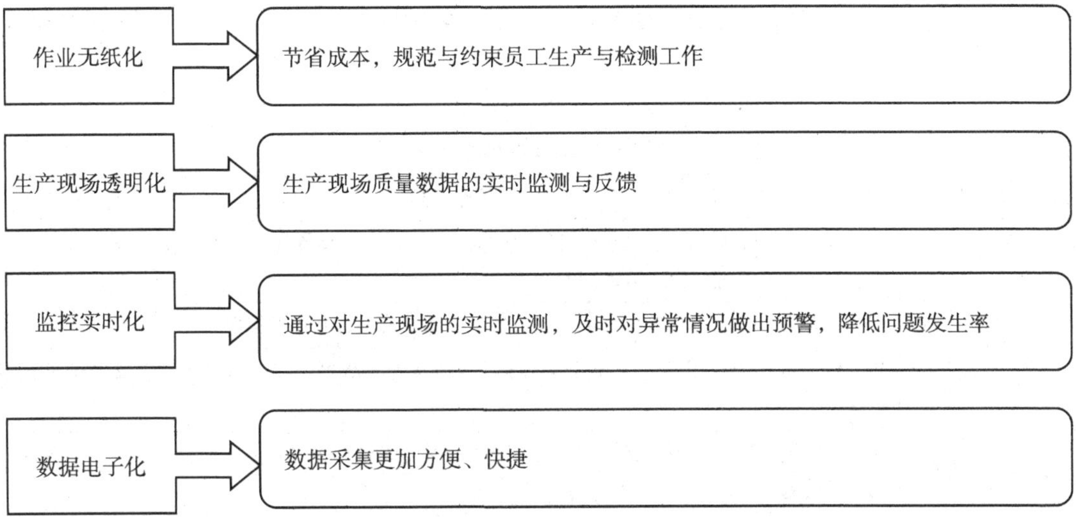

图 10-6　QMS 的特点

3. QMS 的作用

QMS 的作用如表 10-4 所示。

表 10-4　QMS 的作用

作用	具体解释
优化质量管理作业	无纸化办公，提高了信息传递效率，节省了时间与成本
	流程化、标准化的质量管理体系，简化了质量管理工作
	数据采集与反馈更为高效便捷
	自动汇总与统计核心生产数据，提升了数据计算与统计的正常性，降低了失误率
对生产过程进行质量监控	通过统计与监测技术，提高了生产过程预防与诊断能力
	根据真实准确的数据，能够对机器和工艺进行科学的调整和改进
	通过实时异常反馈、异常警报并明确相关责任人，提高了问题的处理效率
	直观有效的可视化管理，提高了质量管理工作效率
产品质量追溯	通过实现质量信息全面共享、多方监控，降低了质量问题发生率
	通过正反质量追溯，可以更好地追溯质量问题相关责任人

10. 2. 5　设备管理系统

设备管理系统（Equipment Management System，EMS）是指以人为主导，利用计算机技术、网络通信设备及其他办公设备进行信息收集、传输、加工、储存，以提升效率的集成化的人机系统。

1. EMS 的功能

设备管理是现代生产企业管理体系中的重中之重，使用 EMS 可以有效地管理设备资源，维护设备的正常运行，避免设备故障或失灵带来的损失。EMS 常见的功能如表 10-5 所示。

表 10-5 EMS 常见的功能

功能模块	具体描述
设备信息管理	通过规范的编码体系建立企业设备信息增加、修改、查询等操作程序，进行设备档案管理、设备台账管理、设备原值折旧管理等
设备运行管理	建立动态的统计报表与运行情况报表，借此监测设备的日常运营情况
设备维修管理	建立维护统计分析报表、保养计划报表、自动保养提醒等，以此对设备的日常维护进行管理
设备调拨管理	建立调拨统计分析报表，有效管理设备调拨，并对设备调拨的计划、原因、审批程序等进行过程控制
设备报废管理	对设备的报废进行审批及控制，并对设备的报废原因、报废计划及资产折旧情况进行分析
设备库存管理	管理设备出入库并生成库存明细表、出入库明细统计等，利用条码打印技术对设备进行标识
设备权限管理	按行政级别对设备管理划分权限进行控制，并对重要的操作进行日志记录，以确保系统安全

2. EMS 的特点

EMS 涵盖设备的整个生命周期，有其自己的特点，具体如图 10-7 所示。

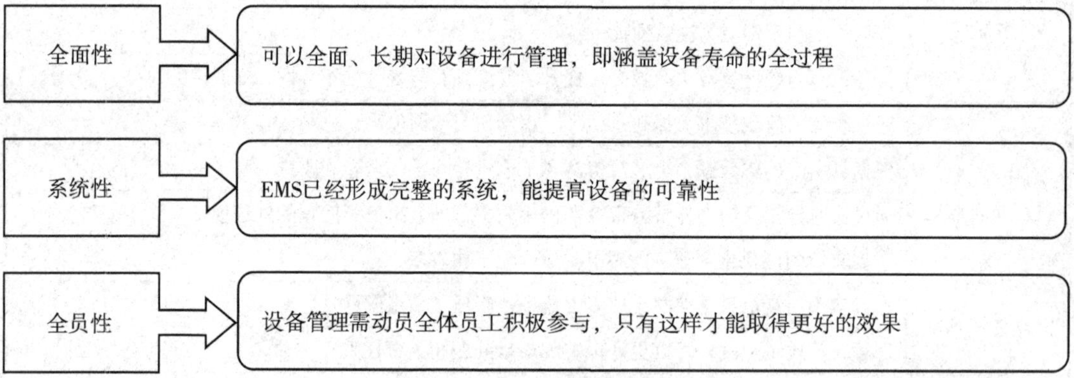

图 10-7 EMS 的特点

3. EMS 的作用

EMS 的作用主要体现在通过上述功能助力企业实现设备管理信息化、无纸化和智能化，提升设备利用率，降低设备报废率，以此提升企业经济效益与市场竞争力，具体如图 10-8 所示。

作用一	固化先进的设备管理模式，提升企业设备管理标准化水平
作用二	助推设备管理流程的优化与重组，实现设备管理精细化与规范化
作用三	建立设备数据管理电子信息库，避免因人员流动带来的数据缺失
作用四	提升设备的使用率，降低事故发生率，减少企业因设备故障而产生的停机时间
作用五	合理配置企业资源，助力企业实现资源利用最大化，提高维修工作的效率
作用六	加强对生产现场管控，全面跟踪记录设备维修保养过程，使企业实时掌握设备状态
作用七	为企业提供设备库存预警，实现采购、库存、消耗三者之间联动，降低备件库存及备件成本

图 10-8 EMS 的作用

10. 2. 6 自动拣选系统

自动拣选系统（Digital Picking System，DPS）即电子标签拣选系统，具有弹性控制作业时间、即时现场控制、紧急订单处理等功能，能够有效降低拣货错误率，提升拣货效率，促进生产工作进一步开展。

1. DPS 的功能

DPS 利用智能扫描识别、自动拣选运输等技术完成生产过程中的物料及产品的快速拣选，可以连续大量地拣选物料及产品，不受天气、时间、员工体力的限制，拣选效率远高于人工拣选效率。

2. DPS 的特点

DPS 在产品储位上安装电子显示装置，由中央计算机统一管理控制，相较于传统人工拣选来说，DPS 具有图 10-9 所示的特点。

特点一	电子标签采用先进信号合成技术，有效降低了配线成本
特点二	当DPS出现故障时，电子显示屏会立即显示错误原因，供操作人员参考
特点三	堆积滚筒输送线提供足够的缓冲能力，当某个料箱被挡住时，其他部分仍能正常运行
特点四	能够提供多个拣选工作区并进行作业
特点五	料箱进入输送线后，如在某个工作区内没有拣选任务，则信息会自动向下一个工作区传递

图 10-9　DPS 的特点

3. DPS 的作用

DPS 作为一种自动拣选装置，以电子显示装置取代拣货单，有效减少了拣货人员目视寻找的时间，提高了拣货人员的工作效率，给企业带来了诸多好处。DPS 的作用如表 10-6 所示。

表 10-6　DPS 的作用

作用	具体解释
提高拣货速度与效率	电子标签借助于明显的储位视觉引导，简化了拣货作业的手续与流程，减少了拣货人员思考及判断的时间，降低了拣货错误率的发生
提高出货及配送效率	拣货速度及效率的提升会加快出货速度，甚至会缩短物流配送时间
降低作业处理成本	电子标签的引入降低了对人员熟练度的要求，减少了对人员的培训时间，提升了人员利用率，降低了劳动力成本

10. 2. 7　防错料管理系统

防错料管理系统是指可以防止生产错料问题，保证产品质量，减少停工时间，提升生产效率的一套实用性软件。

1. 防错料管理系统的功能

常规的防错料管理系统具有权限管理、工单管理、防呆管理、作业权责管理、生产追溯查询、电子报表等功能，具体内容如表 10-7 所示。

表 10-7　防错料管理系统的功能

<table>
<tr><th colspan="2">功能</th><th>具体说明</th></tr>
<tr><td colspan="2">权限管理</td><td>为不同岗位的员工设置不同的权限，定义不同的操作页面与应用权限，使操作过程流程化、标准化</td></tr>
<tr><td colspan="2">工单管理</td><td>在防错料管理系统内建立生产工单，工单内容包括工单编码、生产产品名称、规格、型号、所需物料列表等</td></tr>
<tr><td rowspan="4">防呆管理</td><td>上料防呆管理</td><td rowspan="4">系统根据生产权限与生产工单，对生产人员的上料、混料、配料、换料工作进行把控，只有操作正确，才允许继续生产，否则，系统将会提出警告</td></tr>
<tr><td>混料防呆管理</td></tr>
<tr><td>配料防呆管理</td></tr>
<tr><td>换料防呆管理</td></tr>
<tr><td colspan="2">作业权责管理</td><td>生产人员按照生产工单进行工作，系统将录入生产人员信息、生产开始时间、生产结束时间、生产状况等</td></tr>
<tr><td colspan="2">生产追溯查询</td><td>生产人员及主管人员可以通过系统查看生产任务的相关情况，包括生产订单的进度、物料在途状况、生产起止时间等</td></tr>
<tr><td colspan="2">电子报表</td><td>系统可以根据相关人员的具体要求，生成对应的工作报表，以有效简化数据收集流程，提高工作效率</td></tr>
</table>

2. 防错料管理系统的特点

与传统的防错料管理相比，防错料管理系统具有表 10-8 所示的特点。

表 10-8　防错料管理系统的特点

优势	具体解释
防错能力强	借助声光程序，有效阻止错误用料，一旦发生错误用料，系统就立刻发出警报，禁止继续用料
智能化操作强	智能欠料预警、智能备料、智能上料等程序可以有效减少设备停机时间与花费工时
严格把控生产	严格控制备料上料过程，并完整记录，可以方便及时查询物料使用时间、换料时间、换料人员等
高度适应性	可以与 MES、ERP 等系统进行数据共享，同时满足不同生产需求
无纸化运作	完全抛弃纸质站位表，操作员无需上料表，根据系统提示即可准确无误地完成上料工作

3. 防错料管理系统的作用

防错料管理系统的作用如图 10-10 所示。

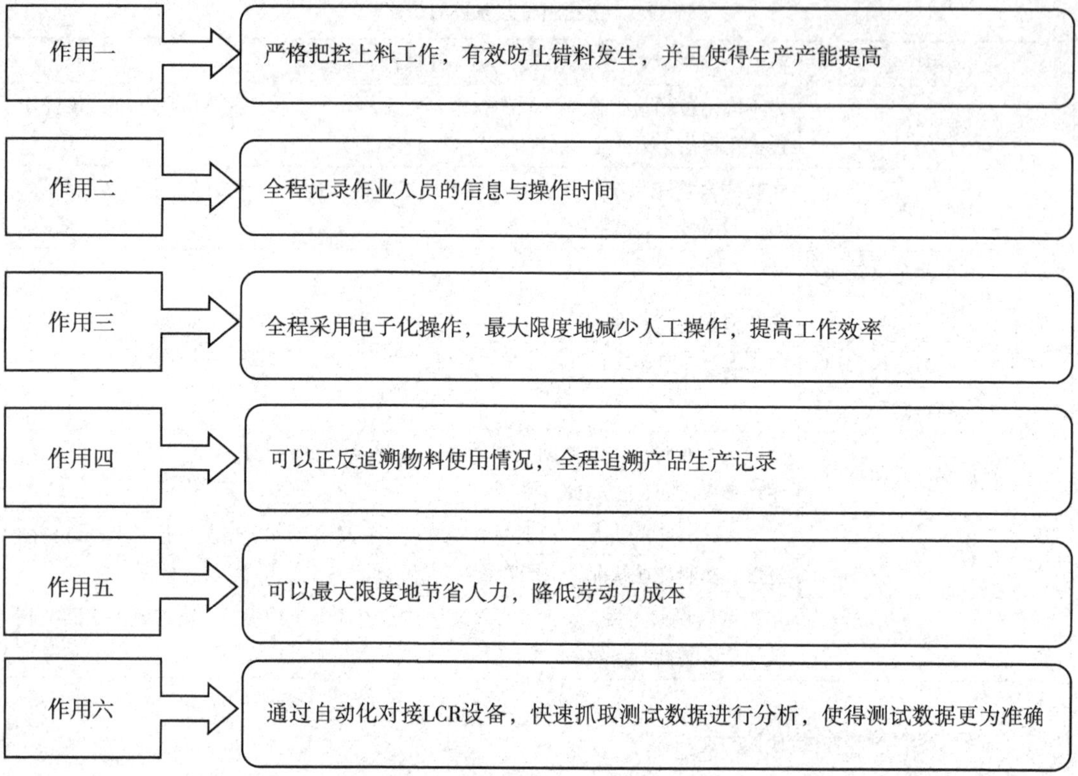

图 10-10　防错料管理系统的作用

10. 2. 8　仓储管理系统

仓储管理系统（Warehouse Management System，WMS）通过接受 ERP 系统下达的入库、出库、调拨等指令，生成任务并执行，协同 AGV 小车完成物料配送的自动化，实现立体仓库、平面仓库的统一仓储管理。

1. WMS 的功能

WMS 能控制并跟踪仓储管理状况，实现完善的企业仓储管理，在此过程中，能够实现表 10-9 所示的功能。

表 10-9　WMS 的功能

序号	功能
功能一	能够提供收货、入库、出库、盘点等各种仓库操作功能
功能二	支持多仓协同管理，并根据具体仓库情况制定个性化管理措施
功能三	提供智能策划规则，实现智能仓储操作
功能四	支持自动识别技术，与智能仓储装备相配合，能够提高仓库作业自动化水平

2. WMS 的特点

WMS 可以独立执行库存操作，也可以实现物流仓储与企业运营、生产、采购、销售的集成。WMS 的特点如图 10-11 所示。

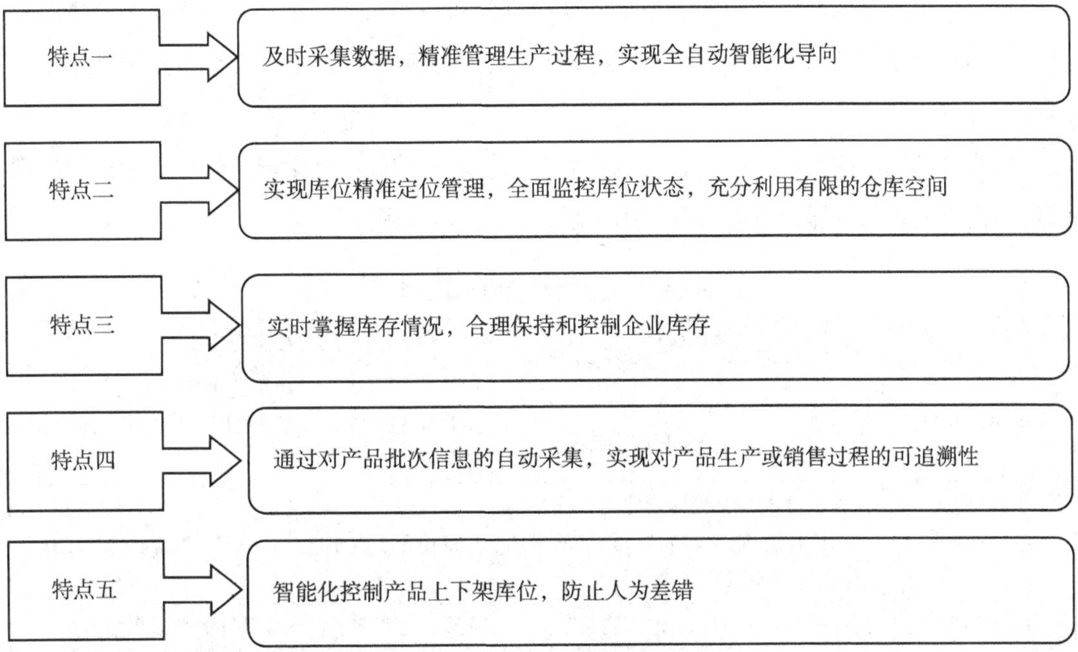

图 10-11　WMS 的特点

3. WMS 的作用

WMS 的作用如表 10-10 所示。

表 10-10　WMS 的作用

作用	具体解释
准确的进销服务	通过 WMS 下单改变传统仓库手工记账模式，有效地进行物料及产品追溯，通过任务驱动仓库实际作业的模式，有效保障了账务与实际作业的准确性，最大限度地减少仓库作业对人力的依赖
精细化货位管理	WMS 可根据仓库实际情况对产品进行合理分区，并根据存储产品的不同特性，进行更加精细化、规范化的货位划分与管理，显著提高仓库整理的合理性，实现整散区分等功能
标准作业程序	WMS 可根据系统不同的作业程序配置相应的系统流程，实现对仓库作业的标准化管理
统一规范的编码方式	WMS 可通过对货品、货位、批次等进行标准的条码管理，为后续的设备设施介入做好信息准备，以便进一步推进仓库自动化、信息化

10.3 智能制造装备

10.3.1 智能机器人

智能机器人是面向生产生活领域的、解决部分人力问题的一种机器装置。它能依靠自身动力与控制能力自动执行工作，它既可以接受人类指挥，也可以按照预先编排的程序运行。

随着信息技术的不断发展，智能机器人越来越多地被应用到生产工作中。生产中经常用到的机器人各种各样，下面六种应用较多，如表 10-11 所示。

表 10-11 生产中常用的六种机器人

机器人种类	具体解释	应用范围
移动机器人	由计算机控制，具有移动、自动导航、网络交互、多传感器控制等功能	广泛应用于机械、纺织、医疗、食品等行业的柔性搬运及传输工作，也用于自动化立体仓库、柔性加工系统等平台
点焊机器人	这种机器人具有性能稳定、工作空间大、运作速度快等特点，焊接质量明显优于人工焊接	广泛应用于汽车整车、铁厂、维修等焊接工作
弧焊机器人	同点焊机器人一样，承担焊接工作	主要应用于各类汽车零部件的弧形焊接工作
激光加工机器人	这种机器人将机器人技术应用至激光加工中，通过高精度的激光作业实现柔性加工	主要应用于工件的激光表面处理、打孔、模具修复等工作
真空机器人	这是一种在真空环境下工作的机器人	主要应用于半导体行业，对技术要求较高
洁净机器人	这是一种在洁净环境下使用的机器人	主要应用于对生产环境要求较高的产品制造企业

10.3.2 智能数控机床

智能数控机床是数控机床进一步发展的高级形态，是先进制造技术、信息技术及智能技术三者共同结合的智慧产物。随着科学技术的不断创新与生产制造业的不断转型，对智能数控机床的应用是大势所趋。

1. 智能数控机床的功能

相较于传统的数控机床而言，智能数控机床具有图 10-12 所示的四项功能。

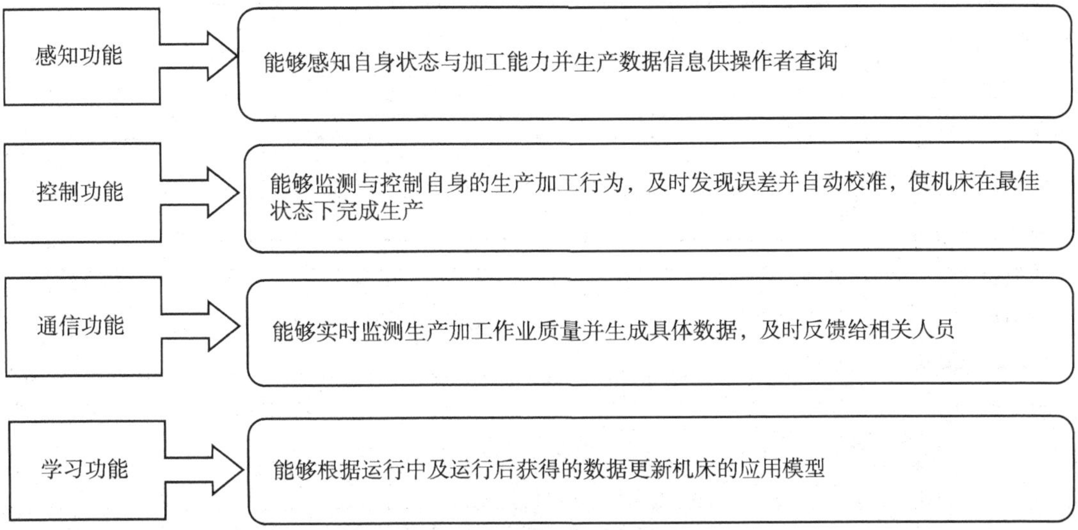

图 10-12　智能数控机床的功能

2. 智能数控机床的构成

智能数控机床主要由主机、数控装置、驱动装置和辅助装置构成，具体说明如表 10-12 所示。

表 10-12　智能数控机床的构成

构成部分	具体说明
主机	主机主要负责各种切削加工，由机床身、主柱、主轴、进给机构等机械部件组成
数控装置	数控装置主要负责输入信息的存储、数字变换、插补运算及各种控制功能，由床身、托板、主轴丝杆、道轨等硬件及相应软件组成
驱动装置	驱动装置主要是在数控装置的控制下进行工作，由主轴驱动单元、进给单元、主轴电机及进给电机等组成
辅助装置	辅助装置主要辅助机床运行，由液压、气动装置、交换工作台、数控转台等组成

10. 3. 3　3D 打印机

3D 打印机又称为增材制造，是直接将数字化模型转变为产品的一种打印设备，这种设备极大程度地简化了工作流程，降低了研发周期，使得任意复杂零件的生产成为可能。3D 打印机采用了分层加工、叠加成型等技术，通过逐层打印的方式来构造物体，从而完成实体打印。

1. 3D 打印机的功能

随着信息技术的快速发展，越来越多的企业开始将 3D 打印机应用于生产活动中，相较于传统的人力作业来说，3D 打印机具有图 10-13 所示的功能。

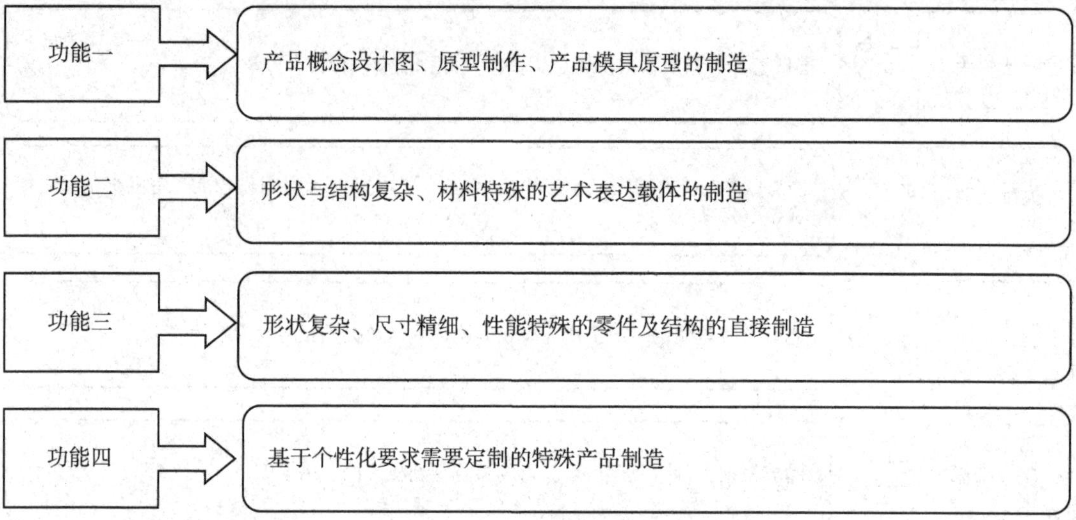

图 10-13　3D 打印机的功能

2. 3D 打印机的组成

3D 打印机主要由电子部分、机械部分与软件部分组成，具体内容如图 10-14 所示。

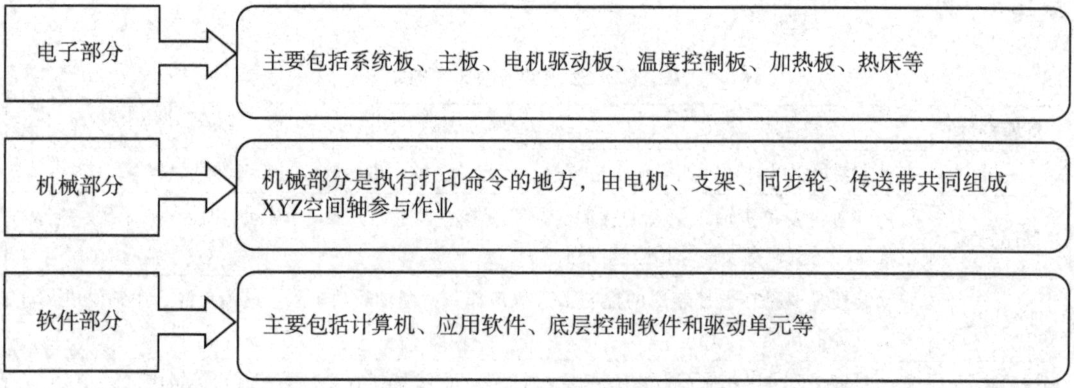

图 10-14　3D 打印机的组成

10. 3. 4　智能传感器

智能传感器是一种将待感知、待控制的参数量化并集成应用于工业网络的新型传感器，具有高性能、高可靠、多功能等特性。智能传感器带有微处理机系统，具有信息感知采集、诊断处理、交换的能力，是传感器集成化与微处理机相结合的产物。

1. 智能传感器的功能

在生产中，智能传感器具有图 10-15 所示的功能。

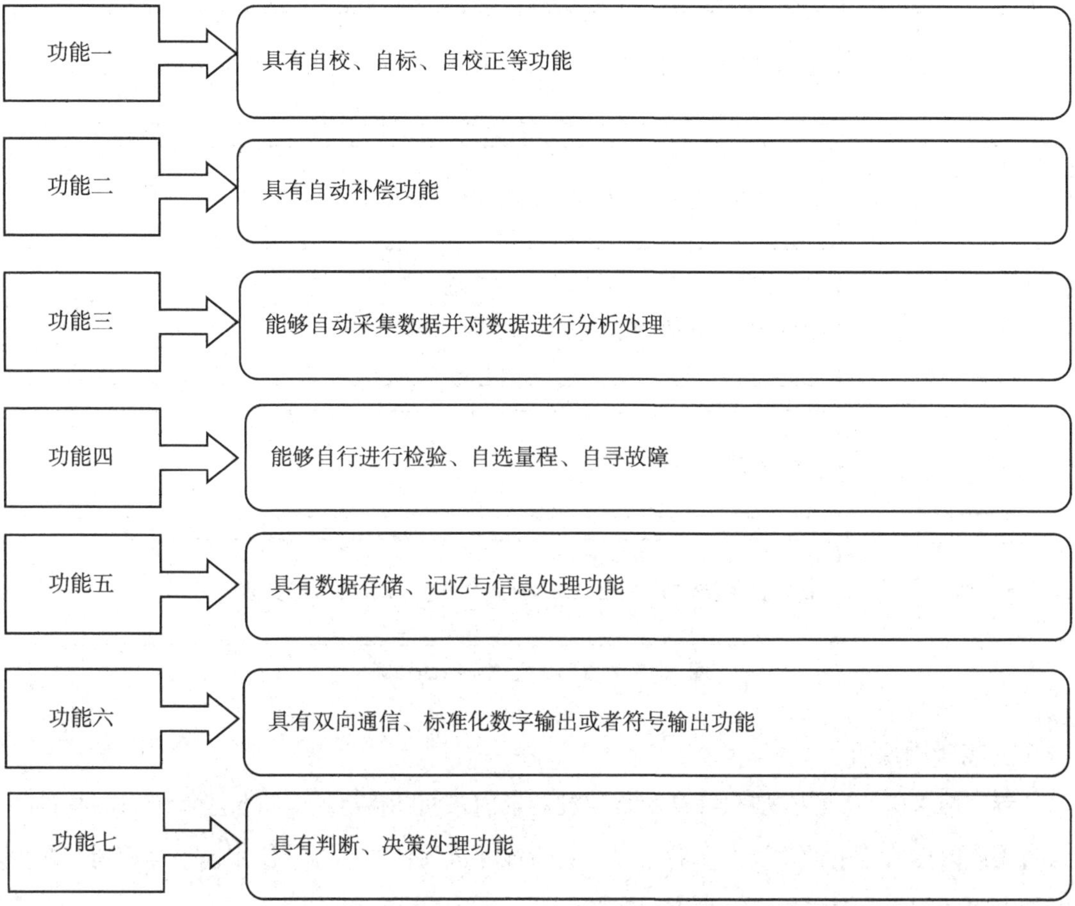

图 10-15　智能传感器的功能

2. 智能传感器的组成

智能传感器主要由传感器、微处理器及相关电路组成。

传感器将需要测量的物理数据转换成相应的电信号，送到信号处理电路中，进行处理后，送至微处理器中。微处理器是智能传感器的核心，它既可以对传感器测量数据进行计算、存储、数据处理，还可以通过反馈电路对传感器进行调节。

10. 3. 5　智能仓储装备

智能仓储装备具有减少人力成本消耗与空间占用、大幅提高物流管理效率、降低企业仓储物流成本的作用，主要包括自动化立体仓库、巷道堆垛机、自动引导搬运车等。

1. 自动化立体仓库

自动化立体仓库又称高层货架仓库、自动存储系统，是现代生产企业中必不可少的组成部分。自动化立体仓库具有收货、存货、取货、发货、信息查询等功能，具体内容如图 10-16 所示。

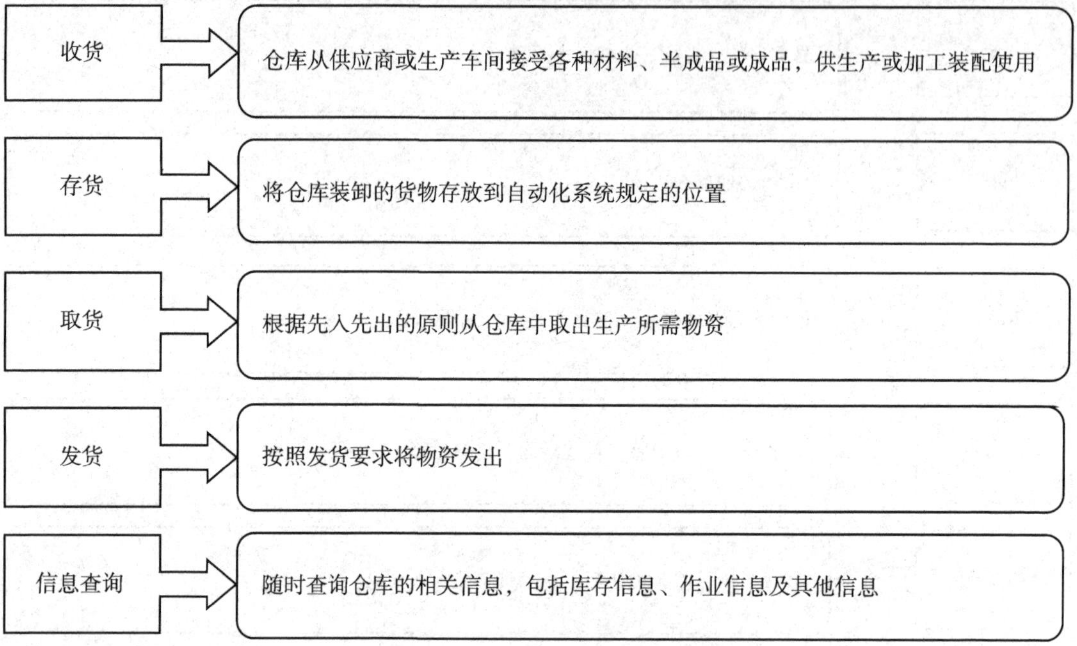

图 10-16　自动化立体仓库的功能

2. 巷道堆垛机

巷道堆垛机的功能主要是在高层货架的巷道内来回穿梭运行，将位于巷道口的物资存入货架或取出货架上的物资送至巷道口。巷道堆垛机的种类不同，作用也不尽相同，在生产中经常使用的巷道堆垛机如表 10-13 所示。

表 10-13　巷道堆垛机的分类

分类方式	类型	适用范围
按结构分类	单立柱型巷道堆垛机	适用于起重量在 2 吨以下，起重高度在 16 米以下的仓库
	双立柱型巷道堆垛机	对起升高度没有要求，一般起重量可达 5 吨，甚至可以更大
按支撑方式分类	地面支承型巷道堆垛机	适用于起重量较大的仓库，对起重高度几乎没有要求，利用率较高
	悬挂型巷道堆垛机	适用于起重量与起重高度较小的小型仓库，便于转巷道
	货架支撑型巷道堆垛机	利用率较少，多用于起重量与起重高度较小的小型仓库
按用途分类	单元型巷道堆垛机	应用范围较广，对控制方式没有要求，适用于“货到人”拣选作业
	拣选型巷道堆垛机	一般为手动或者半自动操作模式，适用于“人到货”拣选作业

3. 自动引导搬运车

自动引导搬运车（Automated Guided Vehicle，AGV）也称自动导向搬运车，是采用自动或者人工方式装载货物，按设定的路线自动行驶或牵引着载货台车至指定地点，再用自动或人工方式装卸货物的工业车辆。AGV 的常见功能如图 10-17 所示。

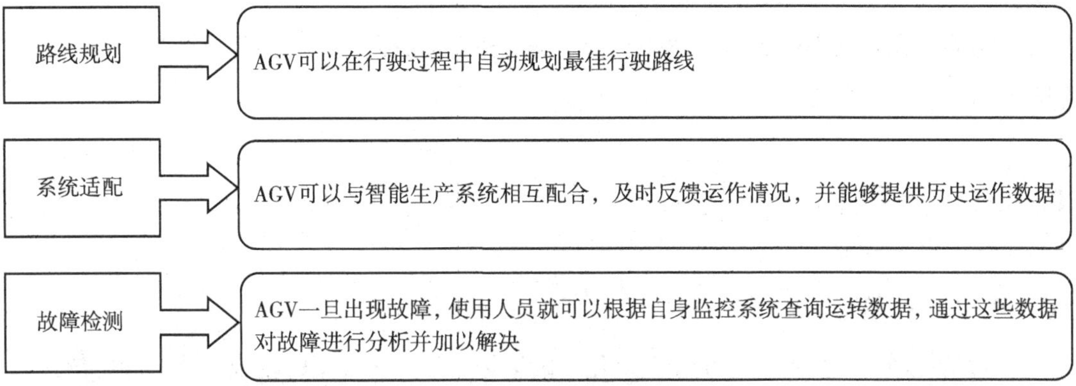

图 10-17　AGV 的常见功能

10. 3. 6　智能检验装备

随着信息技术与智能传感器的不断发展，智能检测技术在生产领域也得到了广泛应用。基于智能传感器与机器视觉的智能检验装备可以准确分析目标产品的缺陷情况，确定目标产品的外形尺寸与准确位置，进行自动化检验，达到控制产品质量的目的。

智能检验装备可以有效把控产品质量，以增强产品质量稳定性，提升产品制造效率，降低产品错误率，增强企业竞争力，从而实现更高的经济效益。

1. 智能检验装备的功能

智能检验装备具有业务管理、数据管理、质检管理等功能，具体内容如图 10-18 所示。

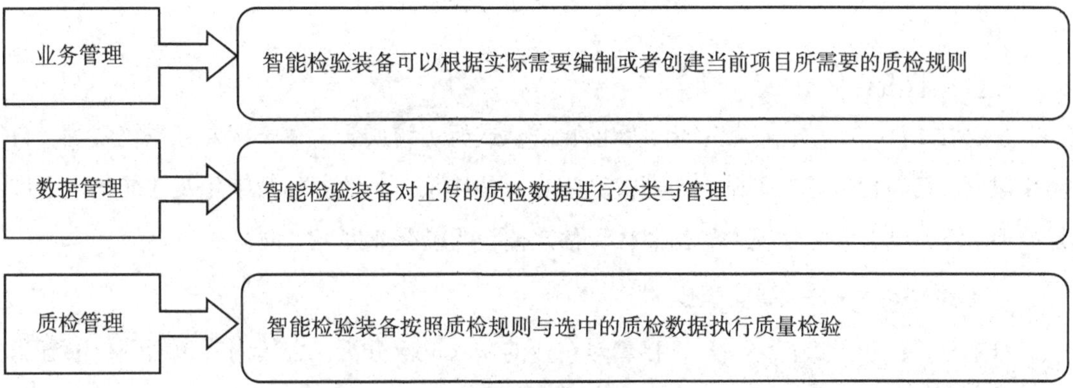

图 10-18　智能检验装备的功能

2. 智能检验装备的组成

智能检验装备通常由硬件与软件两部分组成。

智能检验装备的硬件部分主要包括微机子系统、数据采集子系统、通信子系统、控制子系统等，软件部分主要包括初始化管理模块、数据采集模块、故障诊断与处理模块、测试算法模块、中断服务模块、监控主程序等。

随着科学技术的不断进步，智能检验装备也在航空航天、汽车零件、医疗设备等生产制造领域逐步得到应用。

10．4 智慧工厂

10．4．1 智慧工厂规划

智慧工厂规划是生产制造企业数字化、信息化、智能化转型的基础。清晰的智慧工厂规划可以使企业明确发展目标和设计模式，框定发展蓝图。因此，企业在规划智慧工厂时，应遵循一定的步骤，避免模糊不清的规划给企业带来负面作用。智慧工厂规划步骤如图 10-19 所示。

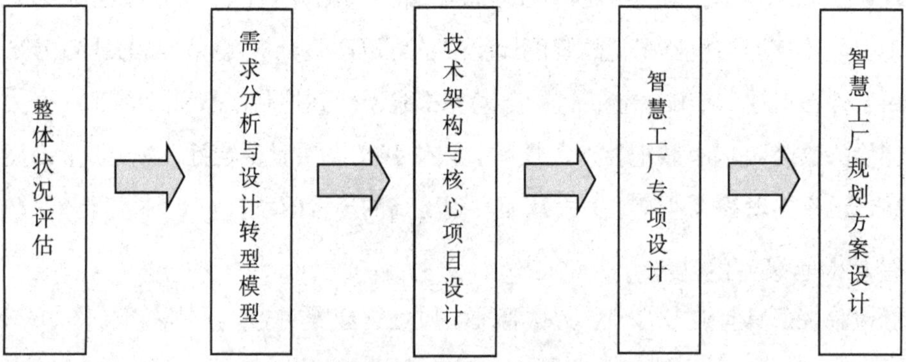

图 10-19 智慧工厂规划步骤

1. 整体状况评估

企业对工厂的自动化、数字化、智能化现状进行走访调研，在掌握业务系统建设、自动化建设、精益价值链的基础上，通过数字化评估体系对各业务的数字化及智能化水平进行分项对比，结合实际情况，给出总体评估定位，明确企业发展方向。

2. 需求分析与设计转型模型

对企业整体状况进行评估后，接着对企业的需求进行分析，分析内容包括分析追赶竞争对手产生的需求、企业未来转型升级产生的需求、企业业务和管理特点升级产生的需求等。

在明确需求后，企业通过场景设计，对业务的整体数字化与智能化场景进行设计，以明确其运转模式与变化趋势，如设备管理由以前的以修代保模式转换为预测性维修模式等。

3. 技术架构与核心项目设计

企业在完成上述步骤后，就要对技术架构与核心项目进行设计，包括数字化与智能化整体框架设计及数字化智能化核心项目设计。技术架构与核心项目设计是智慧工厂建设的总纲，在结合实际的基础上，既要制定长期发展战略，同时也要保证战略实施措施到位，如人才保障、技术保障等。

4. 智慧工厂专项设计

智慧工厂专项设计是对总体设计的一个分解，也是数字化与智能化工厂规划设计的重要内容。因此，在明确具体技术架构与核心项目后，企业需对具体细分业务进行详细设计与规划，明确每一项业务的目标、架构与建设内容等。

5. 智慧工厂规划方案设计

企业根据设计内容，通过明确的时间表与先后顺序确定智慧工厂建设路径，设计智慧工厂规划方案，明确每个阶段应该实现的目标与达成的路径。在总体路径指引下，企业制定各业务推进计划，使各业务部门了解自身承担的责任与义务，以便在智慧工厂建设的过程中，明确自身工作内容。

10.4.2　智慧工厂建设

智慧工厂是通过互联网与信息技术的深度融合而形成的产业和应用生态，是工业智能化发展的关键综合信息基础设施，因此智慧工厂的建设对于企业来说至关重要。下面是智慧工厂建设方案示例，仅供参考。

智慧工厂建设方案

一、目的

为了加强机器、物品、控制系统、信息系统、人之间的密切联系，规范工业云与工业大数据的集成、处理与分析，实现智能化生产、网络化协同、个性化定制的智能生产，特制定本方案。

二、时间安排

××××年××月至××××年××月。

三、人员安排

为落实智慧工厂建设方案，特成立专项小组，具体人员构成如下。

组长：章某。

（续）

副组长：李某。

组内成员：宋某、赵某、周某等。

四、智慧工厂建设内容

专项小组建设智慧工厂时，需建设以下四项主要内容。

1．智慧车间

智慧车间是整个智慧工厂的核心部分，可以有效控制各种生产设备及生产进程，优化生产流程，降低生产能耗和残次品率，减少生产支出。

2．智能仓储转运系统

智能仓储转运系统在生产过程中担任着重要角色，它负责物料、半成品及成品的转运调度工作，能有效缓解生产车间内的调度矛盾，提高仓储效能比率。

3．集成相关管理系统

集成相关管理系统与上述两者集成，从订单、原材料、人员、成本等方面出发，实现生产过程的无缝衔接，促进智能化生产管理。

4．产品追溯系统

产品追溯系统也是智慧工厂内不可或缺的一部分。通过产品追溯系统可以有效追溯产品生产进度，包括生产机台、生产开始时间、生产截止时间、生产所需物料等。

五、智慧工厂建设模式

专项小组采用从智慧生产单元到智慧工厂的建设模式，从智慧生产单元入手搭建，逐渐构造智慧工厂。

六、智慧工厂建设措施

1．进行智慧工厂整体规划

专项小组在现有条件的基础上，根据生产工艺与生产技术升级需求，进行合理、科学的智慧工厂布局规划，初步拟定智慧工厂建设的蓝图。

2．建立明确的智慧工厂标准

专项小组收集相关资料，借鉴先进建设经验，明确自身智慧工厂建设标准，包括智慧工厂评估标准、智能装备标准、智慧工厂系统集成标准等，规范智慧工厂建设要求。

3．应用新兴技术

利用虚拟现实技术、3D打印技术、可视化方针技术等新兴技术对工厂静态布局、

（续）

动态物流过程等进行分析，从而对整个智慧工厂的建设进行分析。 4. 建设智能加工单元 利用智能技术将智能机器人、加工中心及智能生产设备等集成起来，建设智能加工单元，使其具有更高的生产柔性。 5. 推进人机协作生产模式 智慧工厂的核心并不是完全实现无人化生产，在关键岗位上，还需要人员做出判断与决策。因此，专项小组在搭建智慧工厂的过程中，应推进人机协作生产模式。 **七、智慧工厂建设注意事项** （1）在建设智慧工厂时，应遵循全面规划、清晰定位、分步实施、持续优化的原则，全方位、多层次地搭建智慧工厂模型。 （2）智慧工厂的建设由专项小组负责推进，其他相关部门应予以配合。

10.4.3 智慧工厂可视化

智慧工厂可视化是指企业在物流配送、库存管理、生产组装等环节，借助现有信息技术与科技，有效调节生产进度、合理调配资源、监控生产质量的一种智能管理模式。智慧工厂可视化主要具有以下五种功能。

1. 工厂运维可视化

企业通过 3D 数字化虚拟现实技术，对智慧工厂进行更加直观与真实的展示。从智慧工厂的外部环境到工厂内部的构造都可以利用 3D 技术进行可视化展示，并且进行任意角度的旋转缩放及场景跳转。

3D 技术与工厂的监控相结合，可以为企业的仓库管理、集装箱管理、车位管理提供更加有效的可视化管理方式，实现工厂园区环境的跨系统集中管理，提高企业对工厂园区的掌控能力与管理效率。

2. 设备监测可视化

传统的工厂设备管理手段需要耗费大量的人力、物力，不仅实用性差而且工作效率较低。而利用智慧工厂可视化就可以实时采集和监控关键工艺数据，进行数据预处理，并采用文字、图形的方式对工艺事故、工况变化等进行可视化展示，以监测设备的健康状态。

3. 巡检可视化

智慧工厂可视化可以实现对工厂内的人员、设备、消防设施等要素进行多维化的可视化监测，为巡检指挥调度提供信息支撑，并实时警报异常情况，智能化调取监控视频，有效提高巡检效率。

除此之外，智慧工厂可视化还可以模拟工作人员在巡检时的工作顺序及工作重点，合理有效地帮助新员工快速熟悉巡检的工作内容及工作流程，为新员工提供良好的辅助工具。

4. 告警消息可视化

智慧工厂可视化可以将分散在各管理系统的监控数据进行整合，形成统一的告警事件台。在告警台的基础上，企业可查看工厂内所有告警情况，并利用技术手段实时呈现监控数据，包括设备工况信息、性能信息及告警信息等。

根据呈现的监控数据，企业对告警设备、位置、事件等进行智能化分析，再结合工厂管理需求制定相应的处理规则与通知策略，辅助快速故障定位与排查。

5. 能源管理可视化

智慧工厂可视化还会对工厂内的供排水、供暖、供电等能源系统进行实时监控，对设备运行、环境监测、能源调度等要素进行多维化可视分析，帮助企业实时了解工厂能耗情况，助力厂区合理调配资源，实现节能减排。

10.4.4 数字化车间

数字化车间是以现代化信息、网络、数据库等技术为基础，通过智能化、数字化、信息化等手段融合建设的生产车间，可以更加精细地管理生产资源、生产设备及生产过程。数字化车间也是数字化、网络化技术在生产车间的综合应用，它将数控设备与工艺设计系统、生产组织系统和其他管理系统的信息进行集成，形成综合信息流自动化的集成制造系统。

1. 数字化车间架构

数字化车间由车间生产控制系统和现场执行系统两部分构成。

（1）车间生产控制系统。车间生产控制系统是数字化车间的核心，强调生产计划的控制与执行，主要负责车间的人员调配、生产调度、质量控制、工艺反馈及改进、定额计算、产量控制等车间生产管理与执行控制任务。

（2）现场执行系统。由数字化生产设备、综合网络、数据综合管理系统等建立的现场执行系统是数字化车间的基础，主要强调的是设备管理、现场数据采集和现场监控等工作任务的完成。

2. 数字化车间的功能

数字化车间具有以下三种功能。

（1）集成系统数字化。数字化车间利用 MES 系统实现车间内部与外部的生产数据可视化，再与企业资源计划系统、产品生命周期管理系统、计算机辅助工艺过程设计系统相对接，从而可以对集成系统进行数字化管理，推动车间效益最大化的实现。

（2）生产管控数字化。数字化车间可以借助数字化系统实现整个生产信息流的传递，实时获取生产状态、生产指令，从而使生产过程中的信息数据化。

透明化及可视化的数据能够更加有效地指导精益化生产，进行现场状态跟踪、反馈现场异常、优化生产瓶颈，最终形成有质量的生产过程。

（3）质量管理数字化。在数字化车间中，质量管理是关键模块。数字化车间拥有及时完整的质量信息数据，可以为后续的质量过程分析、过程控制、质量报告、报表呈现提供决策的依据与基础。

数字化车间与其他系统集成后，从生产计划到产品设计与供应，完整的数据将为生产质量提供最为核心的数字化管控，从而实现事前防错、事后追溯，最终有效控制产品质量。

第 11 章 供应链环境下的生产管理

11.1 协同管理

11.1.1 生产与采购协同

在生产过程中，采购环节十分重要，采购成本在生产总成本中占据着极大比例。因此，企业应努力做好生产活动与采购活动的协同。

1. 生产与采购协同关注阶段

在实现生产活动与采购活动的协同过程中，企业应注意以下四个关键阶段。

（1）生产计划阶段。企业在生产活动初期，应制订短期、中期、长期的生产计划，而每一种生产计划都涉及物资采购。采购部门在产品研发阶段与市场调查阶段，需考虑如何寻找及确定供应商，确保他们的供应能力与供货情况。

而采购部门要想做到上述要求，就应在编制生产计划时与生产部门紧密合作，确保双方密切联系，做到生产计划初期协同。

（2）编制采购订单阶段。生产部门会根据当前的库存、当前的订单与预测情况，以及一系列的综合情况，再结合未来的生产计划，明确需要的物资数量、需要交货的时间，并向采购部门提出正式的采购申请。

采购部门以生产部门提交的采购申请为基础，与供应商明确具体的采购要求并形成协议，比如说经济下单批量、最小下单批次等。

（3）生产进行阶段。实际的生产活动千变万化，一旦供应商的物资出现问题，就要求生产部门与采购部门立即做出反应。生产部门需要立即向采购部门提出紧急采购申请，采购部门需要及时与其他供应商联系，确保物资能够及时供应，不影响生产活动。

在生产活动进行过程中，生产部门也应随时调整自己的生产计划，及时将现有物资情况反馈给采购部门，以便采购部门做好随时变更的准备。

（4）优化生产管理方式阶段。生产部门与采购部门应加强联系与沟通，做好协同工作，以便探讨更好的生产管理方式与库存管理方式，进一步加强供应链的透明化，推动JIT准时生产与VMI供应商库存管理实现。

2. 生产与采购协同措施

（1）提高需求预测的准确性。需求预测是生产活动中重要的输入信息，需求预测不准确，相应的生产计划与采购计划也会产生问题。提高需求预测的准确性主要从两个方面着手，一方面通过需求预测方法的完善对需求进行滚动预测，另一方面做好对共用件的预测。

滚动预测能够使需求信息更加完善，更全面反应市场情况。

共用件是指用于多个产品且被每个产品使用不止一次的部件。如果只是使用一般的均值方差预测，会影响共用件的预测精度。因此，共用件预测应采用一定的方法，避免直接测量各个产品的部件，以提升预测的准确性。

（2）降低采购环节的不确定性。根据企业规模与技术支持能力，企业选择合适的模式与多家物料供应商建立战略协同关系。协同采购在合作强度上分为不同的层次，合作强度不同，经营模式也不同，包括战略合作伙伴模式、重要合作伙伴模式、大众市场模式。

企业在采购环节可根据合作的深度与自身能力，选择合适的合作模式，力求物料与交易成本最小，以此降低采购活动的不确定性，及时协调生产计划。

（3）合理设置生产系统的参数。正确理解和运用安全保持、提前期、安全时间、材料产出库、批量法则这些参数，对这些数据进行经常性维护，保证数据的准确性。不同的安全时间与批量法则等参数的设置会影响采购计划的制订与实施，因此合理设置生产系统的参数同样至关重要。

（4）加强采购部门与计划部门的沟通。尽管采购部门与生产部门的目标不同，但是都统一服务于企业的总体目标。因此，企业的采购部门与生产部门应进行经常性的沟通与联系，以有效推进生产与采购的协同。

11. 1. 2 生产与仓储协同

在现代生产企业中，仓储是连接生产、供应、销售的中转站，是生产过程中必备的场所。仓储自始至终贯穿企业生产经营的全过程，对促进生产、提高效率起着重要的辅助作用，因此做好生产与仓储的协同工作，对企业来说至关重要。

在生产与仓储的协同过程中，要注意两方面的内容，一方面是物料仓储与生产的协同，另一方面是产品仓储与生产的协同。

1. 物料仓储与生产的协同

（1）物料验收与生产。物料质量的好坏关系到生产产品的质量好坏，因此在物料验收阶段要做好质量把控工作。采购的物料到达后，质量检验部门应对所收材料与采购物料清单进行比对，确认所收物料的质量与数量。

在验收无误后，仓储部门再次清点物料数量，将物料数量与规格等信息登记入册，并进行保管。仓储部门应将现有物料库存情况告知生产部门，以便其据此制订或调整生产计划。若发现某种物料库存不足，仓储部门应立即通知生产部门，生产部门随即做出反馈。

（2）物料存储与生产。仓储部门应做好库存管理工作，保证现有库存量不超过合理库存量，当现有库存量低至安全库存量以下时，要及时通知采购部门与生产部门，以便于他们据此调整工作计划。

除此之外，仓储部门还应做好其他相关工作，以保证物料的安全与质量，确保生产过程中用到的物料都是完整无损的物料。

（3）物料发放与生产。做好仓储发料环节的管理，可以对生产部门用料、损耗及不良品进行有效控制，以利于生产部门按照现有仓储情况编排生产计划，降低生产成本与库存堆积率。

生产部门依据企业总体任务编制生产计划，并据此填写领料申请单，向仓储部门申请用料。仓储部门依据领料申请单发放物料，并将物料领用单编号、领用数量、领用规格等信息进行登记。

2. 产品仓储与生产的协同

企业在生产过程中，不仅在物料采购阶段与仓储联系，而且在产品制造阶段也会与仓储联系。

（1）半成品入库与领用。在生产过程中，仓储部门对需要存储的半成品进行验收，确认现存半成品状态与数量后登记造册，并对半成品进行日常管理。

当生产部门需要对半成品进行再次加工制造时，需要编制半成品领料单，向仓储部门提出领料申请。仓储部门根据批准的领料单核发出库，并将领料的物料编码和领用数量输入系统中，系统会自动更新半成品明细账。

（2）成品入库。生产任务结束后，生产部门将成品送至成品库。在交接现场，由质量检验部门、仓储部门、生产部门三方进行成品交接，检验合格后，仓储部门现场进行成品入库交接，核实成品数量后填写成品入库单并对其进行管理。对于检验不合格的产品，转入次品仓，填写次品入库单并对其进行管理。

11.1.3 生产与物流协同

在生产过程中，从物料采购到半成品、成品等各道工序的加工，直至成品入库及销售，都离不开物流活动。因此，做好生产与物流的协同工作，既可以使生产过程中的物流效率得以提高，又可以使成品能够及时进入市场，赢得竞争优势。企业为实现生产与物流的协同，可以采取以下措施。

1. 生产订单与物流协同

生产订单的确定是企业生产物流产生的前提条件。企业将订单的信息与物流信息相结合，使得采购与回运、分销和配送业务相互联系，更好地实现生产与物流的协同。

2. 生产模式与物流协同

JIT 生产模式追求“零库存”“零距离”“零运营成本”。企业可以通过这种生产模式用最短的时间生产出满足订单要求的产品，然后通过物流中心实现高效配送。

在这个过程中，因为减少了很多中间环节，很大程度上改变了物流运输的时空状态，企业可以在见到生产订单后即时采购、即时生产、即时配送，实现生产与物流的高效协同。

11.1.4 生产与销售协同

为了有效推进生产与销售任务协调一致，避免生产材料与产品库存的堆积，节约库存成本及销售成本，避免企业亏损，实现经济效益的最大化，企业应采用以下措施做好生产与销售的协同工作。

1. 组建跨部门项目团队

为了促进生产部门与销售部门的协同，企业应在项目开始之初组建跨部门项目团队，确定各方需求，做好生产与市场的对接，促进各方沟通，明确各方的任务与要求，保持销售方向与生产方向的一致性。

2. 建立总体模型与流程

生产部门与销售部门根据历史生产计划与销售计划，制定总体生产模型与需求管理流程，这样可以实现双方数据的一致性，从而更有利于实现生产与销售的协同。

在总体生产模型与需求管理流程下，销售部门应明确各阶段销售策略及销售方向，根据市场情况做出销售预测，并根据预测情况向生产部门提出生产需求，避免产品大量堆积或者产品库存不足等情况的发生。

生产部门应定期统计生产物料与现有产品库存，将信息及时反馈给销售部门，销售部门在一定时间内，做好消化与清理工作。

3. 控制生产周期

在生产环节要严格控制生产周期。销售部门在下单时，就要在合理范围内清晰明确地规定交货日期。生产部门根据交货日期制订生产计划，在各生产环节节点明确规定执行标准，且责任到人，确保在规定日期内交货。

11．2　生产模式

11．2．1　延迟制造

在供应链中，延迟制造是指将产品的生产过程分为通用化阶段与差异化阶段，企业事先只生产中间产品或者可模块化的部件，尽可能延迟产品差异化的业务，等最终用户对产品的外观、功能、数量等方面提出要求后，再完成产品的差异化业务。

1. 延迟制造的条件

延迟制造可以减少企业的库存，降低企业供应链上的压力，体现企业的竞争优势。但是延迟制造并不适用于所有产品，要想使用这种生产模式，必须具备以下条件。

（1）产品可模块化生产。产品在设计时可以划分为几个重要模块，经组合加工可以形成最终产品，这是实施延迟制造的重要前提。

（2）零部件可标准化与通用化。只有产品的零部件具有标准化与通用化的特征，企业才能将技术含量低、增值能力弱、生产成本高的模块外包出去，自己留下竞争力强、增值空间大、技术含量高的模块，在时间与空间上实现产品生产的差异化与通用化，并最终保证产品的完整性。

（3）经济上具有可行性。若是实施延迟制造的成本远高于其带来的效益，那么企业就没有必要实施延迟制造。如果最终产品在形态、重量、体积等方面发生重大改变，延迟制造能为企业节省大量的运输成本及库存成本，并简化工作流程，那么实施延迟制造将为企业带来巨大的经济效益。

（4）适当的交货提前期

对于企业来说，要想实施延迟制造，交货提前期必须适当。过短的交货提前期不利于实施延迟制造，因为它要求给最终的产品组装与加工过程留有充足的时间。而过长的交货提前期也会影响延迟制造的实施。

2. 延迟制造的作用

延迟制造的作用如图 11-1 所示。

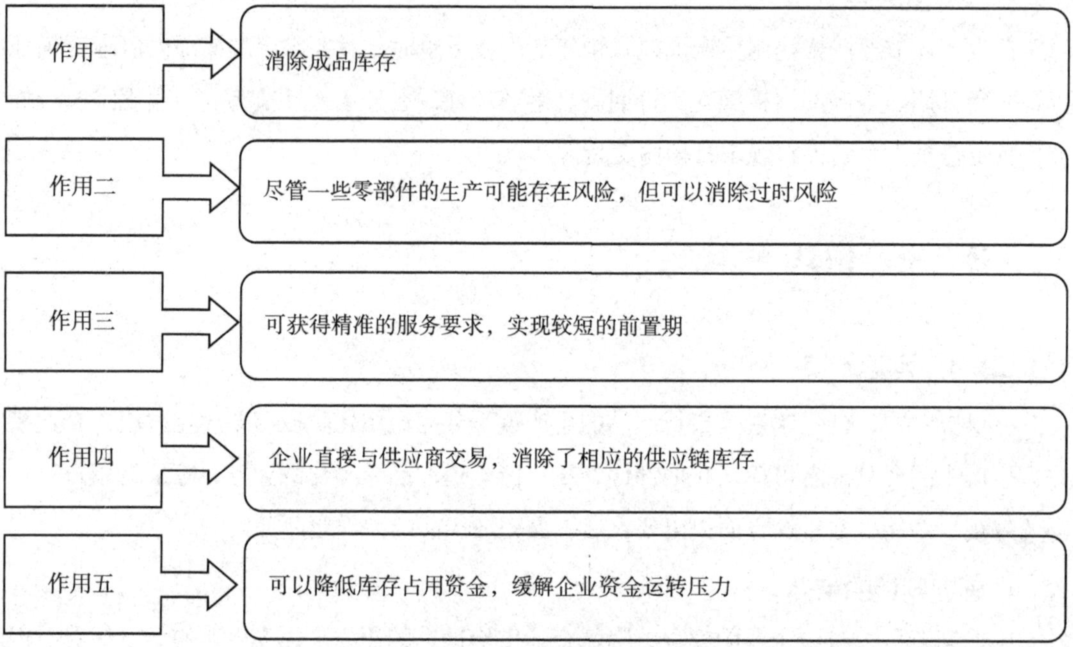

图 11-1　延迟制造的作用

11. 2. 2　敏捷制造

敏捷制造是指企业采用现代信息技术手段，通过快速配置各种资源（包括技术、管理和人员），以有效和协调的方式响应客户需求，实现制造的敏捷性。

1. 敏捷制造的条件

敏捷制造对于企业提升工作效率、赢得市场竞争力来说有着重要作用，但是并非所有企业都能借助敏捷制造获得良好的效果。总体来说，企业要想实施敏捷制造，必须具备以下条件。

（1）先进制造技术的支撑。敏捷制造需要具有集成化、智能化、柔性化特征的先进制造技术的支撑，因此具有高度柔性的生产设备是创建敏捷制造企业必要的硬件条件。

在产品设计和开发过程中，实施敏捷制造，可以实现产品、服务、信息三者之间的有效组合，既能丰富产品品种、增强产品创新能力，又能缩短产品设计时间与产品进入市场时间，从而确保企业能够对客户的需求做出敏捷反应。

（2）企业内部组织柔性化。敏捷制造的实施关键是新产品投入市场竞争的速度。为了抢占市场先机，企业需要利用不同区域的生产资源进行集成生产。要想将分布在不同地方的企业资源集中起来，企业内部组织就应实现柔性化，根据产品不同，采取不同的生产形式，来保证内部信息的畅通性，进一步做到对市场的灵敏反应。

（3）灵活的管理手段。敏捷制造需要以灵活的管理方式达到组织、人员与技术的有效集成，发挥人在柔性生产技术和柔性管理中的作用，为实现企业目标提出合理化建议。敏捷制造要求有创新的管理理念与管理方法，利用先进的科学技术与计算机技术，对生产过程进行全过程管理。

2. 敏捷制造的作用

敏捷制造的作用如图 11-2 所示。

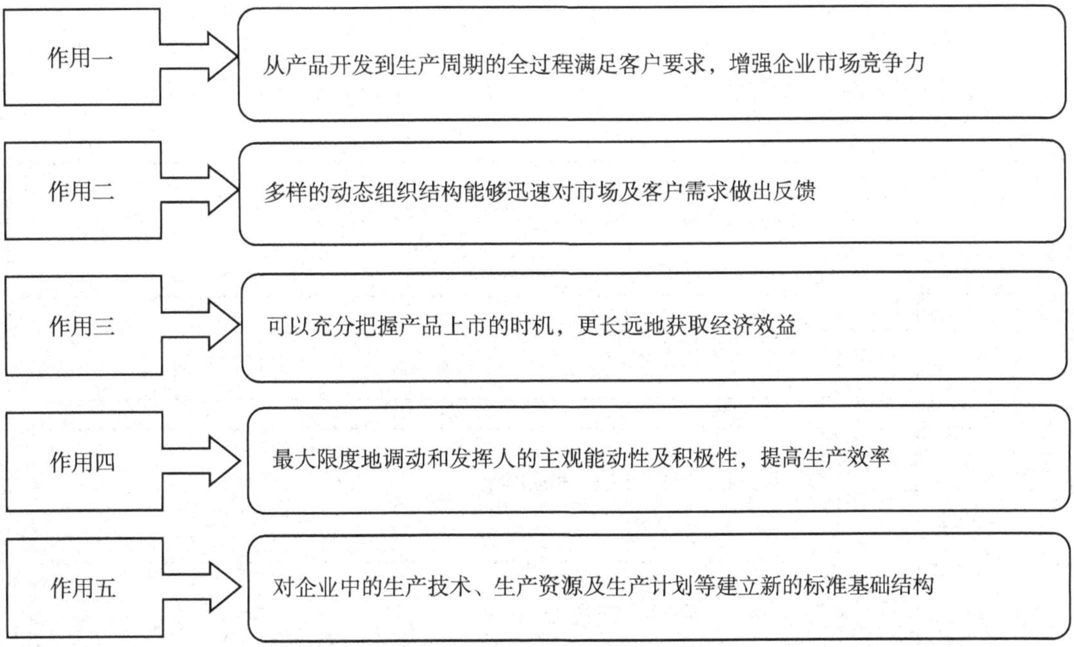

图 11-2　敏捷制造的作用

11. 2. 3　准时制生产

准时制生产（Just In Time，JIT）是一种追求生产的合理性与高效性，能够灵活地生产适应各种需求的高质量产品的生产技术与管理技术。其关于生产制造的基本思想对现代企业生产管理有着重要指导意义。

1. JIT 的条件

JIT 模式对于企业控制库存、提高生产管理效率有着重要作用，但是并非所有企业都能借助 JIT 模式获得良好的效果。总体来说，企业要想实施 JIT 模式，必须具备以下条件。

（1）企业的产品质量较高。在实施 JIT 模式过程中，企业必须保证产品质量。因为

JIT模式所追求的是企业达到一种零库存的状态，这就意味着一旦产品发生质量问题，企业就无法提供额外的产品来替代次品，会导致生产活动的停滞。

（2）企业与供应商关系较为紧密。通常实施JIT模式的企业对供应商的依赖程度较高，联系也更为紧密。为了保证产品质量，企业只和有限的供应商进行合作，而且供应商可以参与企业生产计划的制订，获取产品销售的相关信息，保证对市场需求有明确的认知，甚至可以参与到企业的产品研发工作中。

（3）销售端与客户的距离较近。企业生产较为理想的一种状态是将销售端建立在目标客户周围或者是同一区域内，避免因距离过远出现库存短缺的现象，以实现JIT零库存、高柔性、零缺陷的目标。

2. JIT的作用

JIT的作用如图11-3所示。

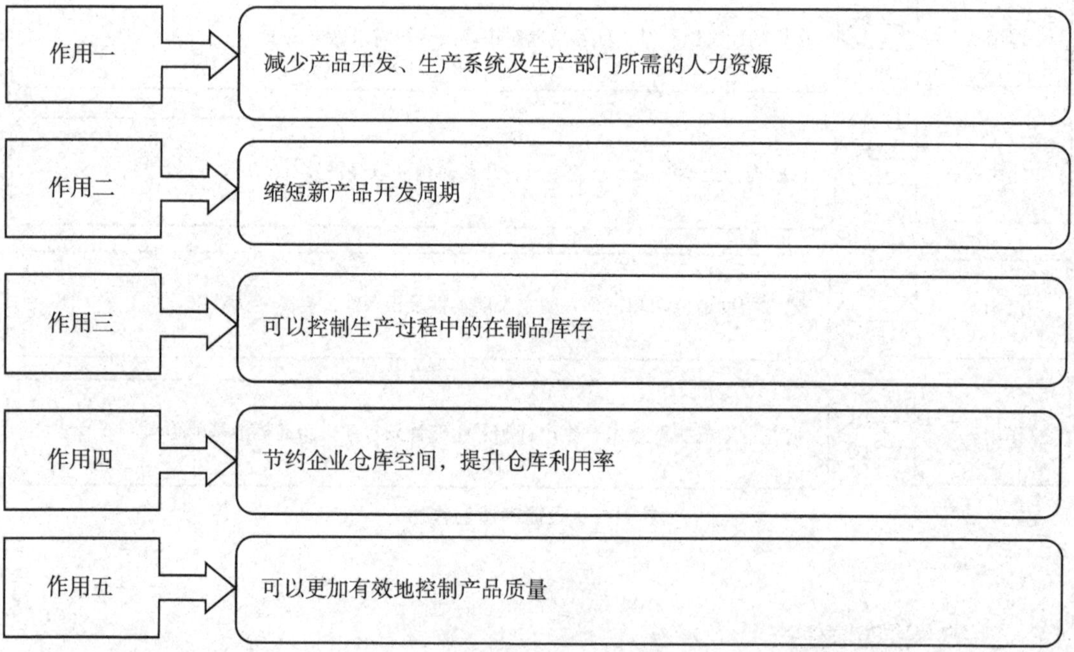

图11-3 JIT的作用

11.2.4 定制化生产

定制化生产是指企业充分利用现代信息技术与计算机技术，在传统制造模式的基础上，按照客户需求进行生产，以满足客户个性化需求。

1. 定制化生产的条件

（1）灵活的供给网络。定制化生产实施的条件之一是灵活的供给网络。这种网络不仅能够存储存货及销售产品，还能按照客户指定要求完成产品的定制工作。这样既可以实现企业规模生产的经济效益，又可以获得定制速度快、对市场反应及时的优势。

（2）各部门的协调配合。定制化生产需要企业各个部门的协调合作，如市场部门确定市场需要定制的产品、研发部重新设计产品、财务部提供及时的成本信息及财务报表。但是由于各个部门的绩效评估标准不尽相同，会导致各部门在沟通过程中产生冲突与矛盾，因此企业高层管理人员需做好协调工作与信息沟通，最大限度地避免内部矛盾导致定制化生产的高成本与低效率。

（3）搭建灵活的组织结构。定制化生产中，不同的产品种类具有不同的模块组合和不同的流程顺序，因此企业在接到客户订单后如何安排与协调各模块之间的生产运作十分重要。为适应较高程度的定制化要求，及时对市场需求做出反应，企业需要搭建灵活的组织结构，以最快的速度来满足客户的需求。

2. 定制化生产的作用

定制化生产的作用如图 11-4 所示。

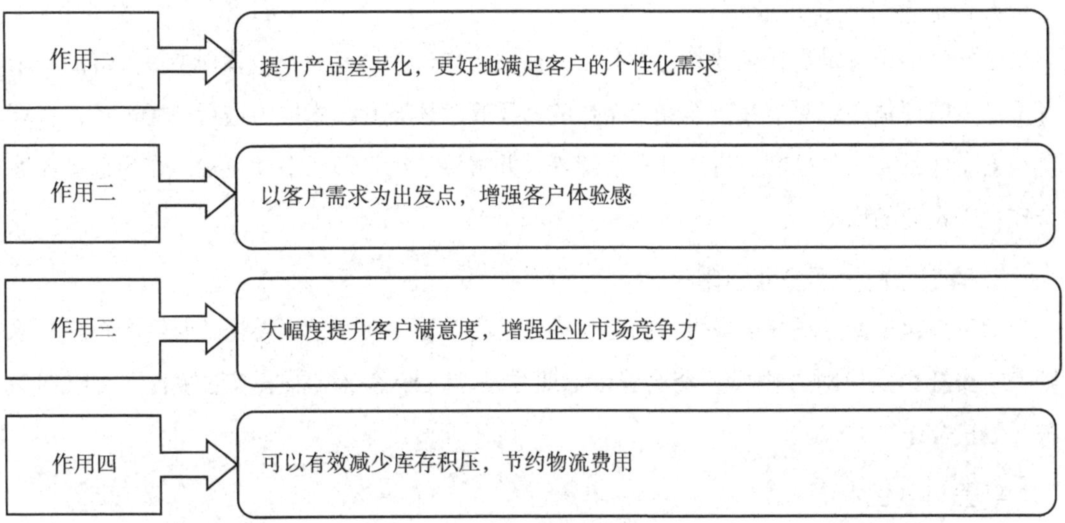

图 11-4　定制化生产的作用

11．3　外包管理

11．3．1　生产外包的管理步骤

生产外包是指委托企业通过合约管理的方式将内部生产业务交由代工企业完成的方式。为了对外包活动进行有效管理，减少外包过程中可能出现的意外情况，委托企业应按照一定步骤对生产外包进行管理。生产外包的管理步骤如图 11-5 所示。

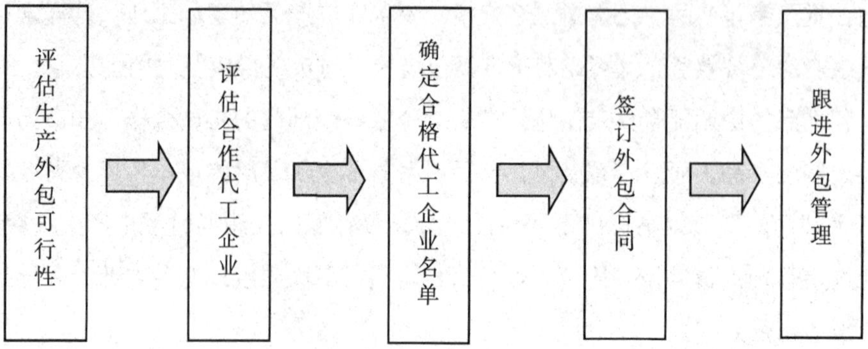

图 11-5 生产外包的管理步骤

1. 评估生产外包可行性

委托企业成立专门评估小组，小组成员由市场、采购、设计、生产等部门人员组成。小组成员对产品特性、市场前景、设计能力、生产能力等进行综合分析，形成生产外包可行性分析报告。报告要具有可操作性，报告内容要包括设计方案、工序控制要点、关键参数检测方法及相关责任人等。

2. 评估合作代工企业

合作代工企业是委托企业外包的载体，评估合作代工企业是外包管理中最关键的一个环节。专门评估小组对潜在合作代工企业的品质管理体系和技术能力进行现场审核，如环境与安全体系、工序控制、生产计划系统等，并将评估结果形成书面报告，作为选择最终合作代工企业的依据。

3. 确定合格代工企业名单

专项小组根据上述评估报告，确定最终合格名单，并将其录入委托企业生产系统。原则上，委托企业应对合格代工企业进行定期考核，根据考核结果采取继续合作、限期整改、停止合作等方式。

4. 签订外包合同

通过多方面评估，委托企业选定最终合作的代工企业，并与其就代工的众多事项进行充分沟通，达成一致。合同确认事项主要包括确定双方的业务及技术目标，达成服务水平协议，明确合同执行的职责和任务。

委托企业与对方签订合同不仅仅是为了明确双方的权利与义务，划分双方的责任，更是为了达成共识及建立充分的信任，为后续的进一步合作建立良好的基础。

5. 跟进外包管理

委托企业在选定合作代工企业之后，要对其进行跟进管理，主要对合作代工企业加工质量的稳定性和品质保证体系的连续性进行监督与控制，并形成文件归档，然后定期反馈给合作代工企业，以便及时采取相应的纠正及预防措施，达成更好的经济效益。

生产外包是一种运作灵活的经营模式，委托企业应将合作代工企业看成自身重要的合作伙伴，尽可能地提供管理与技术上的支持，以建立长期、稳定和信任的伙伴关系，共同发展。

11.3.2　生产外包的管理要点

委托企业实施生产外包可以降低成本、增强企业的核心竞争力。为了避免生产外包过程中发生意外情况，委托企业应在实施生产外包时注意以下要点。

1. 组建专业的外包管理团队

委托企业为防控生产外包有可能带来的风险，必须对其进行严格的管理与监控，只有这样才有可能将风险降至可控范围内。因此，生产外包管理的团队是否具有极强的专业能力与事件处理能力至关重要。

2. 定义协同需求并达成一致意见

委托企业需要外包的生产内容越多，对合作代工企业的要求就越多，双方需要达成一致的目标也越多。委托企业要与合作代工企业就需求进行充分沟通，并达成高度一致意见，以确保生产外包目标的实现。

3. 对外部资源进行合理的评估分析

为了选择合适的合作代工企业，委托企业必须进行深入的调查分析。重点要对代工企业的技术、品质、产能、成本控制等方面进行合理、科学的评估分析。

4. 合约管理

在实际工作中，委托企业与合作代工企业的合约是持续性的，并约束双方按照合约进行持续生产活动。因此，委托企业应对合约进行有效管理并切实执行，否则后续将无法实现有效协同，并可能产生无休止的纠纷，给生产活动带来负面影响。

11.3.3　生产外包的合作模式

委托企业在实施生产外包的过程中可以根据自身情况选择不同的模式与代工企业合作，常见的生产外包的合作模式有原始设备制造、原始设计制造、合作设计制造等。

1. 原始设备制造

原始设备制造（Original Entrusted Manufacture，OEM）是指委托企业不生产产品，将具体的生产任务通过合约的方式委托给合作代工企业进行生产。在此过程中，合作代工企业按照合约约定的要求、委托企业的授权、委托企业的需求等进行生产活动，委托企业只利用自己的关键技术设计与开发新产品。

在 OEM 中，委托企业侧重于自己设计与研发新产品，并拥有产品的知识产权，将生产的全部或者部分外包给合作代工企业，以完成制造部分。对于委托企业而言，只需要保留足够的人力资源来应对与管理产品设计开发的各项职能，并与适合的合作代工企业合作，共同完成产品的制造。

2. 原始设计制造

原始设计制造（Original Design Manufacture，ODM）是指合作代工企业除了要完成产品制造任务以外，还要参与产品的设计与研发。而委托企业也逐渐将产品研发与后续的生产制造任务都交由合作代工企业来完成，在此基础上，OEM 升级成为 ODM。

在这种模式中，产品设计与生产任务全部由合作代工企业负责，但是产品的知识产权与品牌归属权仍掌握在委托企业手中。

3. 合作设计制造

合作设计制造（Joint Design Manufacture，JDM）是在 OEM 与 ODM 的基础上衍生而来的一种生产合作模式，它要求委托企业与合作代工企业进行更深入的合作与交流，也就是说双方共同进行产品设计与生产制造。

但是这种合作模式要求对产品的产权归属有明确的划分，做出严格界定，确定违约责任，以保护双方的商业利益。

11. 3. 4　生产外包的物料管理

为了控制生产使用的物料质量，降低采购成本，委托企业通常会采取以下四种模式进行物料管理。

1. Consign 模式

Consign 模式即送料模式，是指由委托企业采购物料并送至合作代工企业加工，完成生产过程。由于采购业务、运输作业、来料检验、库存控制等都由委托企业主导，合作代工企业不参与物料环节，只负责产品加工的设备及员工等资源管理。

这种模式下委托企业可以掌握采购物料的价格，但是耗费的间接成本较高，合作代工企业自身的能力与价值未能得到充分利用。当采购物料较少时，这种模式的优势较为明显，一旦采购物料的数量增加，就会增加委托企业的资金与运输成本，得不偿失。

2. Turnkey 模式

Turnkey 模式即自行进料模式，是指由合作代工企业自行购买所需物料的模式。合作代工企业采购物料时，需保持两家以上的供应商采购，在保证物料稳定供应的前提下降低采购成本。

由于这种模式是由合作代工企业进行物料采购，委托企业只需要完成产品设计与市场销售任务，所以相对而言，委托企业比较轻松。对于规模较小的设计企业或者没有工厂的生产企业来说，这种模式是最佳选择。

3. Assign ALV 模式

Assign ALV 模式即指定合格供应商模式，是指由委托企业指定供应商、指定价格、指定配额，交由合作代工企业采购下单。Assign ALV 模式与 Turnkey 模式相似，都是由合作代工企业进行采购，但是两者的不同之处在于 Assign ALV 模式中的采购需要委托企业确定好合格供应商及做好供应商管理工作。

在这种模式中，合作代工企业只需要进行物料采购，不用花费额外的精力寻求供应商，节省了自身的人力物力资源。但是对于委托企业来说，可能逐渐失去对供应商的掌控，失去对物料价格的控制权。

4. Buy/Sell 模式

Buy/Sell 模式即先买后卖模式，是指由委托企业先行购买物料再卖给合作代工企业。对于某些关键物料，委托企业可以提前购买用作安全库存，同时为了对采购价格保密，便通过先买后卖的方式供应给合作代工企业。

在这种模式中，委托企业虽然会耗费大量资金，占用自身人力、库存等资源，但是可以控制关键物料的供应，确保能够合理管理供应商。

11. 3. 5　生产外包的驻场管理

委托企业应向合作代工企业派遣驻场人员，以对生产外包活动进行有效管理，保证生产活动有序进行。驻场人员应在新产品导入阶段、量产阶段、产品生命周期结束阶段，运用目标导向法和现场稽核法对合作代工企业进行管理。

1. 驻场管理关键阶段

驻场人员在进行管理时，应重点关注以下三个阶段。

（1）新产品导入阶段。在新产品导入阶段，驻场人员需要进行跨部门协作，包括研发、计划、采购、运营、物流等部门，共同促进项目的推进与完成，同时，在此阶段，驻场人员需对供应商提出以下要求，如图 11-6 所示。

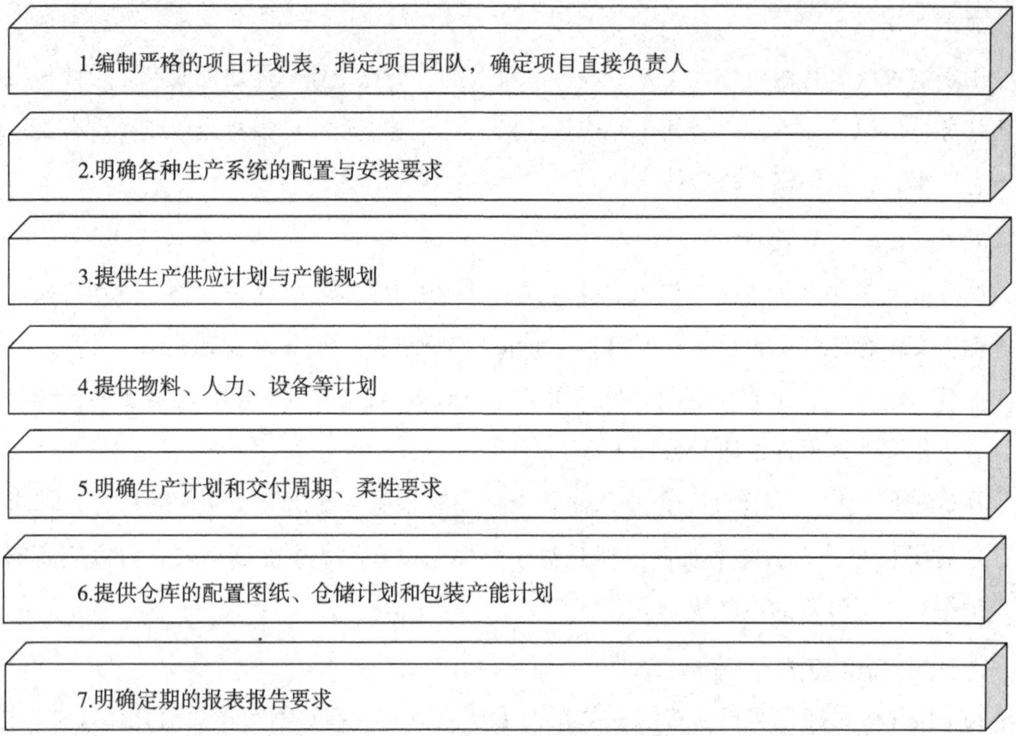

图 11-6 驻场人员对供应商的要求

（2）量产阶段。在量产阶段，驻场人员必须定期与合作代工企业的相关负责人一起检验当天的生产过程及生产任务，对与生产计划有偏差的部分进行研究分析，提出改善方案。同时，对于生产线上发生的任何异常问题，驻场人员应协助合作代工企业予以解决。

在此阶段，驻场人员主要关注的是合作代工企业能否高效、大规模、大批量地完成交付计划。

（3）产品生命周期结束阶段。在产品生命周期结束阶段，驻场人员应提前通知供应商做好结束工作，尤其是物料供应工作，减少物料库存、成品库存，避免库存堆积，造成成本浪费。与此同时，按照生产计划，做好最后一次生产安排。

2. 驻场管理方法

驻场人员常用的两种管理方法有目标导向法和现场稽核法，具体内容如下。

（1）目标导向法。所谓目标导向是指用目标驱动业务运转，用数据建立模型驱动绩效。

驻场人员应定期检视生产团队的数据绩效，并对此做出分析，根据分析结果发现问题，制定相应解决方案。

（2）现场稽核法。驻场人员现场检查与核对合作代工企业提供的数据报表，尤其是生产数据、财务数据及社会责任数据，一旦发现有弄虚作假现象，立刻停止与其合作，如情节严重，驻场人员有权追究其法律责任。

3. 驻场管理内容

驻场人员应对合作代工企业的人员、设备、物料、环境、生产方法等内容进行管理，具体内容如图 11-7 所示。

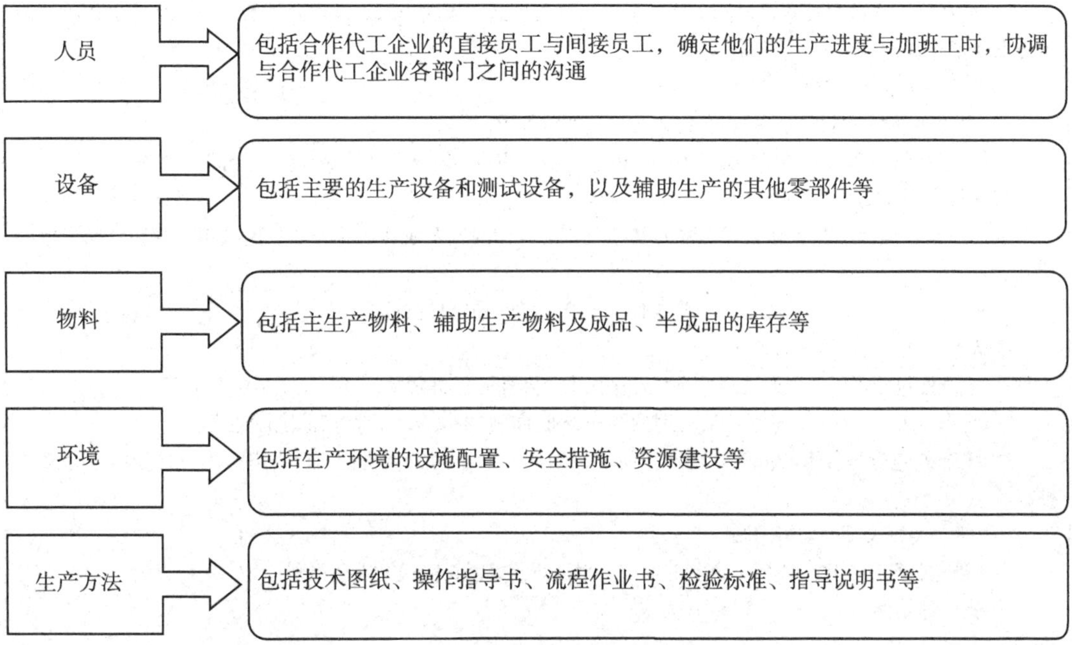

图 11-7　驻场管理内容

11. 3. 6　生产外包的交期管理

为了保证合作代工企业能够在规定时间内保质保量地完成生产任务，保证产品上市进度，提升生产效率，委托企业应对其进行交期管理。下面是生产外包交期管理办法示例，仅供参考。

生产外包交期管理办法

第 1 章　总则

第 1 条　目的

为了加强对合作代工企业的生产交期管理，保证其按质、按量、按期完成生产任务并交货，特制定本办法。

第 2 条　适用范围

本办法适用于本企业所有合作代工企业的交期管理相关工作事项。

第 3 条　相关职责

1. 销售部按照客户需求、市场调研、生产部意见等情况确定产品上市销售日期。

2. 企业根据生产外包情况设立生产外包管理部，依据合作代工企业的生产能力、产能负荷分析等编制生产计划，确定其生产交期。

（续）

3．若有紧急生产情况，生产外包管理部可以与合作代工企业先行沟通，确定处理方式。

第2章　合理确定交货期限

第4条　合理规划订单交期

1．生产外包管理部在与合作代工企业进行洽谈时，应事先估计合作代工企业准备、运输、检验等各项作业的时间，以便在合适的时间生产，既能保证产品准时供应，又能确保库存成本最小化。

2．生产外包管理部在签订合同之前，要确定交货方式、运输方式、运输路线等，以确保不会因物流因素导致延期交货。

第5条　规范交期条款

1．生产外包管理部根据实际情况提出合理的交货期限。

2．生产外包管理部应将订单交期上报总经理审批，审批后与合作代工企业签订合同。

第6条　明确交期违约责任

生产外包管理部应在明确交货期限的基础上，与合作代工企业达成违约责任的共识，并在合同中予以明确。

第3章　生产交期的沟通与监督

第7条　生产交期的沟通

1．生产外包管理部在生产过程中应与合作代工企业随时保持联系，以及时了解生产进度。

2．合作代工企业在生产过程中应随时向委托企业了解产品要求，反馈产品生产进度。

3．生产外包管理部可与质量管理部门协同，定期对合作代工企业生产过程进行质量检验与不合格品控制。

第8条　生产交期的监督原则

生产外包管理部在对合作代工企业的生产过程进行监督时，需遵循以下原则。

1．提前计划性。

2．准确及时性。

3．全面完整性。

第9条　生产交期控制方法

生产外包管理部可以利用以下方法控制合作代工企业生产进度。

1．提供技术与设备支持，以提升产能。

2．调整产品出货计划。

3．尽量减少紧急订单的插入。

4．延长产品上市时间。

第4章　生产交期控制

第10条　控制下单交期

生产外包管理部可采取以下措施来控制接单的交期。

1．快速报价、议价并明确订单的具体要求。

2．尽快向合作代工企业下单，将订单转换为生产单。

第11条　控制排程日期

生产外包管理部根据生产订单紧急情况，确定合作代工企业生产排程，缩短紧急订单的排程时间。

第12条　控制供料交期

生产外包管理部可采取以下措施缩短对合作代工企业的供料交期。

1．缩短内部请购、采购的单据作业时间。

2．掌握供应商的产能，避免超越产能导致交期延误。

3．及时催促供应商，确保物料如期到位。

4．控制合作代工企业的物料检验时间。

（续）

5. 缩短合作代工企业的仓储材料入库、领料、退料时间。

第 13 条　控制加工交期

生产外包管理部可采取以下措施控制合作代工企业的加工交期。

1. 实施标准化生产，减少换模换线的次数，缩短换模换线的时间。

2. 进行生产进度目视化管理，掌握生产进度。

3. 提供技术支持，改善合作代工企业的生产瓶颈，提高生产效率。

第 14 条　控制出货交期

生产外包管理部可采取以下措施控制合作代工企业的出货交期。

1. 在合作代工企业完成生产后，直接出货，缩短出货时间。

2. 控制成品组合配套搭配，尽量分批出货。

3. 提前确定合作代工企业出货的运输期。

第 5 章　交期延误管理

第 15 条　交期延误分析

生产外包管理部应根据日常交期管理经验，对交期延误原因进行总结，常见的原因有以下四点。

1. 合作代工企业责任，如合作代工企业接单量超出实际产能、生产计划不合理、出现生产危机、质量管理不当等。

2. 自身责任，如生产外包管理部频繁更换合作代工企业、合作代工企业选择失误、交期时间不合理等。

3. 其他原因，如双方沟通不良，联系不密切，产品生产计划、质量标准、付款方式等未能达成一致。

4. 不可抗力因素，如自然灾害、经济、政治、法律因素的变动等造成延误。

第 16 条　交期延误处理方式

1. 因合作代工企业责任导致的交期延误，生产外包管理部应及时进行催货，时刻关注生产进度，否则追究其违约责任。

2. 因自身责任导致的交期延误，生产外包管理部应增强员工交期意识，提高业务素质，并对造成严重损失的员工进行批评。

3. 因双方沟通不当导致的交期延误，生产外包管理部应加强内部控制，改进工作业务水平，加强同合作代工企业的沟通与联系，建立完善、畅通的沟通机制。

4. 因不可抗力因素造成的交期延误，生产外包管理部应与合作代工企业进行协商处理，力求将双方损失降至最低。

第 6 章　生产交期考核与应用

第 17 条　生产交期考核

生产外包管理部应将生产周期列为对合作代工企业考核的重要项目之一，以督促合作代工企业提高交期达成率。

第 18 条　生产交期考核应用

生产外包管理部可根据考核结果，对表现不佳的合作代工企业采取减少订单或者直接更换的处理方式；对生产交期表现优秀的合作代工企业，可采取表彰或者建立合作伙伴关系的方式。

第 7 章　附则

第 19 条　编制部门

本办法由生产外包管理部负责编制、解释与修订。

第 20 条　生效日期

本办法自 ×××× 年 ×× 月 ×× 日起生效。